どんどん強くなる

こども詰め将棋

1手詰め

村太地 監修

池田書店

はじめに

物事の上達には、「良い先生」が大きな助けとなってくれると思います。この本には、将棋の考え方のヒントや注意するポイントがたくさん書いてあるので、皆さんにとってすばらしい先生となることでしょう。

そして、何事においても「コツをつかむ」ことが大切です。コツをつかむには、基本的な練習を何回もくり返してやるのが良いと思います。詰め将棋は将棋の練習で一番基本であり、大事なものといえるでしょう。なぜなら、将棋は玉を捕まえたら勝ちなのですから。

私も小さい頃、たくさんの詰め将棋を解きました。多くの問題を解くうちに良い手が自然と浮かんでくるようになり、そのことは実戦でもとても役に立ちました。

もちろん、中には解けなくて間違えてしまった問題や一時間考えてもわからなかった問題もありました。とくに一時間も考えてわからなかった問題は、今でもはっきり覚えています。

そういったときは悔しかったり苦しかったりもしましたが、それ以上に、今まで知らなかったものがわかるようになるということはとてもうれしかったですし、自分がレベルアップしているのを感じることができて気持ちが良かったものです。

ですから、もしわからない問題があっても落ちこまずに、むしろ上達のチャンスだと思って楽しんでやっていただけたらと思います。やはり「楽しむこと」が一番です。楽しむことで、やる気もグッと上がり、勉強したことが身につきやすくなることでしょう。

私はプロ棋士になった今でも詰め将棋を解いていて、少しずつでも続けてやることが大切だと身にしみて感じています。

くり返し問題をやっていくと、きっと自分の中で発見があると思います。

ぜひ、この本の問題で将棋のコツをつかみとっていただけたらと思います。

棋士　中村太地

どんどん強くなる　こども詰め将棋　1手詰め

もくじ

はじめに …… 2

序章

詰め将棋の基本

1 将棋は詰みを覚えると勝てる！ …… 6
2 駒の種類と動かし方 …… 8
○玉将・王将／金将／飛車／角行／銀将／桂馬／香車／歩兵
3 駒を成る …… 12
4 駒を取る・打つ …… 12
5 「符号」と「表記」について …… 13
6 そもそも「詰み」ってなあに？ …… 14
7 どうやって詰ませるの？ …… 16
8 詰め将棋にはルールがある …… 18
9 よくあるうっかりミスの4タイプ …… 22
うっかり1 王手ではない手を指してしまう
うっかり2 王手した駒を取られてしまう

うっかり3　玉に逃げられてしまう
うっかり4　合駒がある

第1章　まずはこれから！基本の30問

1日目　「金」「飛車」「角」で詰める……26
2日目　「銀」「桂」「香」「歩」で詰める……64

第2章　どんどん解こう！詰め将棋ドリル

3日目　レベル1　問題22傑……92
4日目　レベル2　問題22傑……116
5日目　レベル3　問題22傑……140
6日目　レベルMAX　問題20傑……164
7日目　実戦問題20傑　何問できるか挑戦！……186
実戦問題のこたえ……197

1 将棋は詰みを覚えると勝てる！

詰め将棋にチャレンジ！

将棋はおたがいが一手ずつ駒を動かしていき、取ったり取られたりをくり返しながら、「王様を詰める」ことを目的に駒を進めるゲームです。

そして**一手でも早く相手の王様を詰める**、それが将棋における「勝ち」になります。

ですから将棋は、詰みのパターンを覚えると一気に勝てるようになります。その詰みの形を覚えるのに最適なゲームが、「詰め将棋」です。

では、詰め将棋とはどんなゲームなのでしょうか？

詰め将棋は、将棋盤に攻める側（**攻方**）と守る側

最初は「詰みのパターン」を覚えることが大切。何度も何度もくり返してやってみよう
これってパターンＡだよ！

（**玉方**）の駒をおき、攻方が将棋盤の上の駒や持駒をうまく使って玉方の玉を詰めるゲームです。そのとき玉方は、将棋盤の上と持駒で使われている駒以外の駒（玉を除く）すべてを使って攻方の攻撃をふせぐことができます。

くり返し解くことが実力アップにつながる

詰め将棋にチャレンジするとき、最初は本に出てくる問題を将棋盤の上に実際に並べて考えてみましょう。駒を使って並べながら考えたほうが、早く理解できます。

慣れてきたら、本だけを見て、**頭の中で詰めさせられるように**トレーニングしていきます。

そして**2回、3回とくり返し問題を見ていく**と、どんどん解くスピードが早くなります。そのぶんだけ、実力が上がっているということです。

こうすると、相手は
こうくるから……
わかった！
2二金だな

2 駒の種類と動かし方

玉将・王将

略して玉。玉は、自分のまわりの8マスにすべて動くことができる

玉は成ることができないヨ

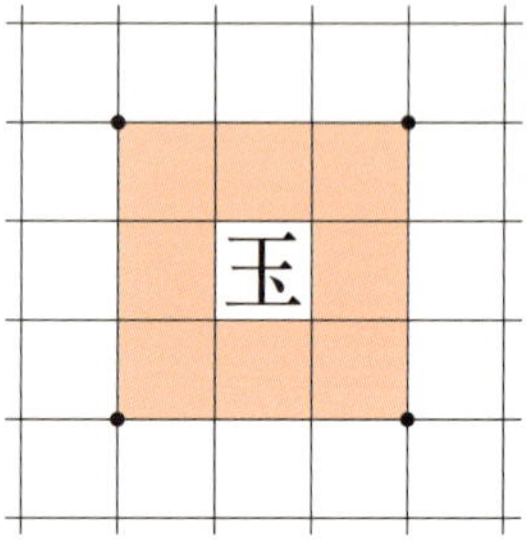

金将

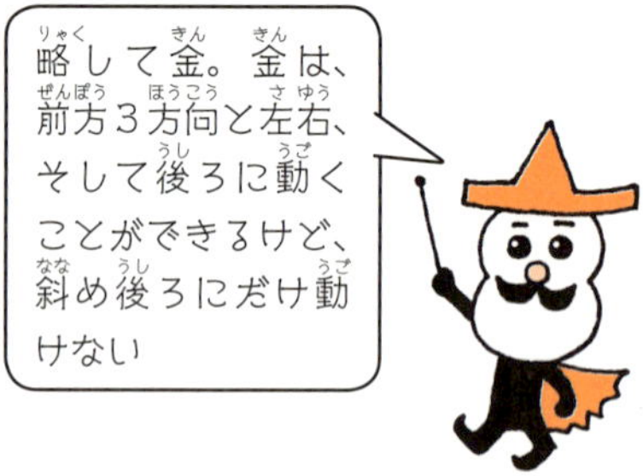
略して金。金は、前方3方向と左右、そして後ろに動くことができるけど、斜め後ろにだけ動けない

金も成ることができないヨ

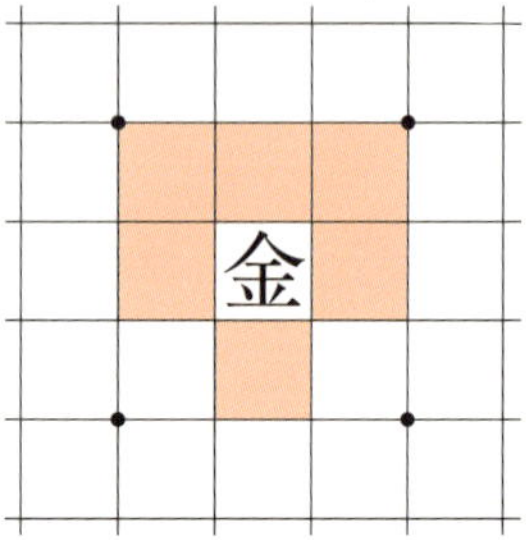
金

飛車

飛車は、タテとヨコならどこまでも進むことができる駒だよ

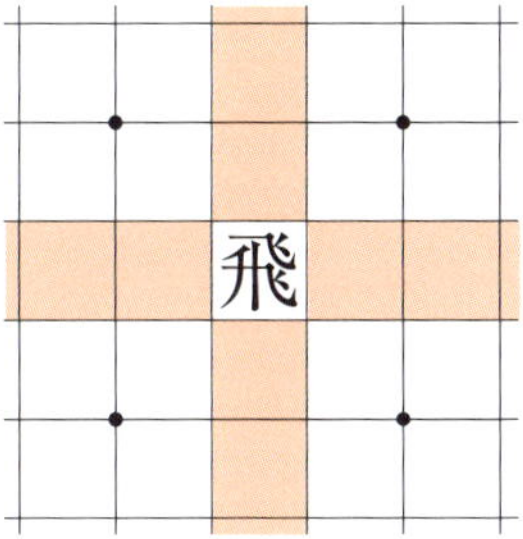

飛車が成ると…

竜王

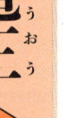

飛車が成ると「竜王」になる。略して竜。新たに1マスずつ斜めの動きが加わる。

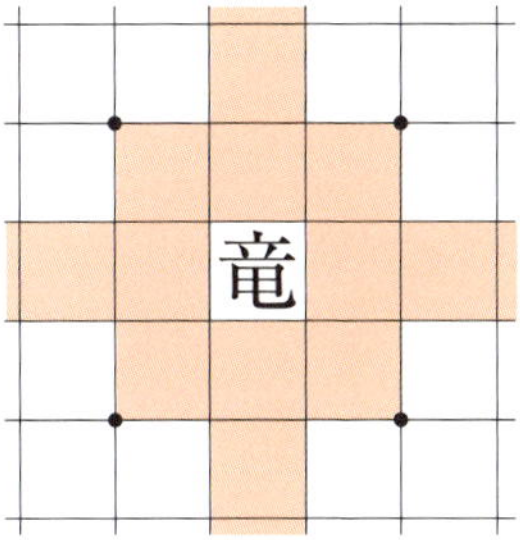

角行

略して角。角は、斜めにならどこまでも進むことができるんだ

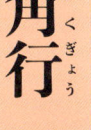

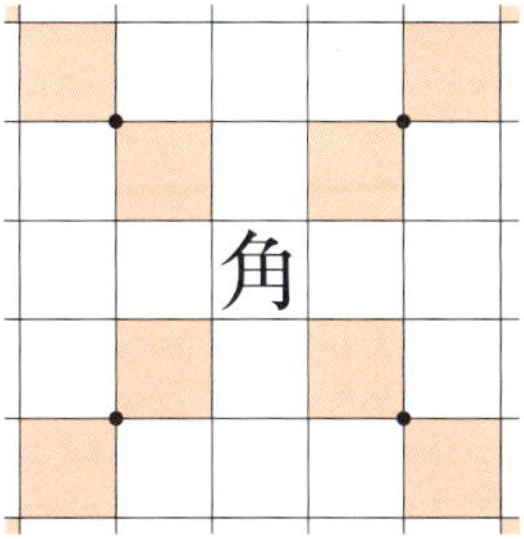

角が成ると…

竜馬

角行が成ると「竜馬」になる。略して馬。新たに1マスずつ前後左右の動きが加わる。

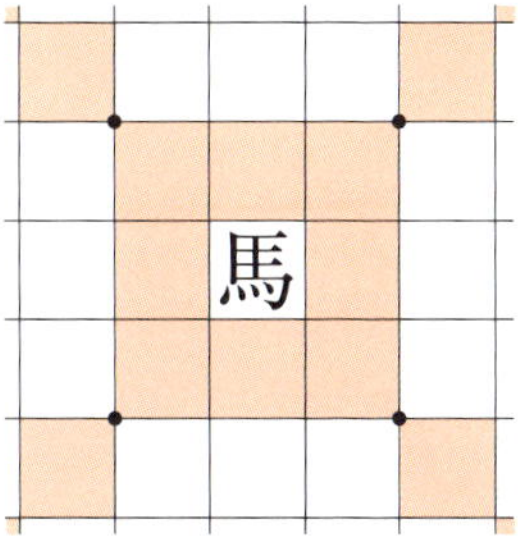

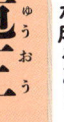

銀将（ぎんしょう）

略して銀。銀は、前方3方向と左右斜め後ろに動くことができる。ただし左右と後ろには動けない

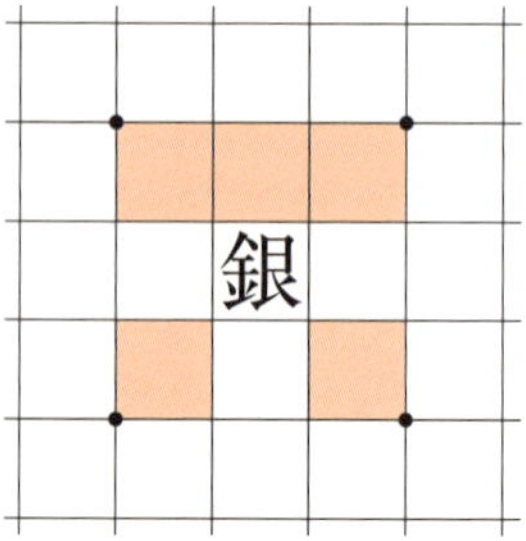

銀

桂馬（けいま）

略して桂。桂はもっとも動き方に特徴のある駒で、2つ前の斜めにジャンプするように動くことができる

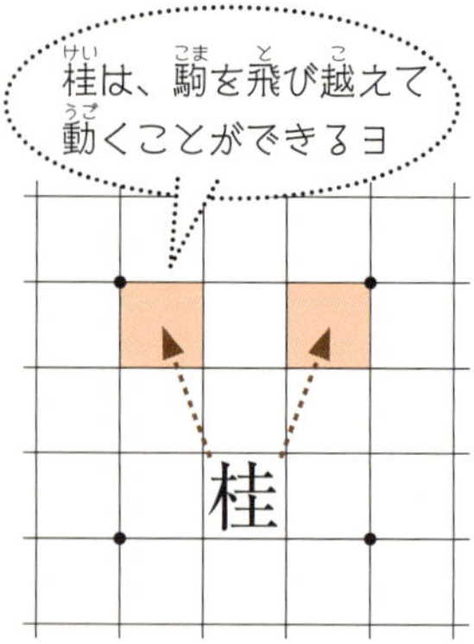

桂は、駒を飛び越えて動くことができるヨ
桂

香車（きょうしゃ）

略して香。香は、前にならどこまでも進める駒だ

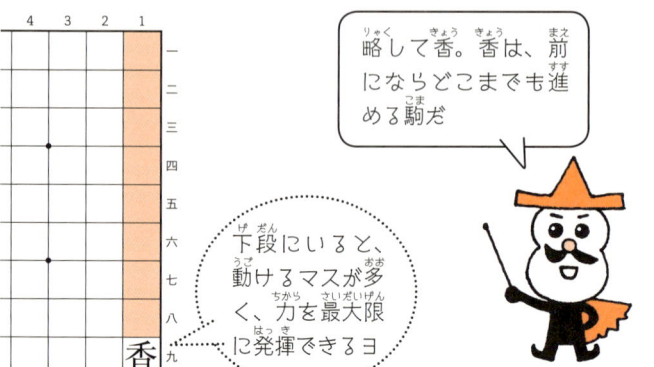

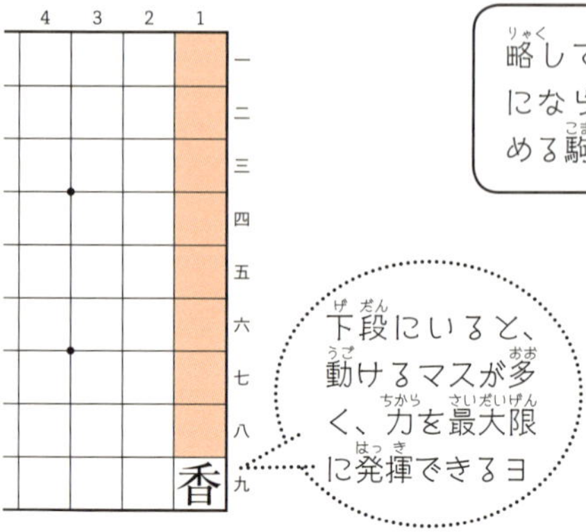

4 3 2 1
一 二 三 四 五 六 七 八 九
香
下段にいると、動けるマスが多く、力を最大限に発揮できるヨ

歩兵（ふひょう）

歩

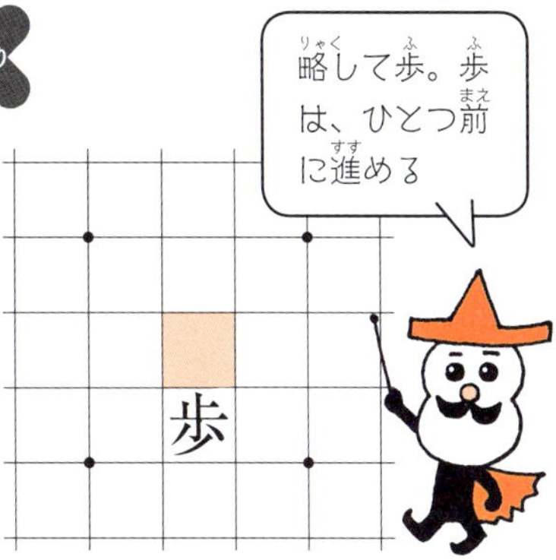

略して歩。歩は、ひとつ前に進める
歩

9 8 7
うっかり
歩
歩
反則負けになる二歩（自分の歩がある列に歩を打つこと）に注意！

銀・桂・香・歩が成ったとき

銀と桂と香と歩は、成ると金と同じ動きになる。

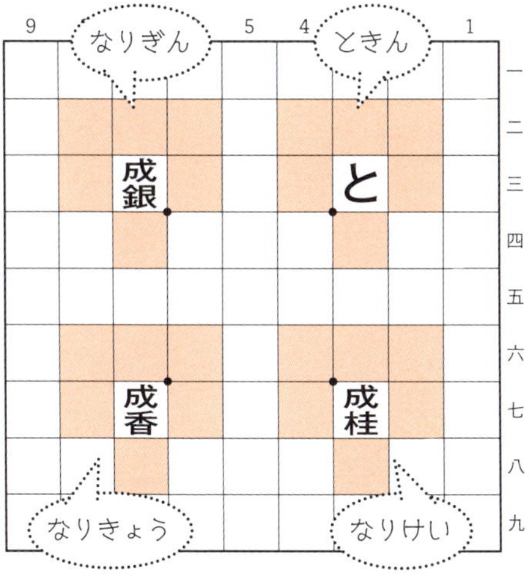

後ろに戻れない駒の注意点

桂・香・歩は、後ろに戻れない。動けるマスがひとつもない手を指すと反則負けだ。

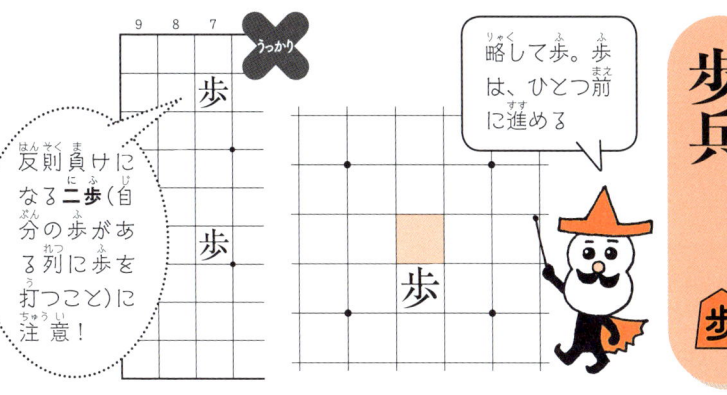

3 駒を成る

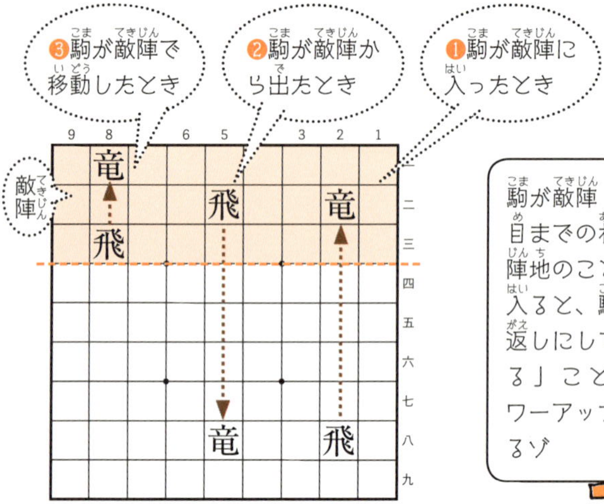

駒が敵陣（三段目までの相手の陣地のこと）に入ると、駒を裏返しにして「成る」ことでパワーアップできるゾ

注意1
一度成ると、もとに戻せない。もとの動きを続けたい場合は、成らないままにする。

注意2
成駒を取られた場合、成る前の状態に戻る。

4 駒を取る・打つ

取った駒は相手を攻める駒として使えるヨ

攻方（＝自分の側）の駒がきいているところに相手の駒がある場合（図A）、その駒を取って自分の持駒にすることができるんだ（図B）

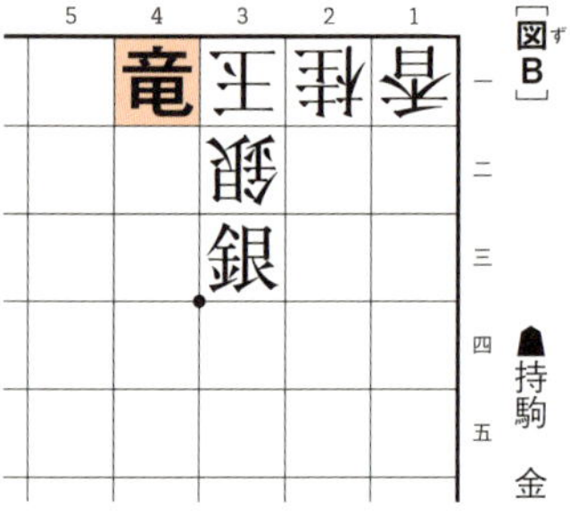

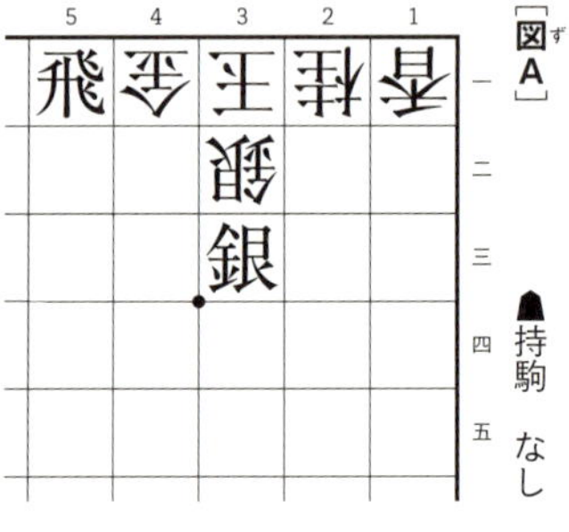

5 「符号」と「表記」について

将棋盤のどの位置になんの駒を動かしたのかを記録したものを「棋譜」というんだ。盤のマス目には図のように、符号が振ってあるゾ

タテの列は、先手から見て右から左に1、2、3…というように数字を振る

9	8	7	6	5	4	3	2	1	
9一	8一	7一	6一	5一	4一	3一	2一	1一	一
9二	8二	7二	6二	5二	4二	3二	2二	1二	二
9三	8三	7三	6三	5三	4三	3三	2三	1三	三
9四	8四	7四	6四	5四	4四	3四	2四	1四	四
9五	8五	7五	6五	5五	4五	3五	2五	1五	五
9六	8六	7六	6六	5六	4六	3六	2六	1六	六
9七	8七	7七	6七	5七	4七	3七	2七	1七	七
9八	8八	7八	6八	5八	4八	3八	2八	1八	八
9九	8九	7九	6九	5九	4九	3九	2九	1九	九

ヨコの行は、先手から見て上から下に一、二、三…というように漢数字を振る

「表記」はこの符号に加えて、どちらの手番で、どの駒を動かしたかという情報を足して指し手をあらわす。☗は先手、☖は後手の意味。

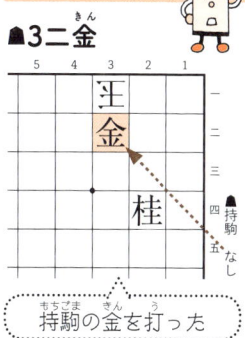

表記はたとえば…

☗3二金

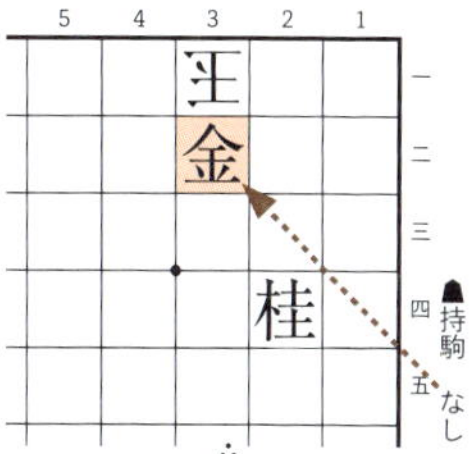

持駒の金を打った

☗3三金右

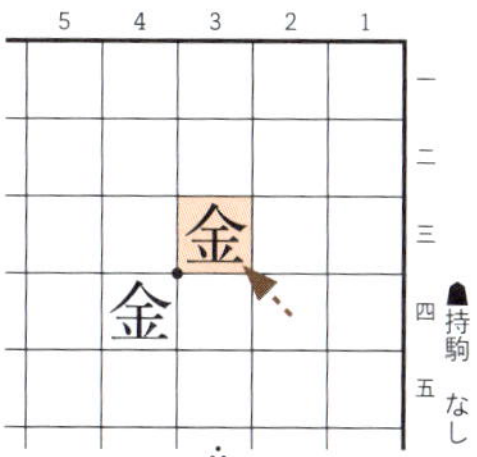

右の金が動いた

☗3三桂左成

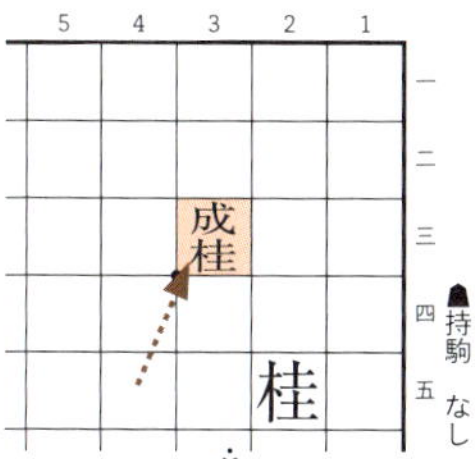

左の桂が動いて成った

もし将棋盤に、ほかに3二に移動できる場所に金があるときは、「☗3二金打」とする。

同じ場所に動かせる駒が複数ある場合は、駒がもとにあった位置（**右**・**左**・**直**）や駒の動作（**上**・**寄**・**引**）を加えたり、成るのか成らないのか（**成**・**不成**）を表記する。

6 そもそも「詰み」ってなあに？

詰みとは？

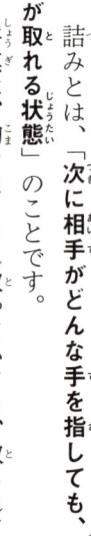

詰みとは、「**次に相手がどんな手を指しても、玉が取れる状態**」のことです。

将棋は、駒をたくさん取っていても、取られていても、勝ち負けには関係ありません。相手よりも一手でも早く、玉を詰ますことで勝ちになります。

詰みか？ 詰みではないか？

では、どうなると詰みなのかを確認していきましょう。

たとえば下の［図A］を見てください。これは詰んでいるでしょうか。

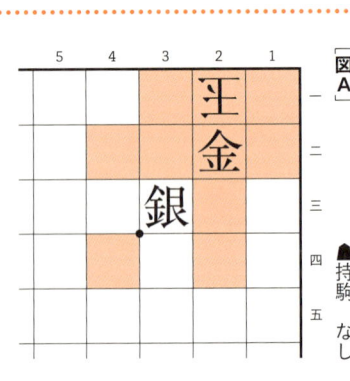

［図A］

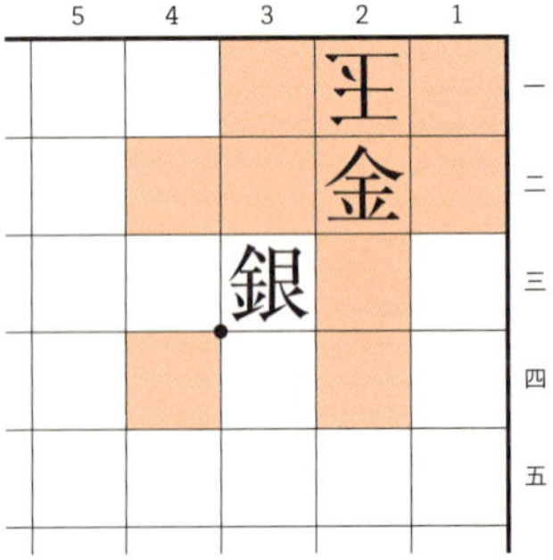

持駒 なし

1 金で王手がかかっています。

2 王手をかけている金を玉で取ると銀で取り返されてしまうので、この金は取ることができません。

3 玉が逃げようと思っても、すべて金のききがあり、逃げられません。

この図で玉側がどんな手を指しても、次にかならず玉を取ることができます。これが詰みです。

将棋盤で色がついているところは金や銀がきくところだよ

では、［図B］が詰みかどうかを確認しましょう。

【図B】

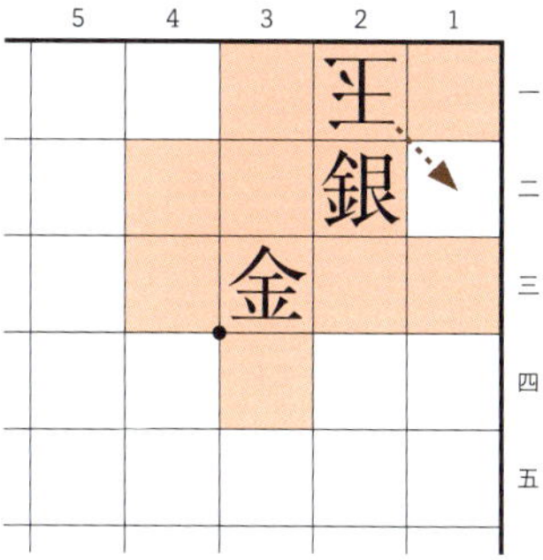

☗持駒　なし

銀はヨコに動けなかったんだ！

❶銀で王手がかかっています。

❷銀を玉で取ることができません（銀を取っても、金で取り返されます）。

しかし、次に☖1二玉と逃げる手があります。

したがって、残念ながら［図B］は詰みではありません。

［図A］と［図B］を比べることで、詰みになるための条件がわかってきましたか？

詰みになるには、次の3つの条件をクリアしなければいけません。

詰みになるための3つの条件

❶**王手がかかっている**

❷**王手を解除できない**

❸**玉が逃げられない**

「詰み」の状態を知ることが、勝つための第一歩。間違えた問題はかならず復習しておくこと！

7 どうやって詰ませるの？

それぞれの駒の役割を知っておこう

相手の玉を詰ませるため、将棋盤におかれた駒、持っている駒それぞれに重要な役割があります。左の［図A］を例に見ていきましょう。

［図A］

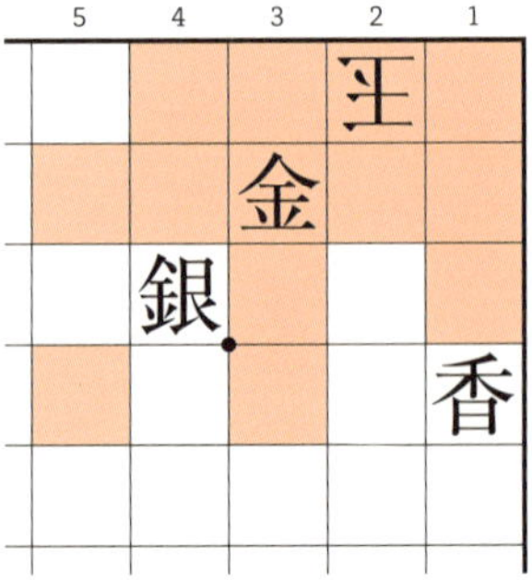
5
4
3
2
1
一
二
三
四
五
王
金
銀
香

☗持駒　なし

１四の香車がいい感じで玉の逃げ道をふさいでいるね

①１四の香車が、逃げ道をふさぐ駒として働いています。玉は１一や１二には逃げられません。

②４三の銀が、金を支えています。金を玉で取られても、銀で取り返すことができます。銀がいるので、王手をかけている金は取られません。

③３二の金が、王手をかけています。したがって、［図A］は詰みです。

以上のように、まず**逃げ道をふさいだ状態**で、次に**王手をかける駒が取られないような状態**にしてから、**最後に王手**をかけて詰ませます。

これらは順番が大切で、王手をかけるのは、かならず最後だよ

王手をかける直前は、左の［図B］のような状態になっています（3二にあった金が持駒になっています）。

この図から、どうやって詰ませるかを考えるのが詰め将棋です。

【図B】

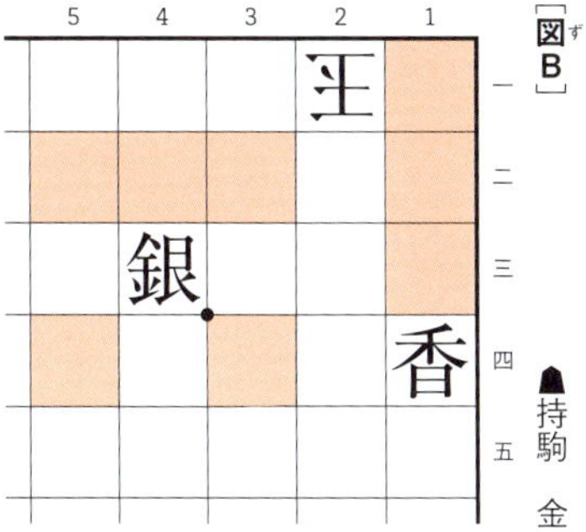

相手の玉を詰ませるときの、攻め駒について重要な役割を覚えておきましょう。

攻め駒の大事な3つの役割

❶玉の逃げ道をふさぐ駒
❷王手をかける駒を守る駒
❸王手をかける駒

この本は1手詰めの問題だけなので、❶や❷の役割をしてくれる駒はすでに将棋盤の上にあります。ステップアップして3手詰めや5手詰めなどに挑戦する場合は、自分の持駒に❶や❷の役割を持つ駒が含まれることもあります。

8 詰め将棋にはルールがある

詰め将棋のルールについて

では改めて、詰め将棋についてのルールを説明します。

詰め将棋とは、将棋の詰みの部分をトレーニングするための問題です。

相手の玉とその周辺の局面だけを考えて、詰ませることを考えていきます。

詰め将棋は
本将棋と違った
ルールがあるよ！

ルール1 王手の連続で攻める

詰め将棋では、つねに王手をかける手を考えます。王手以外の手は考えません。

たとえまわりに飛車や角など、自分の好きな大駒が取れるような状態になっていても、かならず王手、王手で攻め続けます。

しっかりと相手の玉を詰ませていきましょう。

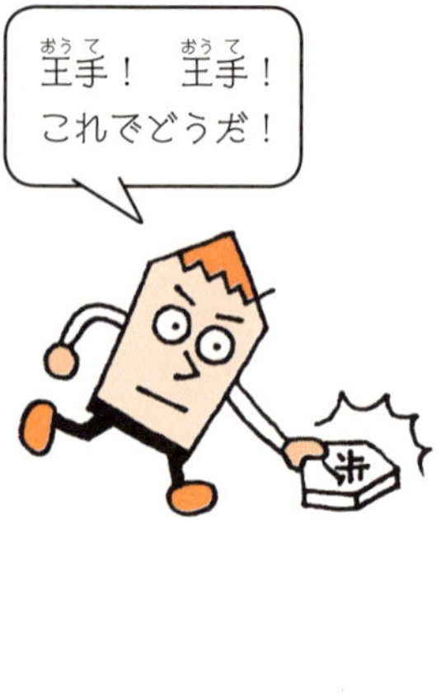
王手！　王手！
これでどうだ！

ルール 2 相手はすべての駒を持っている

相手は、問題に出ている駒以外のすべての駒を持っていて、それを使えます。

飛車や角を遠くから打って王手をかけたときなど、相手は持駒を使って受けることができます。

ルール 3 攻める側（攻方）は最短手順で

たとえば［図A］を見てください。▲2二金の1手詰みが正解です。ただし、この場合は▲2一金、△1二玉、▲2二金（または▲2二と）としても詰みです。しかし、詰め将棋では「攻める側は最短手順」というルールがあるので、［図A］からは▲2二金だけを正解とします。

【図A】

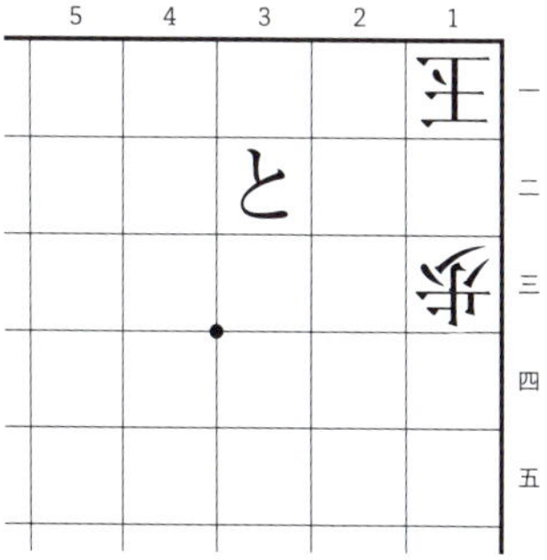

▲持駒 金

ルール4
守る側（玉方）は最長手順で

ルール3とは反対に、守る側（玉方）は最長の手順を考えなければいけません。本当は5手で詰むところを3手で詰むのは、玉が逃げ方を間違っているとしてそのこたえは不正解になります。

詰め将棋はつねに自分が攻方なので、早く詰ませることだけ考えがちですが、守る側の身になってできるだけ逃げる努力をすることも大切です。

玉を守る側の立場で考えることも将棋が上達するための第一歩だヨ

ルール5
ムダな合駒はしない

下の［図B］を見てください。今、☗4二飛成と王手がかかったところです。ここで☖3二歩や☖2二歩などと、合駒（間に駒を打って守ること）をすることはできます。しかし、☗同竜で状況は変わらず、詰みのままです。このように、詰みから逃げられないのにもかかわらず、ただ手数が増えるだけの合駒のことを「**無駄合い**」といい、詰め将棋のルールでは禁止です。☗4二飛成の時点で詰みとなります。

［図B］

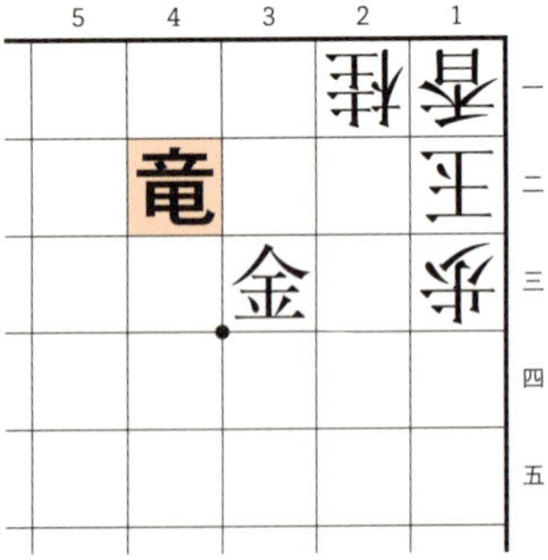
5 4 3 2 1
一 二 三 四 五
香 桂 王 竜 金 歩

☗持駒　なし

ルール6
❶〜❺以外は普通の将棋といっしょ

そのほかは、普通の将棋のルールといっしょです。駒の動かし方や、一手交代で指すこと、禁じ手なども通常のルールと同じです。

大事

通常ルールの中に含まれますが、詰みに関する「打ち歩詰め」のルールを改めて確認しておきましょう。

●打ち歩詰めとは？

打ち歩詰めとは、**持駒の歩を打って**相手の玉を詰ませることで、禁じ手（反則）です。歩を打って詰ませてはいけません。

左の［図C］で▲1四歩と打つと詰みになってしまいますから、これは打ち歩詰めで反則ですね。

［図C］

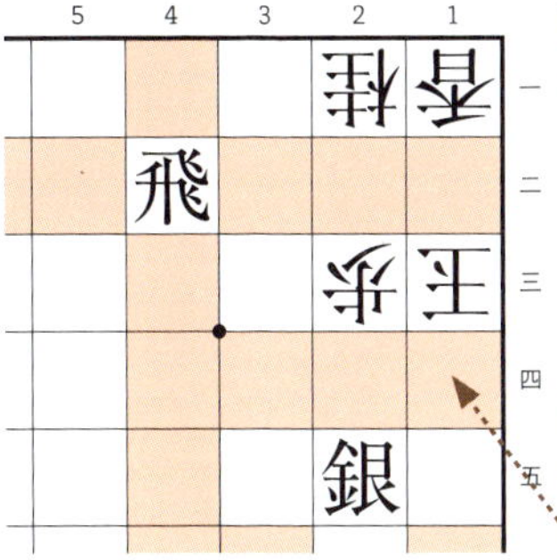

▲持駒　歩

反則すると
負けになるヨ

●突き歩詰めとは？

突き歩詰めとは、持駒ではなく、すでに将棋盤にある歩を動かして玉を詰ませることです。こちらは反則ではありません。立派な詰みです。

左の［図D］で、▲1四歩と動かすと突き歩詰めです。

［図D］

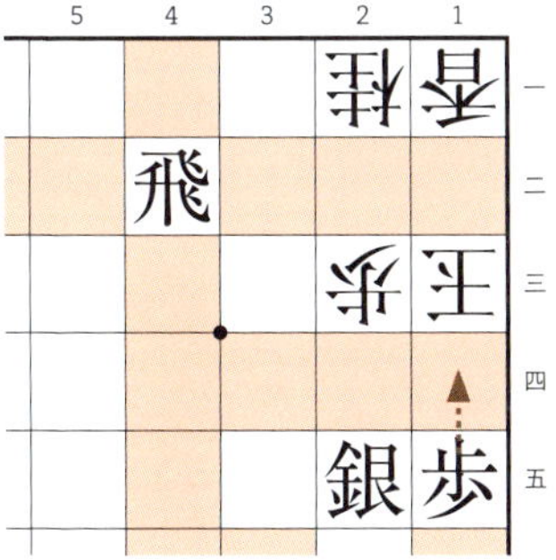

▲持駒　なし

打ち歩、突き歩の
違いをしっかり
覚えよう

9 よくあるうっかりミスの4タイプ

うっかりミスで負けないように！

詰め将棋を解くうえで、よくある4つのうっかりミスについて紹介します。

本番の将棋でも、詰ませたと思っていて、勘違いで詰んでいなかったりすると逆転負けしてしまいます。

また、詰んでいないのに「負けました」と投了しても当然負けになりますから、きちんと詰んでいるかどうかを判断できるようになりましょう。

勘違いして
負けちゃった…

うっかり1 王手ではない手を指してしまう

玉を詰ませるには、王手をかける必要があります。[図A]で☗3三金と打っても王手になりません。詰め将棋では、かならず王手となる手を指します。

[図A]

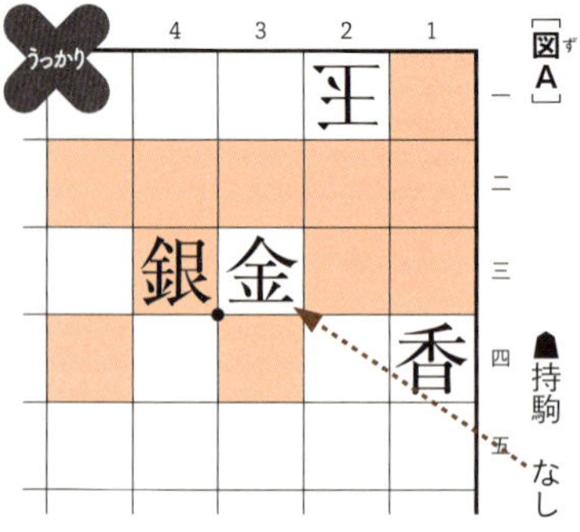
うっかり
4
3
2
1
一
二
三
四
五
王
銀
金
香

☗持駒 なし

金のききが
相手の王様に
とどいていないぞ

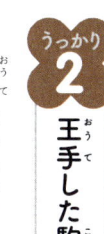

うっかり2 王手した駒を取られてしまう

王手はかかっているものの、その駒を玉や守り駒に取られてしまっては詰みになりません。

先ほどの［図A］で［図B］のように☗2二金と打つと、王手ですが玉に取られてしまいます。

ほかの駒がきいている場所で駒を使うように心がけましょう。

［図B］

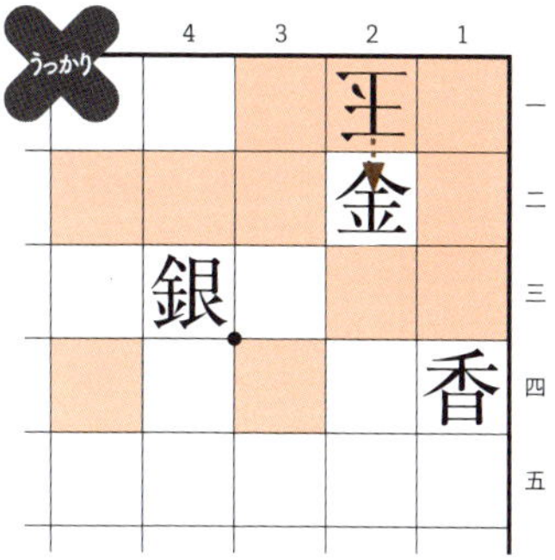
うっかり
4
3
2
1
一
二
三
四
五
王
金
銀
香

☗持駒 なし

ギョギョ！
これじゃ金が相手に
取られてしまうよ～

うっかり3 玉に逃げられてしまう

王手をかけて、その駒を取られないものの、玉に逃げ道があると詰みになりません。

［図C］の場合では、玉に1二の地点へ逃げられてしまいます。

盤面にある駒の位置ときを確認して、王手をかける駒の特性をいかしながら、玉をしっかり詰めましょう。

［図C］

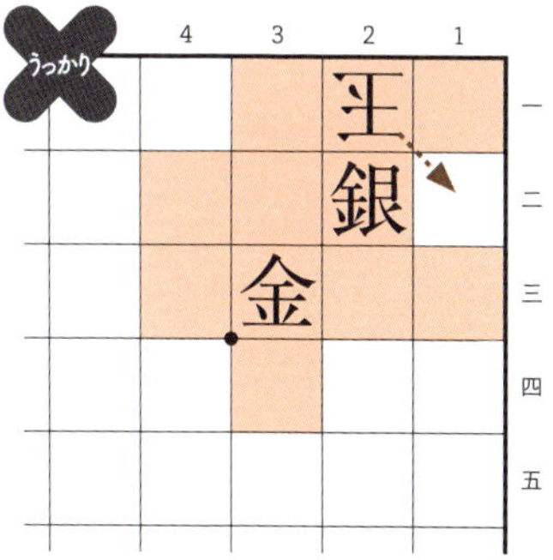
うっかり
4
3
2
1
一
二
三
四
五
王
銀
金

☗持駒 なし

1二の地点へ
逃げられるとは!!

うっかり

4 合駒がある

飛車・角・香の3つの駒は、遠くまでききがあります。

その特性をいかして玉から離れた位置から王手をかける場合には、相手の合駒に注意です。

たとえば下の［図D］の場合では、1三の地点に合駒をされると詰みません。

詰め将棋の場合、相手はほかのすべての駒を持っているものとして考えるので、合駒を打たれて詰まなくなってしまうこたえは間違いです。

オレが合駒になるゾ！
歩

［図D］

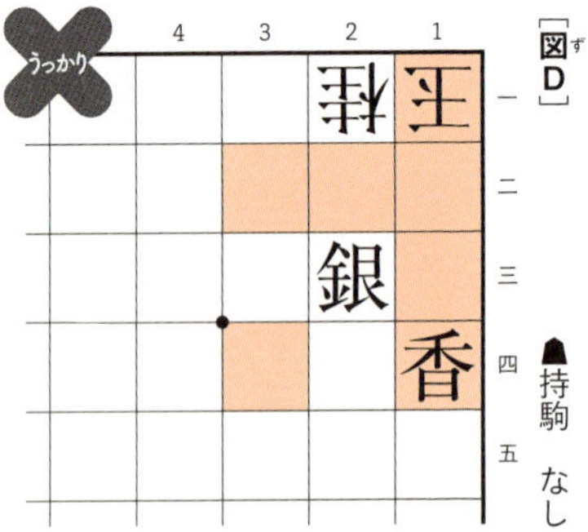

詰め将棋のやり方はわかったかな？
では次の章からさっそく、問題形式でどんどん玉を詰ませていこう！

相手は残りの駒を自由に使っていいんだった…

第1章

まずはこれから！

基本の30問

この章では、駒ごとにわけて
よくある詰ませ方を紹介するヨ

詰んだ！と思っても
逃げられてしまうこともあるからネ

正解は、駒ごとにききが色わけされた図で
説明するから、しっかり理解しよう！

**間違えた問題は、何度も復習しよう。
見ただけですぐ解けるようになれば
実戦でもたくさん勝てるように
なるハズダ！**

ミッション
Mission!!

1日目

「金」「飛車」「角」で詰める

1日目は金・飛車・角での詰ませ方を学ぼう

金は6か所に動けるから、玉の逃げ道をふさぎながら攻めることができる。金の詰みをまず徹底的に練習して、よくある詰みのパターンを覚えていこう。

歩や香車などの小駒は成ると、金と同じ動き方になるんだ。だから、金の詰みパターンを先に覚えることで、小駒を成って詰ませることもすぐ理解できるようになるよ。

飛車・角は、遠くまできくという特徴がある。この特徴をいかした詰みのパターンを覚えていこう。

さらに、成って竜・馬になると、金以上に強力な駒になるので、詰みに役立つ駒といえる。

実戦では、金や飛車・角（竜・馬）で詰ませるというパターンがほとんど。しっかり解けるようになっていこう！

金を使おう❶

第1問

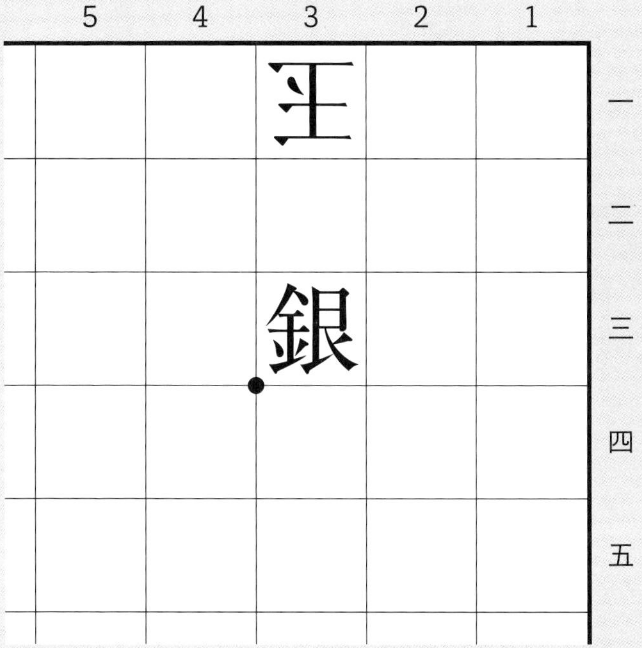
5 4 3 2 1
一 二 三 四 五
王
銀

持駒 金

できたら✓チェック

チャレンジ 1	チャレンジ 2	チャレンジ 3

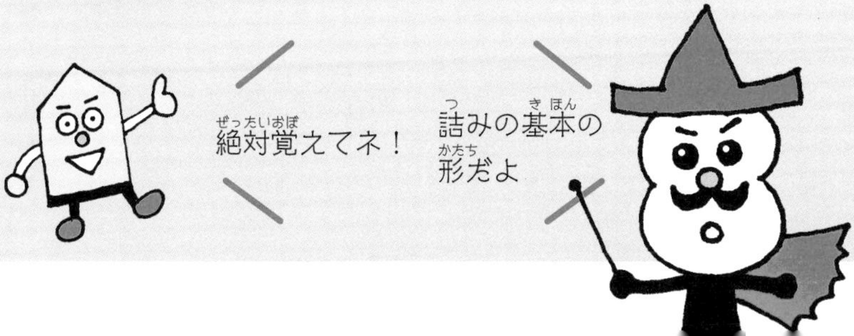
絶対覚えてネ！
詰みの基本の形だよ

ヒント

銀のききがあるので玉は上にはいけません。でも、左右にまだ逃げることができます。

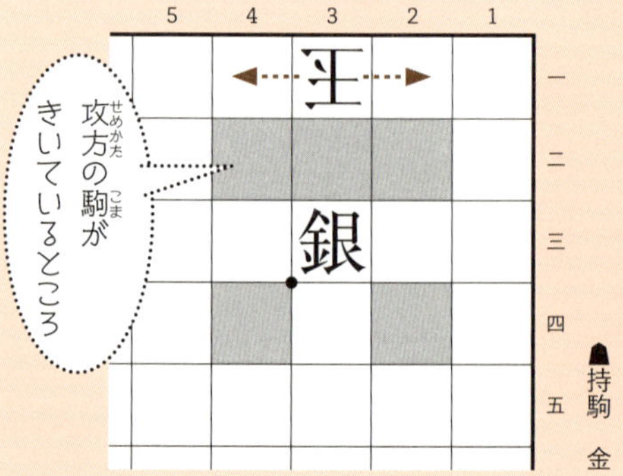

正解 ▲3二金

金で王手をかけました。相手は、王手をかけている駒＝金を取れません。

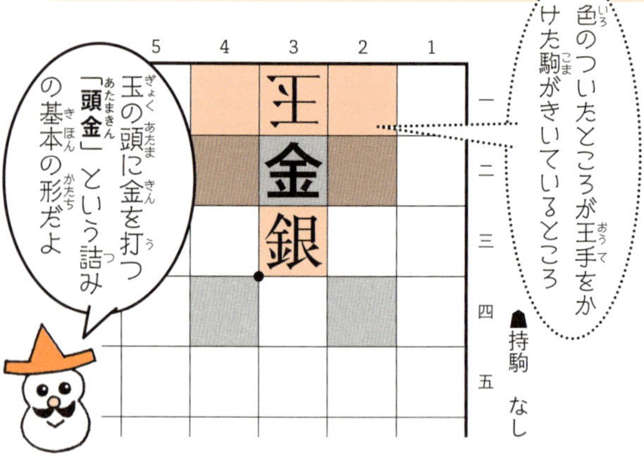
5 4 3 2 1
一 二 三 四 五
王
金
銀
色のついたところが王手をかけた駒がきいているところ
玉の頭に金を打つ「**頭金**」という詰みの基本の形だよ
▲持駒 なし

失敗 まだ逃げられる！

同じく、金で王手をかけました。相手は、王手をかけている駒＝金を取れません。しかし、2一には逃げられるので、詰みではありません。

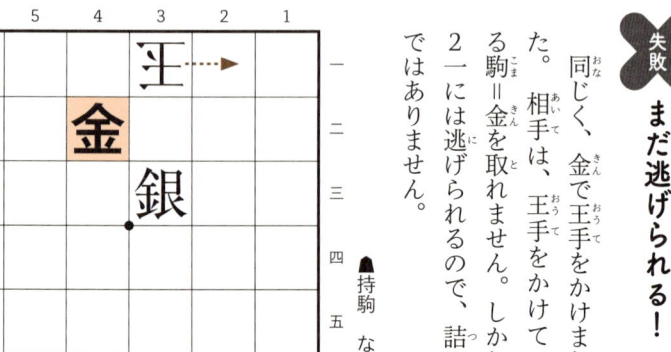

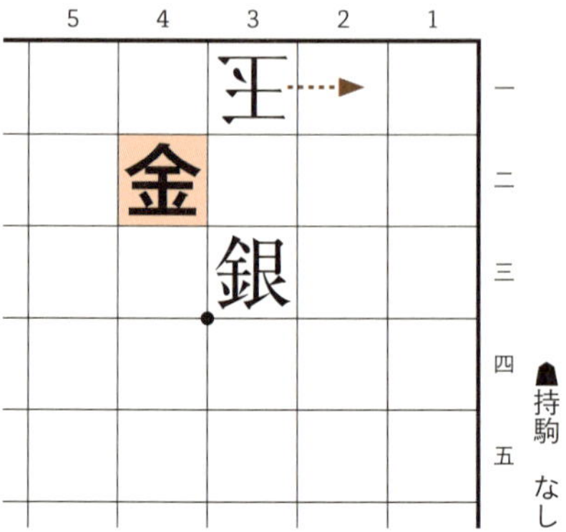

金を使おう❷

第2問

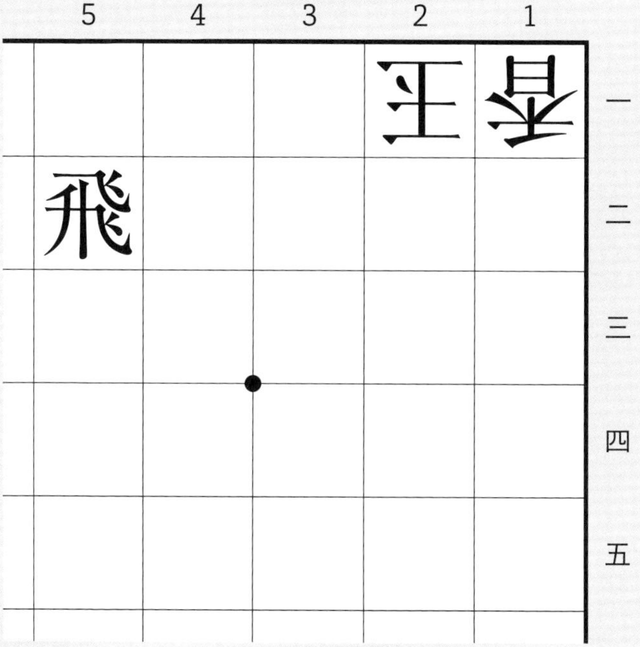

持駒 金

できたら✓チェック

チャレンジ 1	チャレンジ 2	チャレンジ 3

第1問(だいもん)で習(なら)った
頭金(あたまきん)がいいかも

第2問のこたえ

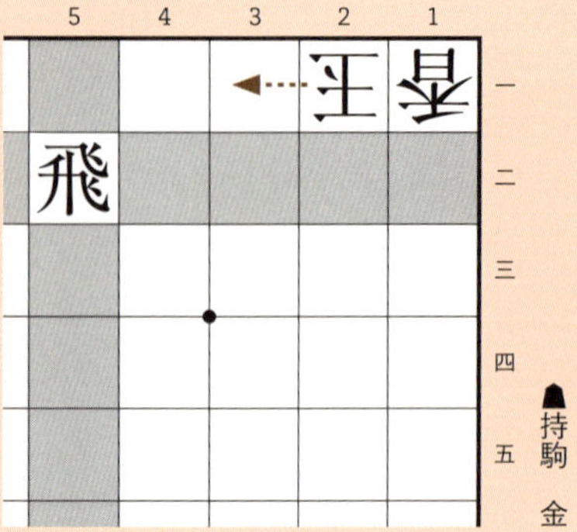

ヒント

飛車のききがあり、玉は上に逃げることはできません。飛車のききに持駒を打って詰ませることを考えます。

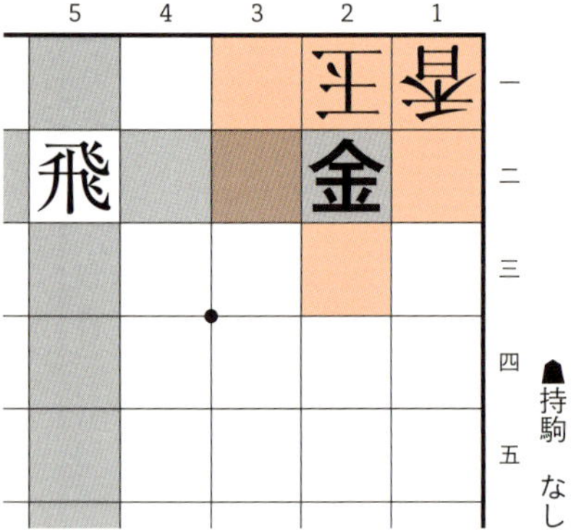

正解

▲2二金

頭金で王手で詰みです。頭金を打つことで、玉の3一への逃げ道をふさいでいることがわかりますね。

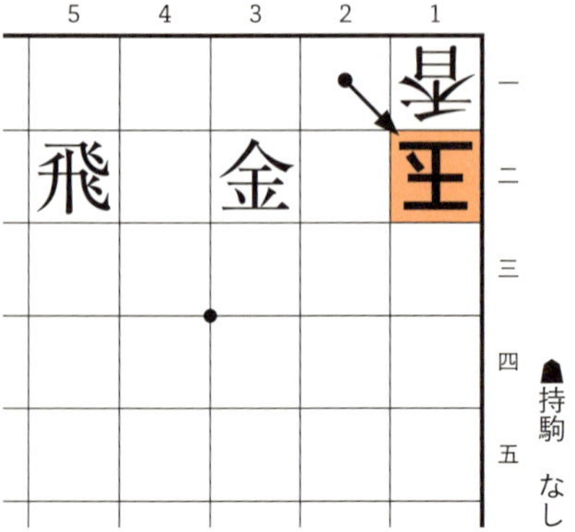

失敗

新たな逃げ道が！

▲3二金でもよさそうですが、飛車のききが止まってしまいました。△1二玉と新たな逃げ道に逃げられてしまうと失敗です。

金を使おう③

第3問

持駒 金

できたら✓チェック

チャレンジ 1	チャレンジ 2	チャレンジ 3

頭（あたま）から金（きん）を打（う）っても大丈夫（だいじょうぶ）かな？

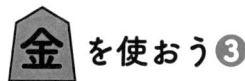

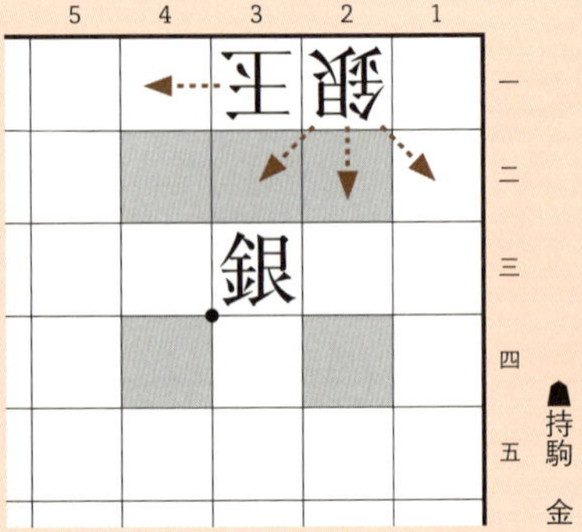

ヒント

銀のききがあるので玉は上にはいけませんが、4一には逃げられます。また、相手の銀のききがあることにも注意します。

正解

☗4二金

4二のところに金で王手をかけました。

王手をかけている駒＝金を取れませんし、逃げ道もふさいでいるので、詰みです。

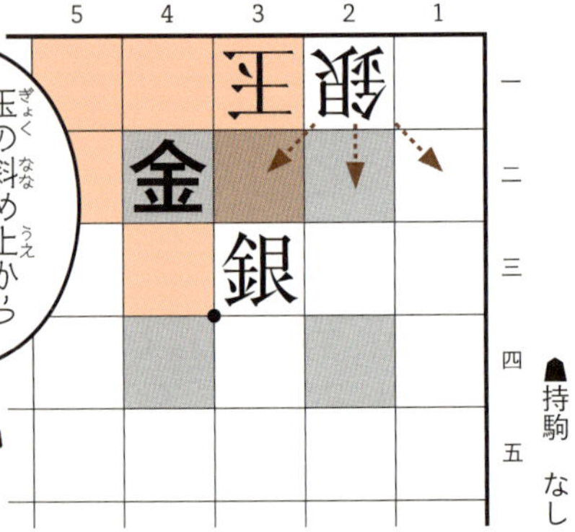

失敗

頭金は失敗！

頭金と、王手をかけました。でも、相手の守り駒の銀で取られてしまいます。

王手をかける駒を取られないようにしましょう。

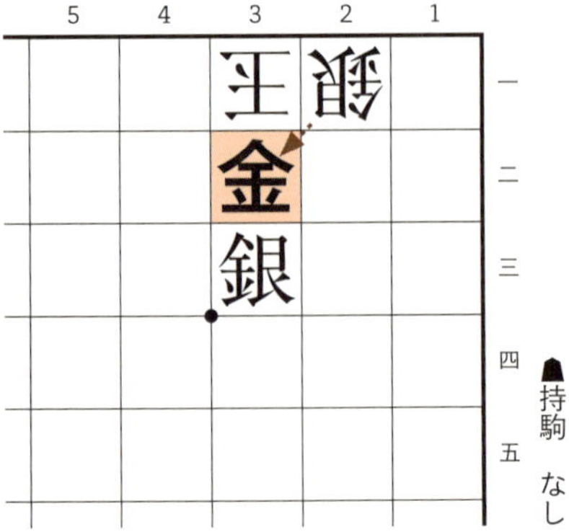

金を使おう④

第4問

持駒 金

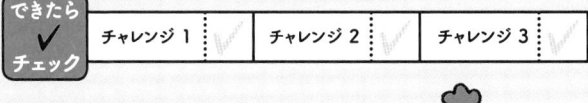

できたら✓チェック	チャレンジ 1	チャレンジ 2	チャレンジ 3

金を打っても
取られないところは…と

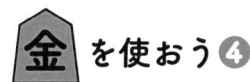

第4問のこたえ

ヒント

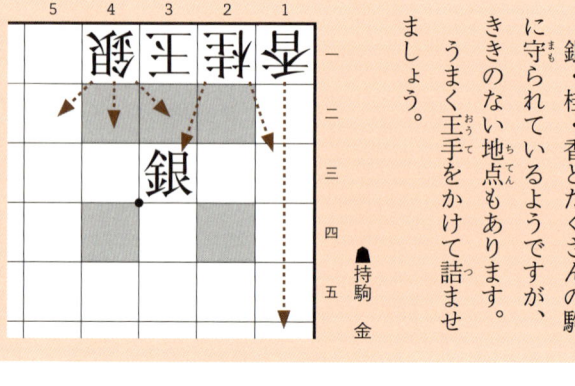

銀・桂・香とたくさんの駒に守られているようですが、ききのない地点もあります。
うまく王手をかけて詰ませましょう。

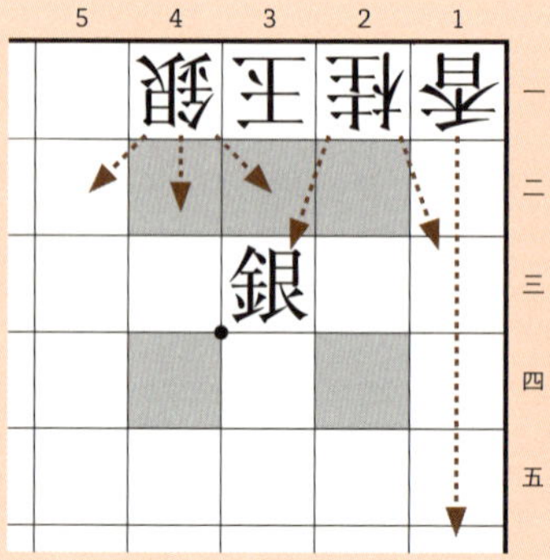

☗持駒　金

正解

☗2二金

☗2二金と肩金を打って詰みです。
守り駒が多そうに見えても、ひとつひとつの駒のききを確認して、詰ませましょう。

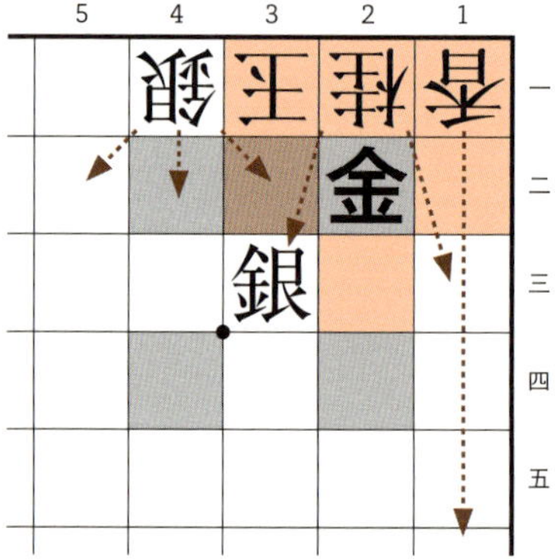

☗持駒　なし

失敗

守り駒のききを確認！

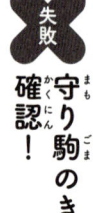

☗3二金と、守り駒のききのある場所に打つと、☖3二同銀と取られて失敗です。
駒のききを見きわめて王手をかけましょう。

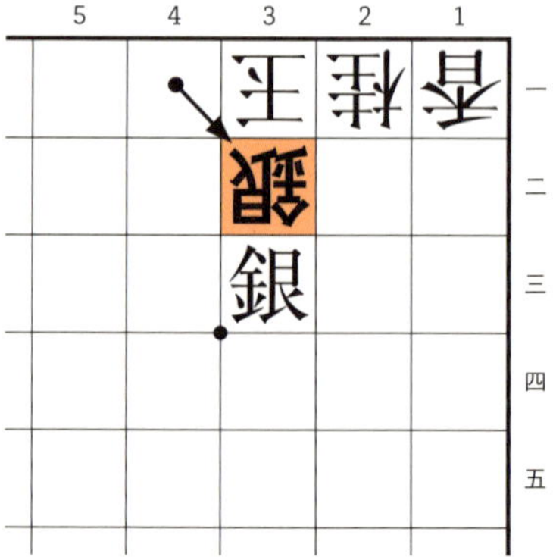

☗持駒　なし

金を使おう⑤

第5問

	5	4	3	2	1
一				桂	香
二	飛				
三				王	
四	飛				
五					金

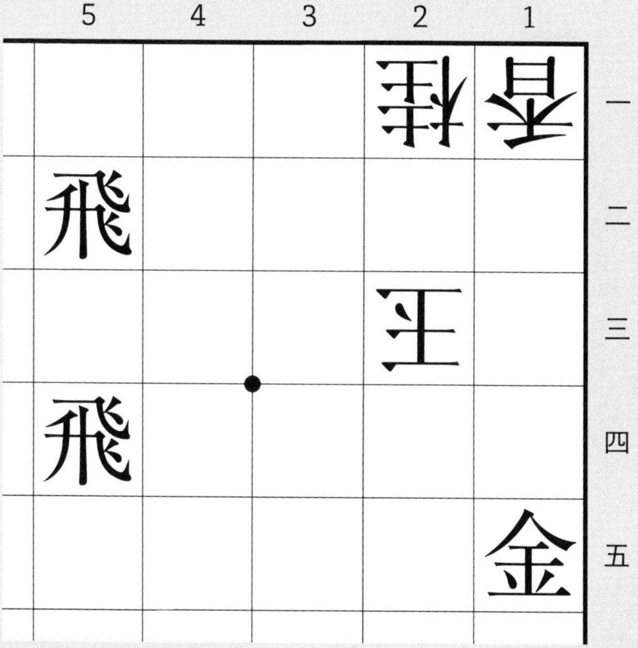

持駒 なし

できたら ✓ チェック	チャレンジ 1	✓	チャレンジ 2	✓	チャレンジ 3	✓

けど持駒(もちごま)が
ないね…

飛車(ひしゃ)が
2枚(まい)もある！

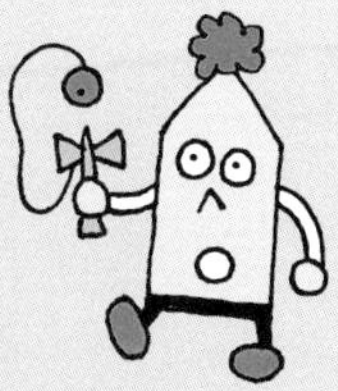

ヒント

飛車の2枚のききがあり、上にも下にも逃げられません。あとは、1三と3三の逃げ道を同時にふさいで王手をかければ詰みですね。

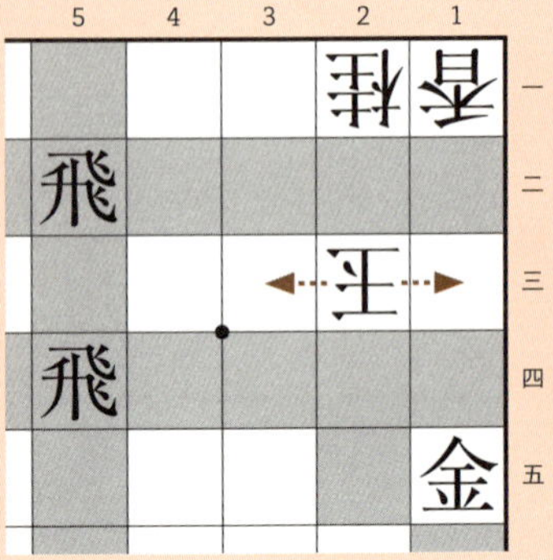

☗持駒　なし

正解 ☗2四金

☗2四金は頭金の王手ですね。持駒に金がなかったとしても、将棋盤にある駒をうまく使って詰ませましょう。

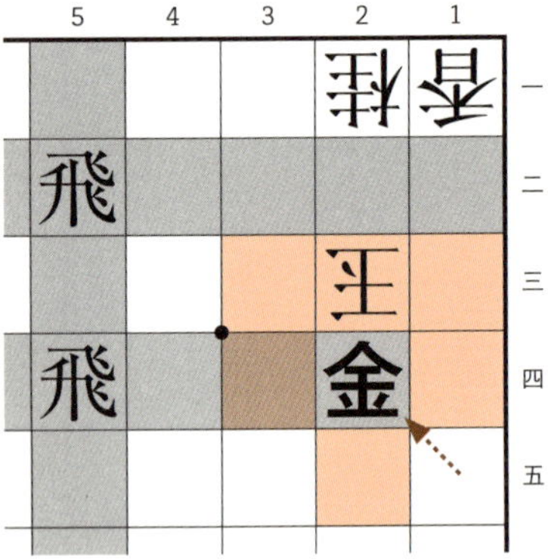

☗持駒　なし

失敗 飛車は接近戦に弱い

☗2四飛と王手したくなりますが、左右の逃げ道をふさげません。接近戦では、金のほうが詰ませやすいのです。なお、☗1四金は香に取られます。

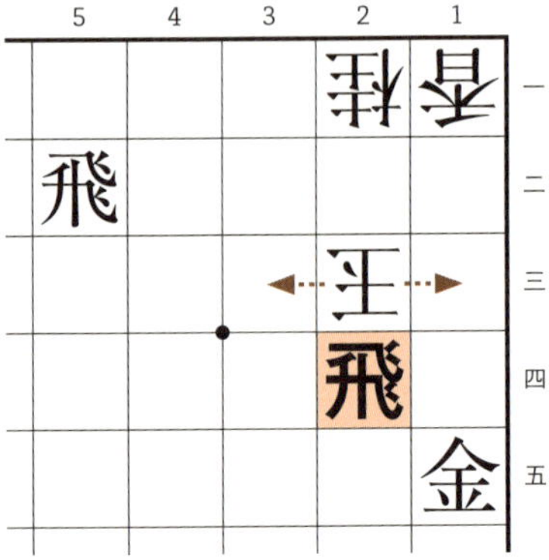

☗持駒　なし

金を使おう❻

第6問

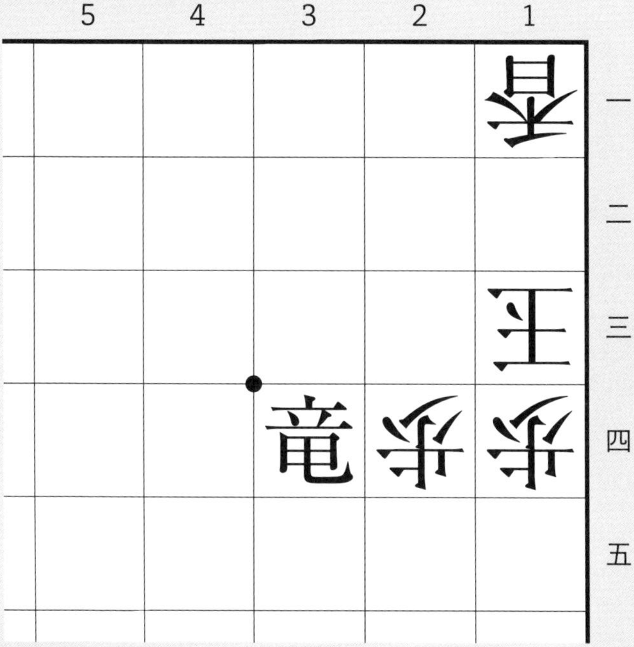

☗持駒 金

できたら✓チェック	チャレンジ 1	チャレンジ 2	チャレンジ 3

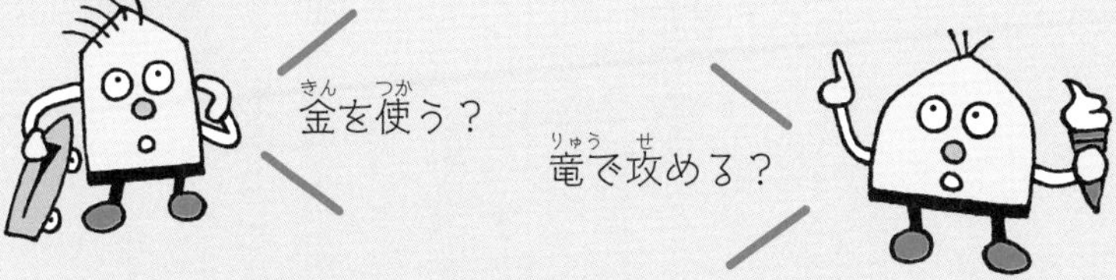

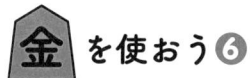

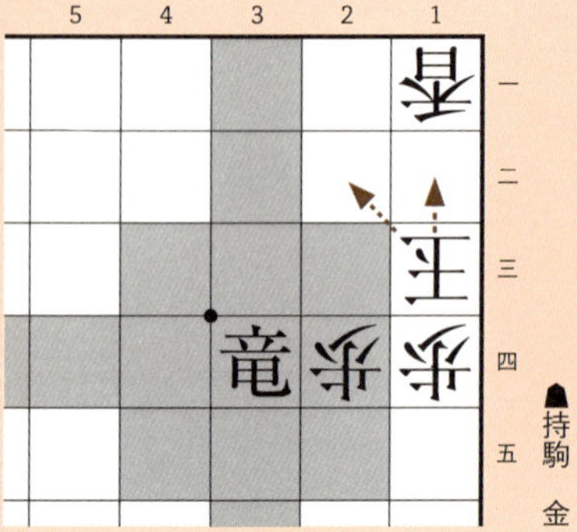

ヒント

玉を端に追いつめて、もう少しで詰みです。頭金や肩金は打てないので、どうやって王手をかけるかです。

正解

☗2三金

☗2三金と、玉のヨコから金を打って詰みです。この形は金を打った反対側に逃げられない状況で力を発揮します。

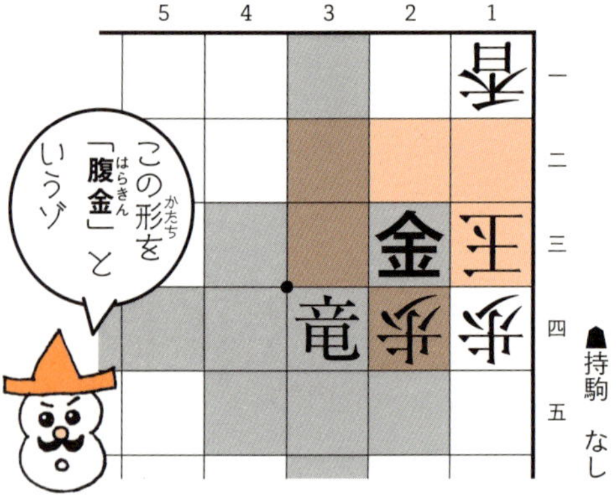

失敗

合駒に注意

☗3三竜と入りたくなりますが、合駒されて続きません。飛車・角・香車で王手するときには、合駒に注意します。

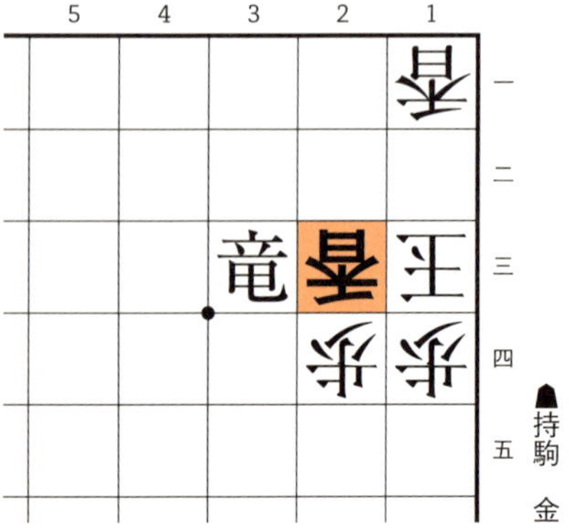

金を使おう⑦

第7問

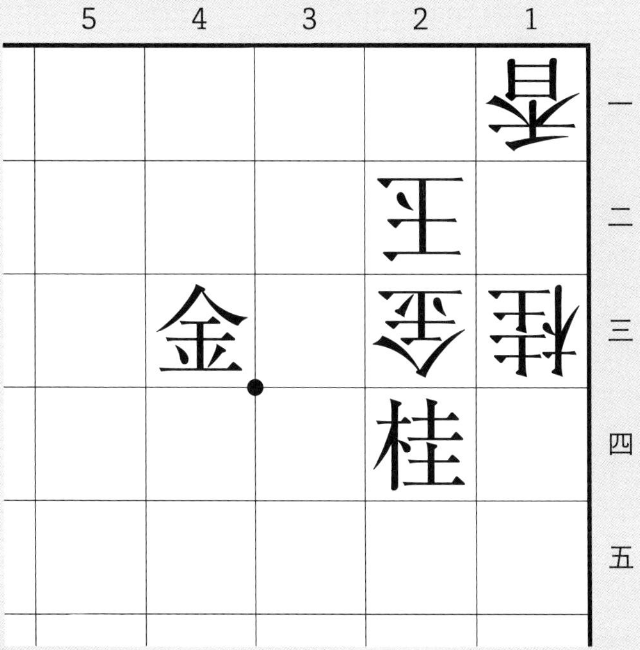

☗持駒　なし

できたら✓チェック　チャレンジ1　チャレンジ2　チャレンジ3

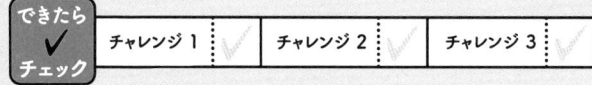

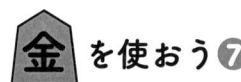

相手(あいて)の金(きん)が
きいてないところ
あるかな

第7問のこたえ

ヒント

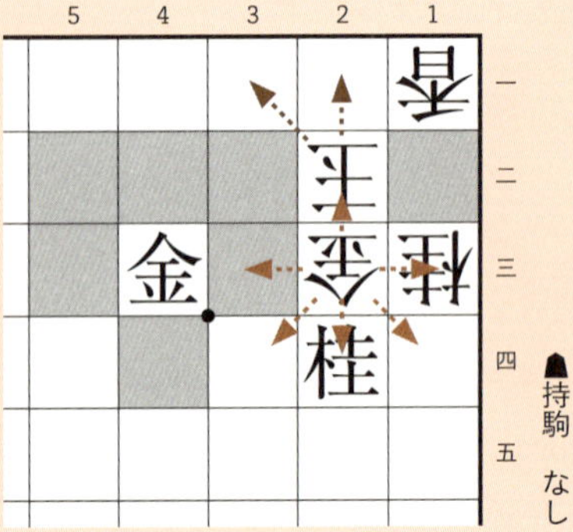

金が玉のすぐ近くにいるので、広い範囲を守っているように見えます。

玉もまだ、下の段に逃げることができます。

正解

☗3二金

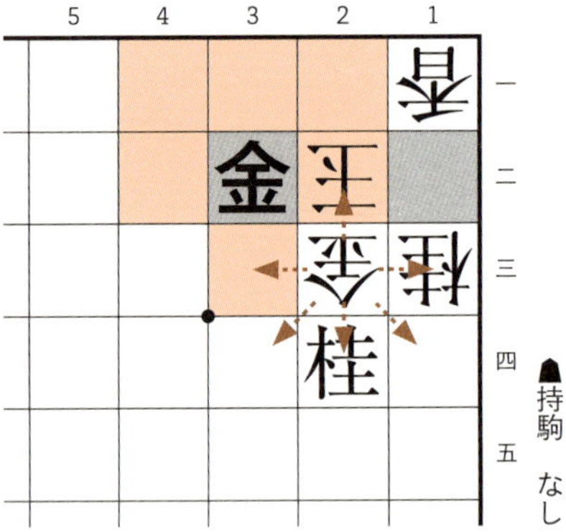

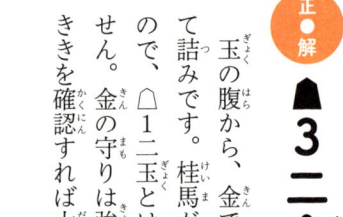

玉の腹から、金で王手をかけて詰みです。桂馬がきいているので、☖1二玉とは逃げられません。金の守りは強力ですが、ききを確認すれば大丈夫です。

失敗

どっちの駒を動かすか

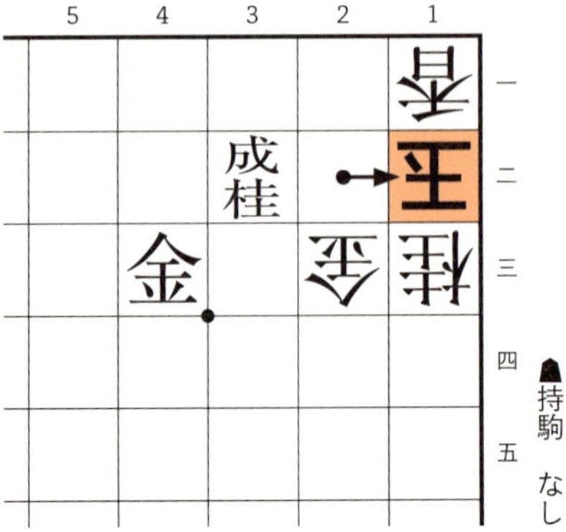

☗3二桂成は、☖1二玉と新たな逃げ道ができてしまいます。逃げ道をふさいでいる駒を動かす場合、新たな逃げ道ができないか確認しましょう。

金を使おう⑧

第8問

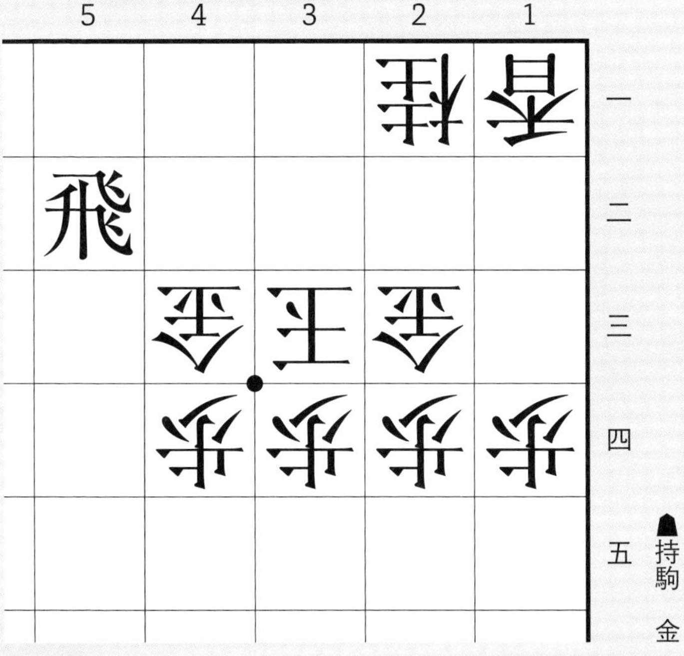

できたら✓チェック

チャレンジ1 チャレンジ2 チャレンジ3

金が動けないところって？

金が２枚も守っているけど…

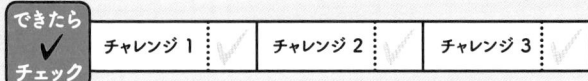

第8問のこたえ

ヒント

金2枚が守っているようですが、下へはあまりきいていません。逆に、玉の逃げ道をふさいでいます。守りのスキを突いて攻めましょう。

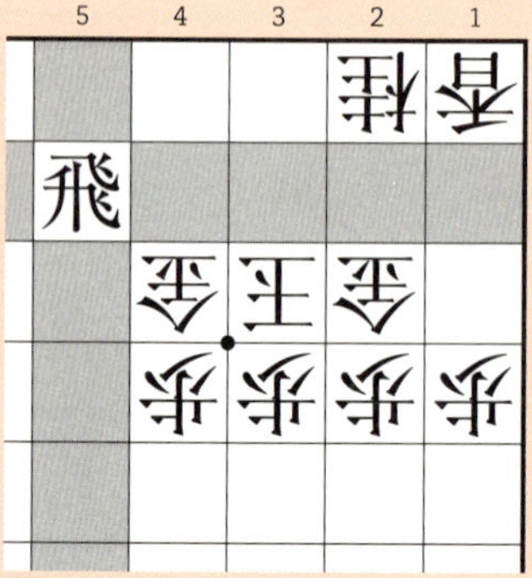

▲持駒　金

正解　▲3二金

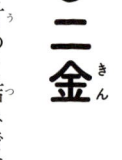

▲3二金を打つと詰みです。守り駒が多いようでも、駒のききを確認していけば詰ませられます。

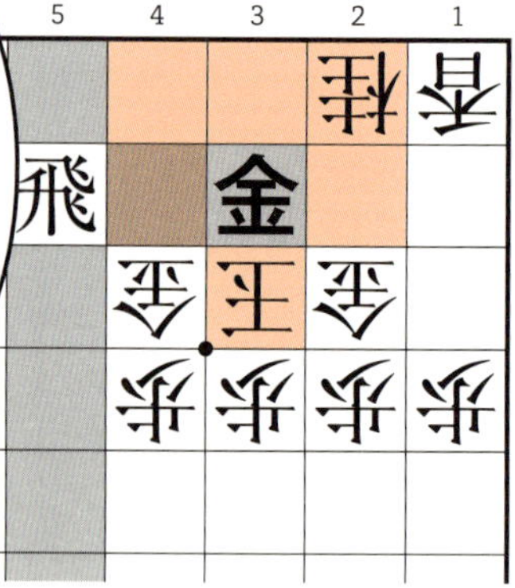

▲持駒　なし

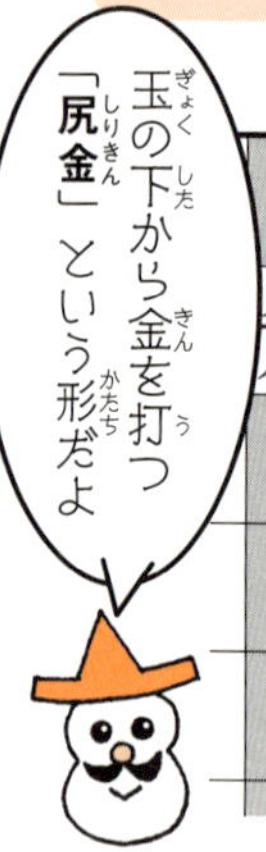

玉の下から金を打つ「**尻金**」という形だよ

失敗　駒1枚では攻められない

竜が強力だからといっても、▲3二飛成と1枚だけでは△同玉と取られてしまいます。

かならず、王手する駒を支えるための駒が必要です。

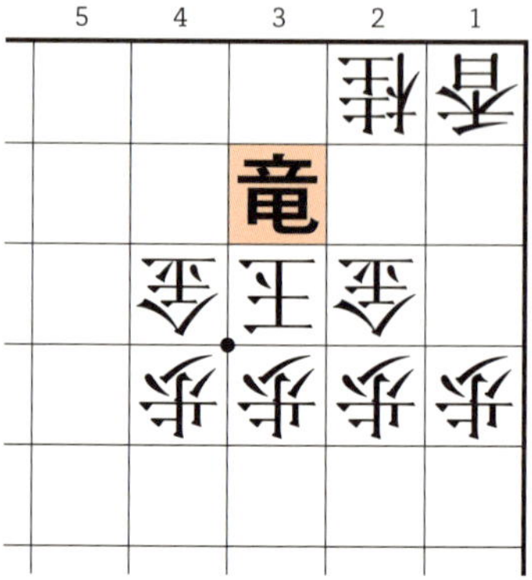

▲持駒　金

金を使おう❾

第9問

☗持駒 金

できたら✓チェック		
チャレンジ 1	チャレンジ 2	チャレンジ 3

香車（きょうしゃ）の下（した）に
逃（に）がさないためには…

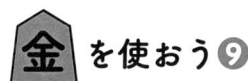

第9問のこたえ

ヒント

馬のききが強力で、玉の逃げ道は1一しかありません。銀の守りにじゃまされずに詰ませる方法を探してみましょう。

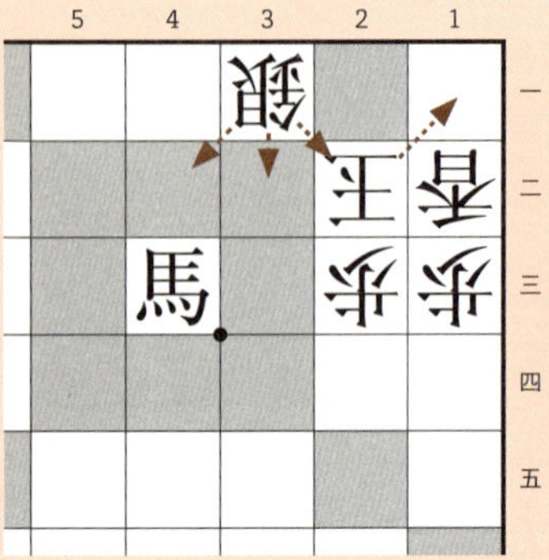

☗持駒　金

正解

☗2一金

尻金で王手をかければ、1一の逃げ道をふさいでいますから、詰みですね。

竜や馬が玉の近くにあれば、逃げ道は少なくなります。

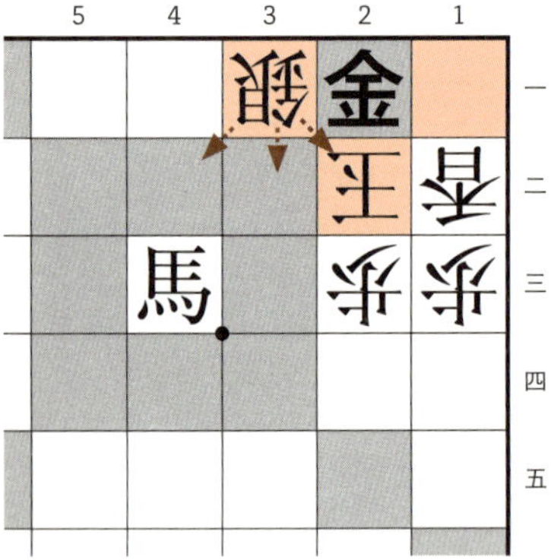

☗持駒　なし

失敗

状況を見きわめろ！

肩金の王手は、☖1一玉となり失敗です。頭金・肩金・腹金・尻金など、たくさん形がありますが状況を見きわめて詰みを見つけましょう。

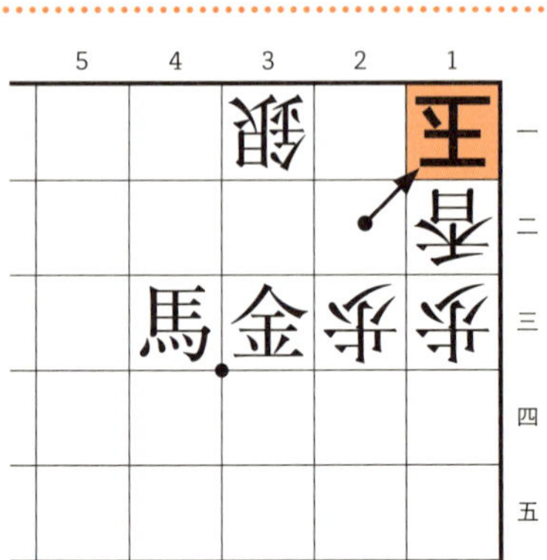

☗持駒　なし

金を使おう⑩

第10問

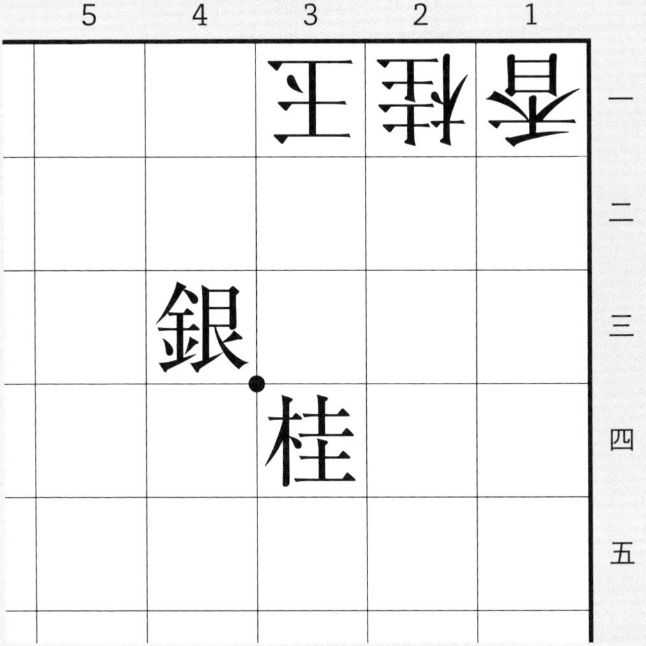

持駒 なし

できたら✓チェック | チャレンジ 1 | チャレンジ 2 | チャレンジ 3

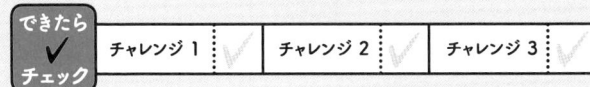

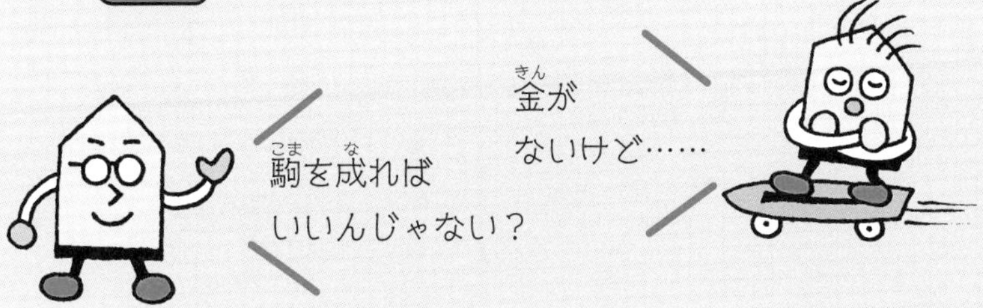

駒を成れば
いいんじゃない？
金がないけど……

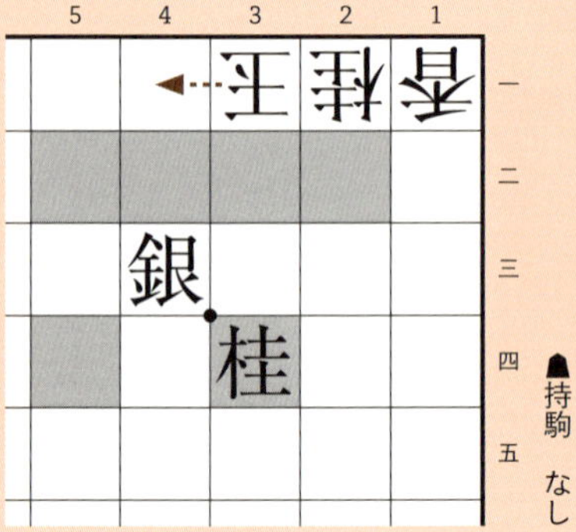

ヒント

銀と桂がよくきいていて、玉は上にはいけません。金がなく、このままでは詰ませづらいですが、駒が成ることで「金」と同じ動きになります。

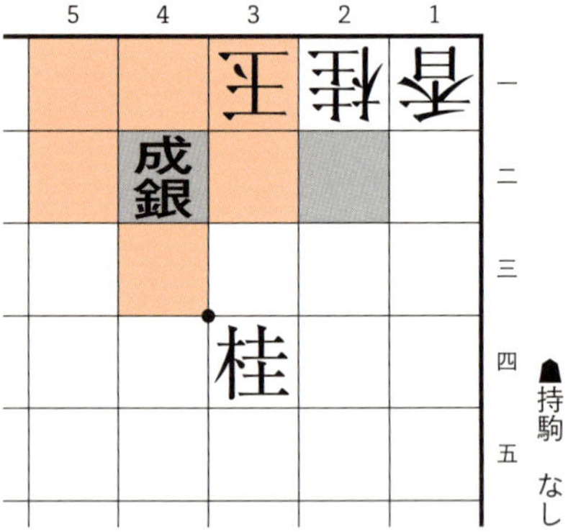

正解

▲4二銀成

銀が成れば、金と同じ動き方になります。▲4二銀成として、小肩金と同じ形になりました。駒が成って金をつくるパターンです。

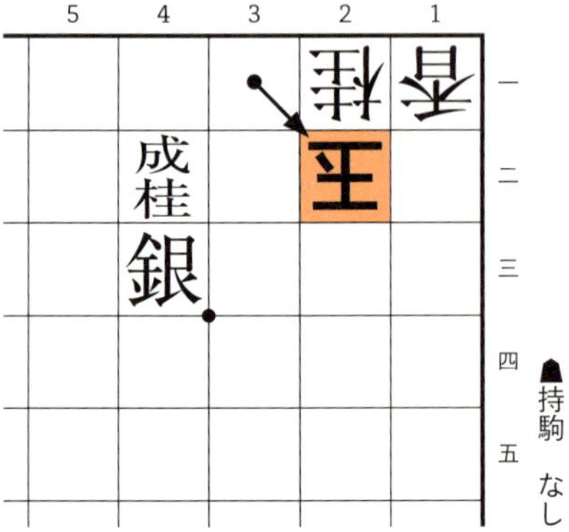

失敗

成る駒はどっち

同じく▲4二桂成ともできますが、△2二玉と逃げられて失敗です。逃げ道をふさぐ駒を動かす場合、駒のききの変化に注意します。

飛を使おう❶

第11問

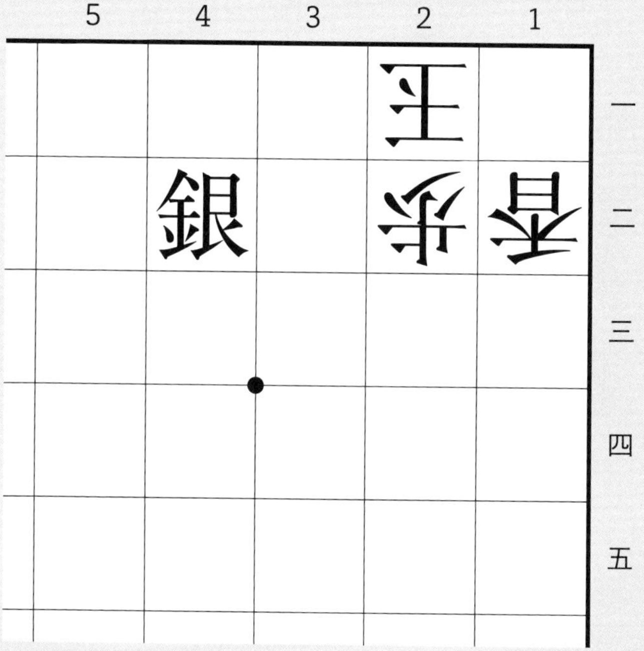

☗持駒 飛

できたら✓チェック

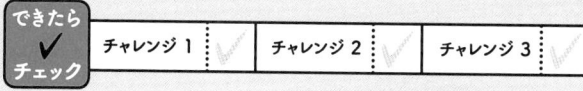

チャレンジ 1	チャレンジ 2	チャレンジ 3

飛車(ひしゃ)を打(う)てば
簡単(かんたん)に詰(つ)みそう
だけど…

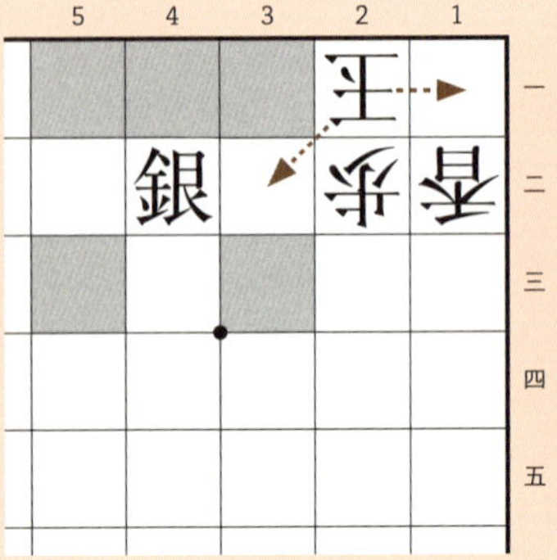

☗持駒 飛

ヒント

玉の逃げ道はどこでしょう。一段目に飛車を打てば1一の地点には逃がさずに攻められますが、3二の地点にも逃げ道があることに注意！

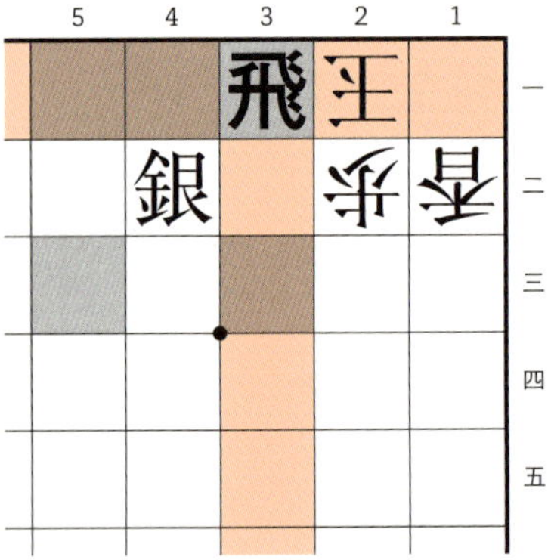

☗持駒 なし

正解

☗3一飛

☗3一飛と、玉に近づけて飛車を打って詰みです。1一と3二の両方の逃げ道をふさぐには、☗3一飛しかありません。

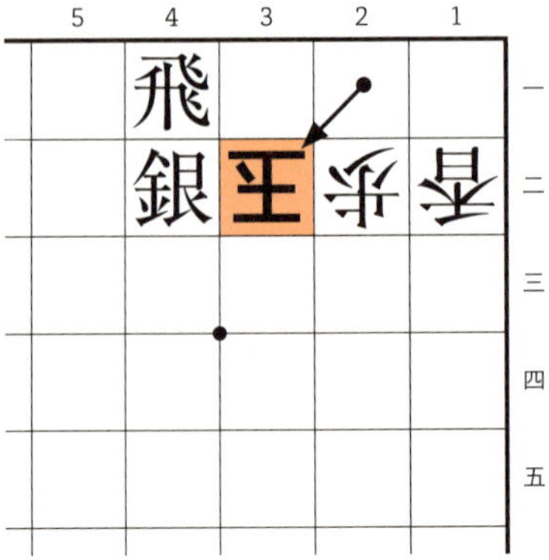

☗持駒 なし

失敗

打つ場所が大切

☗4一飛や☗5一飛では、☖3二玉と逃げられて失敗。そのあとで☗3一飛成としても、☖4三玉や☖2三玉と広いほうに逃げられてしまいます。

飛を使おう❷

第12問

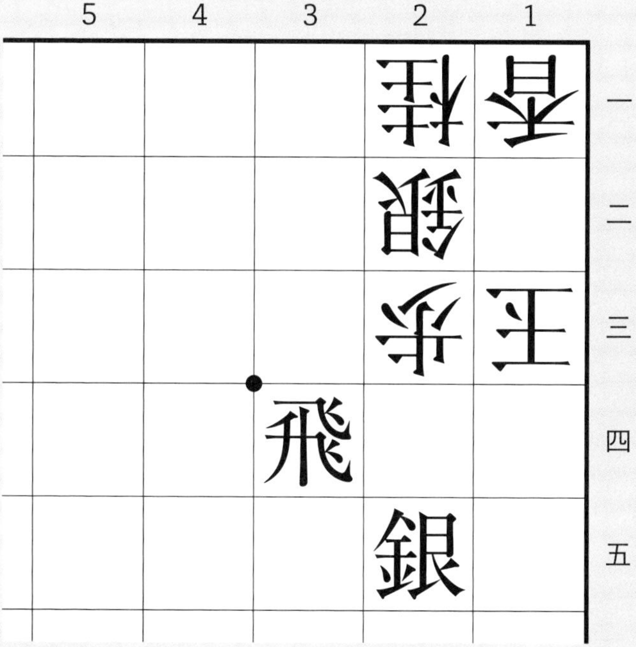

持駒 なし

できたら✓チェック　チャレンジ 1　チャレンジ 2　チャレンジ 3

飛車の動きを
いかして
詰ませよう！

第12問のこたえ

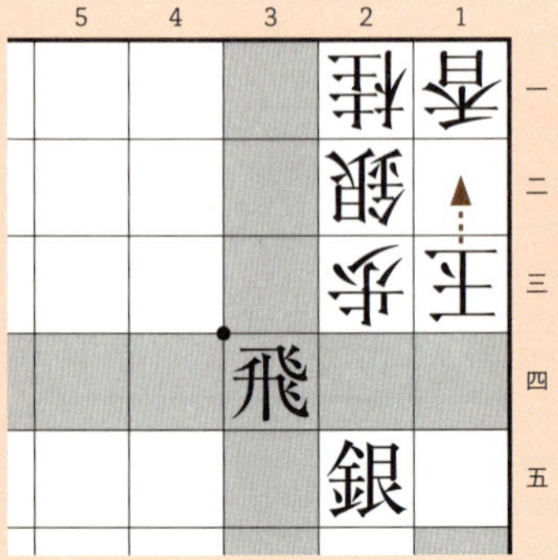

☗持駒　なし

ヒント

飛車と銀のききがあるので、玉は上には逃げられません。1二に逃がさないように攻めることが大切です。

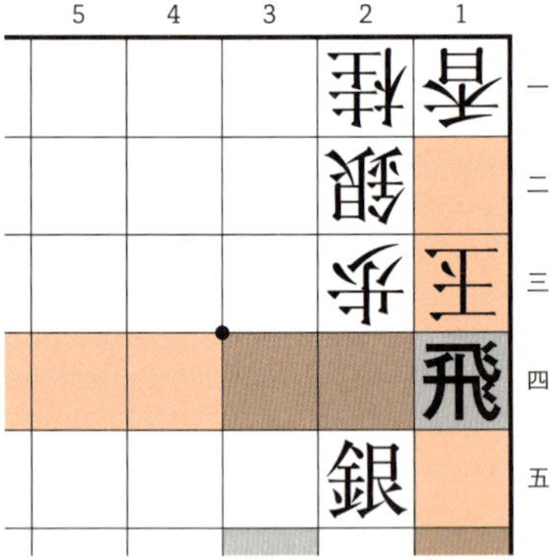

☗持駒　なし

正解

☗1四飛

☗1四飛で詰ませることができます。飛車は前にはどこまでも進めるので、☖1二玉とは逃げられません。2二の銀が玉の逃げ道をふさいでいます。

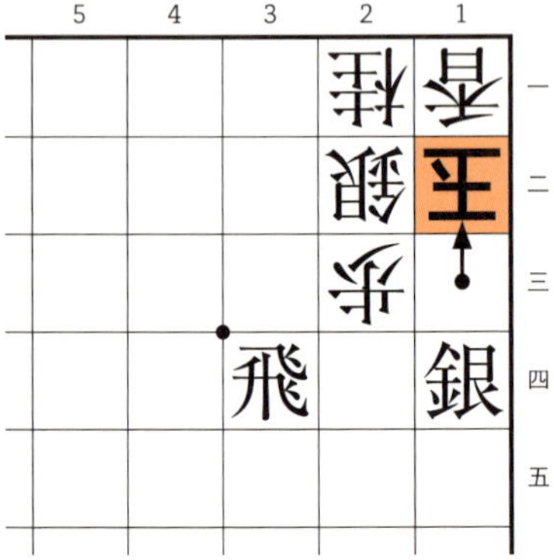

☗持駒　なし

失敗

逃げ道がまだ残っている

☗1四銀とするのは、☖1二玉と逃げられて失敗です。逃げ道をしっかり確認して、そこに逃がさない王手を考えましょう。

飛を使おう③

第13問

持駒 なし

できたら✓チェック

チャレンジ 1	チャレンジ 2	チャレンジ 3

でも金(きん)は持(も)ってないゾ

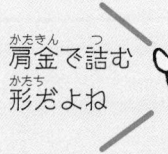

肩金(かたきん)で詰(つ)む形(かたち)だよね

ヒント

玉は上に逃げることはできませんが、銀が守りによく働いています。銀の守りとぶつからないように、うまい王手をかけて詰ませましょう。

正解 ☗2二飛成

3二の地点は銀の守りがあるので、☗2二飛成として肩金の形で詰みです。竜は金よりも強い駒なので、金の詰みパターンと同じに考えます。

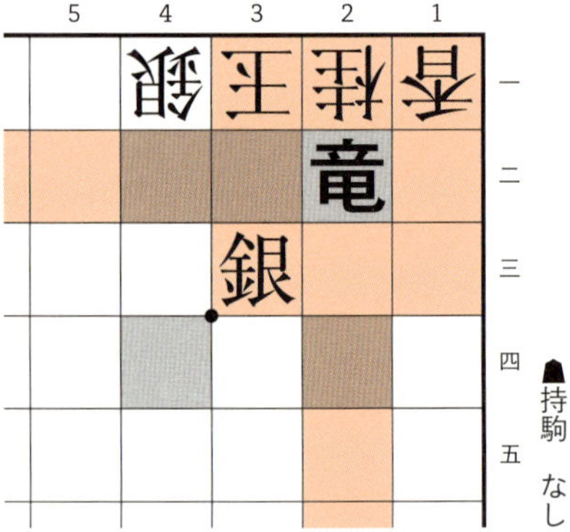

失敗 飛車を取られちゃう！

☗2二銀成としても詰みそうに見えます。しかし、☖4二玉と飛車を取られてしまいます。玉は全方向に動けますから、逃げ方には注意が必要です。

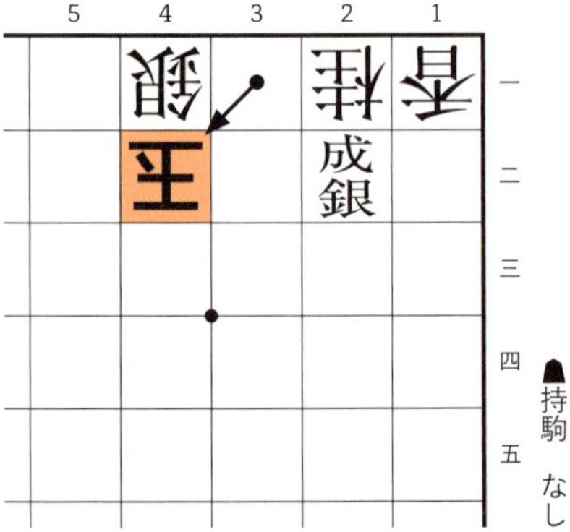

飛を使おう④

第14問

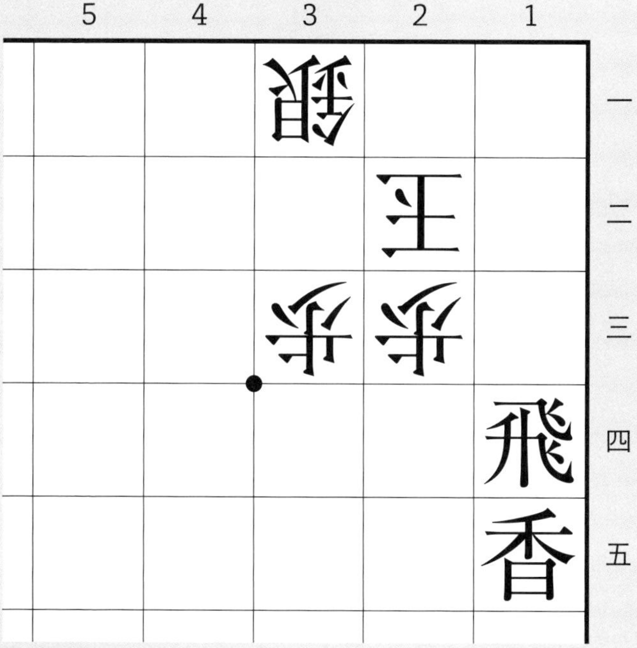

持駒　なし

できたら✓チェック

チャレンジ 1	チャレンジ 2	チャレンジ 3

飛車(ひしゃ)を大活躍(だいかつやく)させるためには…

第14問のこたえ

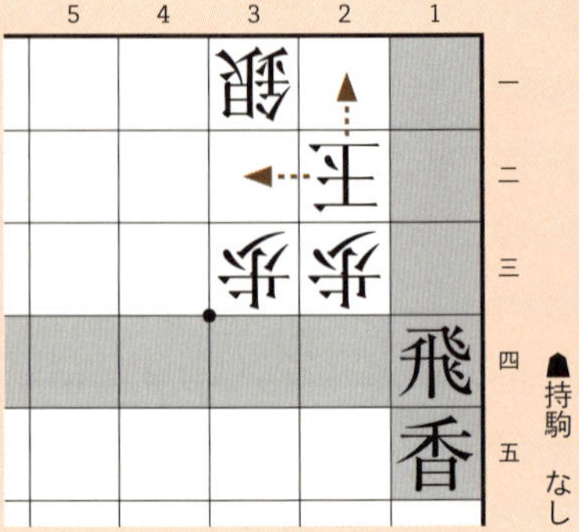

ヒント

2つの逃げ道がありますが、△3二玉と逃げられると、捕まらなくなります。逃がさないように飛車のききをいかして王手をかけましょう。

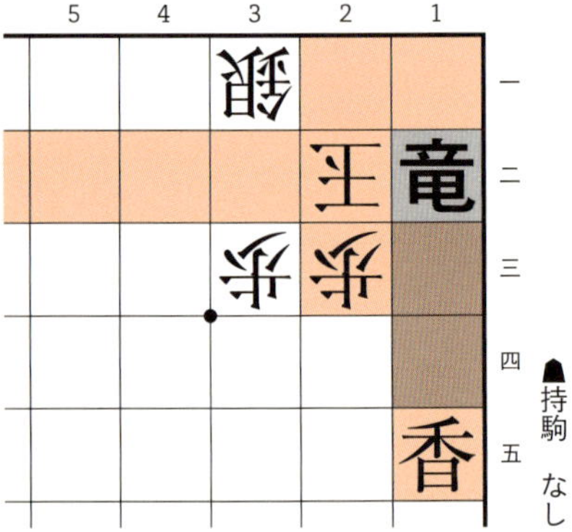

正解

▲1二飛成

飛車のヨコのききをいかして、▲1二飛成とすれば詰みです。玉側の3一の銀は、守り駒ではなく、玉の逃げ道をじゃましている駒になっています。

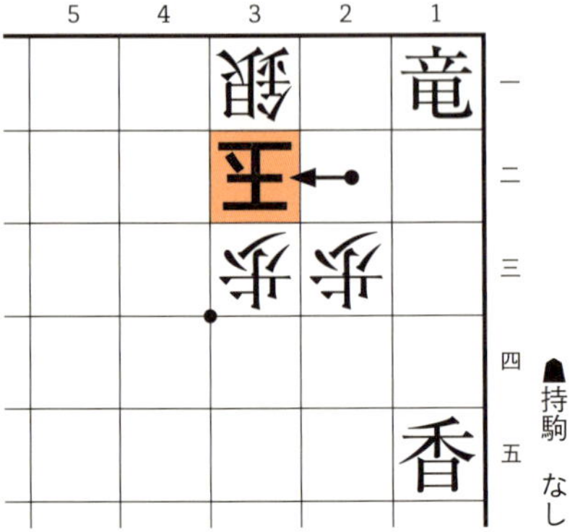

失敗

飛車の成る位置に注意！

▲1一飛成は、竜をつくって攻めているようですが、△3二玉と逃げられるので失敗。竜の特徴をいかすことで、詰ませることができます。

角を使おう❶

第15問

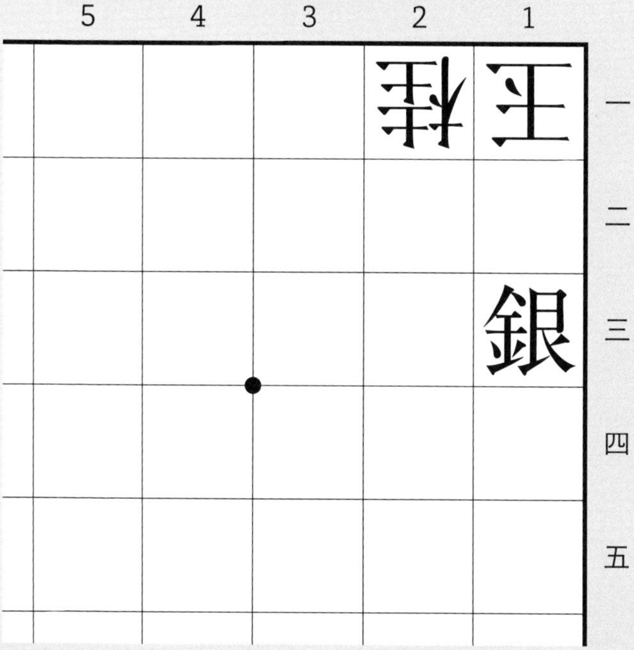

持駒　角

できたら✓チェック | チャレンジ 1 | チャレンジ 2 | チャレンジ 3

角(かく)の打(う)ち場所(ばしょ)は…

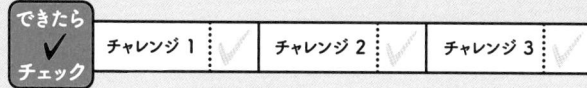

ヒント

玉が隅にいて、逃げ道もありません。あとは王手をかけるだけですが、角の打ち場所は何か所かあります。どこに打てばいいのでしょうか。

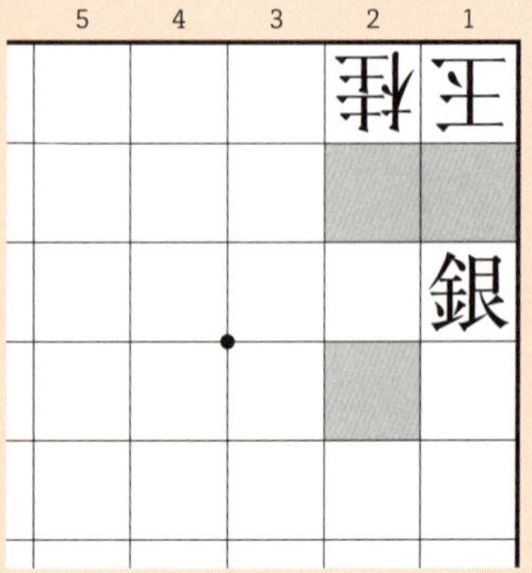

☗持駒　角

正解

☗2二角

☗2二角と近づけて打って詰みです。桂馬がなければ☖2一玉と逃げられるのですが、桂馬が逃げ道をふさいでしまっています。

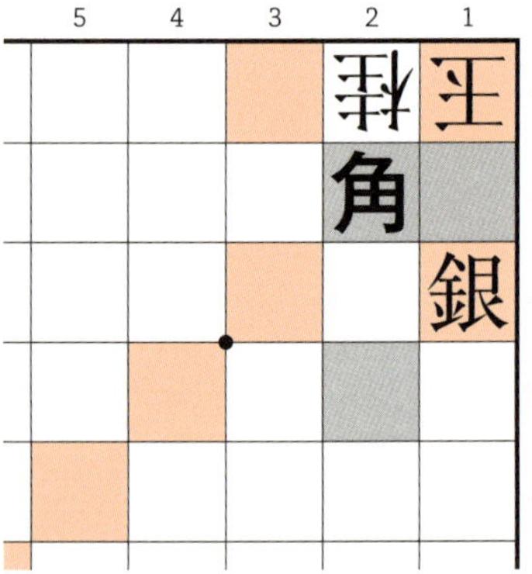

☗持駒　なし

失敗

合駒に注意！

☗4四角のように離して打つと、☖3三歩と合駒されて詰みません。

☗3三角は、☖同桂と取られてしまうのでこれもダメですね。

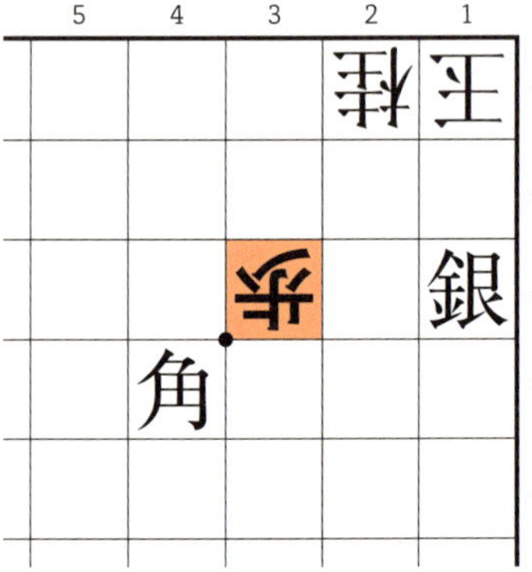

☗持駒　なし

角を使おう❷

第16問

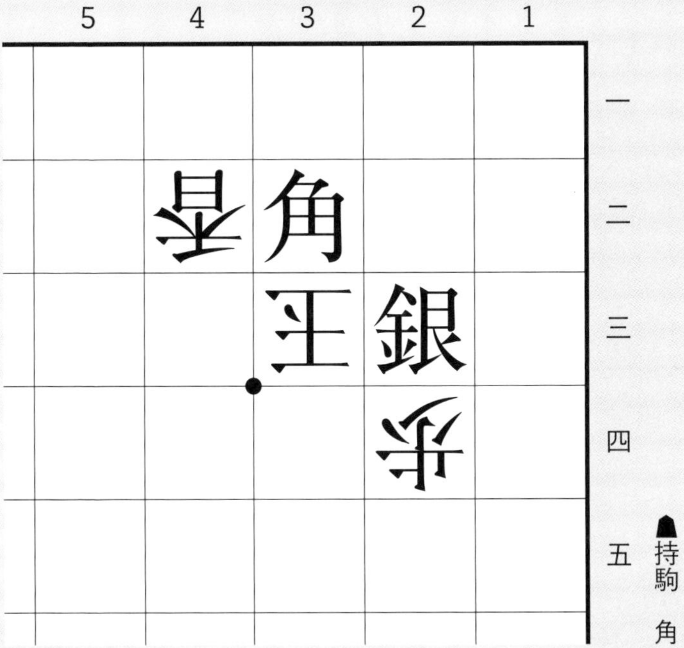
5 4 3 2 1
一
二
三
四
五
香
角
王
銀
歩
持駒 角

できたら✓チェック		
チャレンジ 1	チャレンジ 2	チャレンジ 3

あわてずに！

斜め後ろの動きって
わかりづらいんだよね…

第16問のこたえ

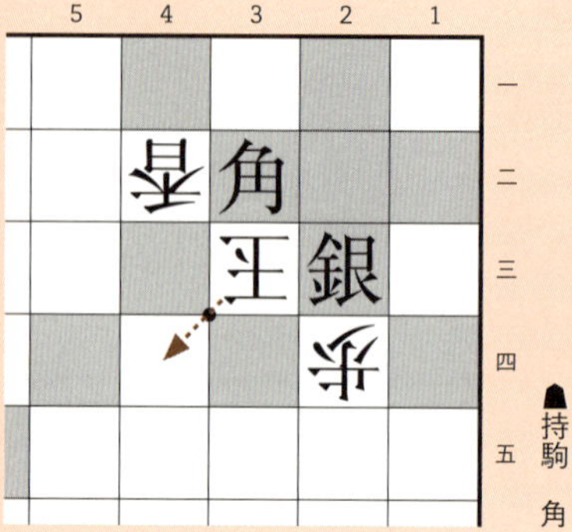

ヒント

角と銀が斜めによくきいていて、玉の逃げ道は4四だけです。ここに逃がさないように王手をかけましょう。

正解 ▲2二角

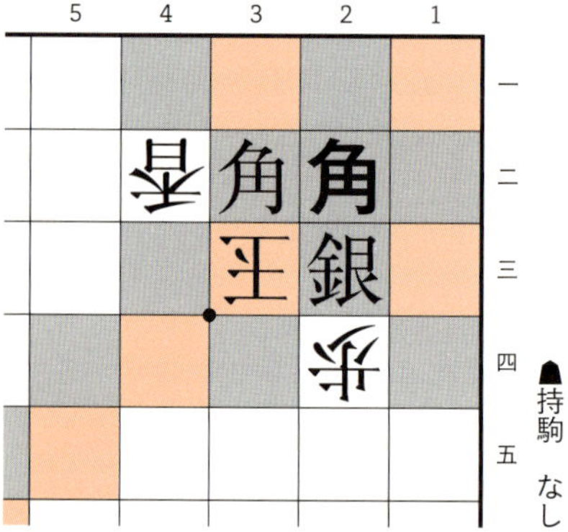

▲2二角と、斜めにきかせて詰みです。4四の地点にもきいていることを確認しましょう。角のききをうまく使った詰みの形ですね。

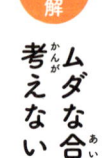

これも正解 ムダな合駒は考えない

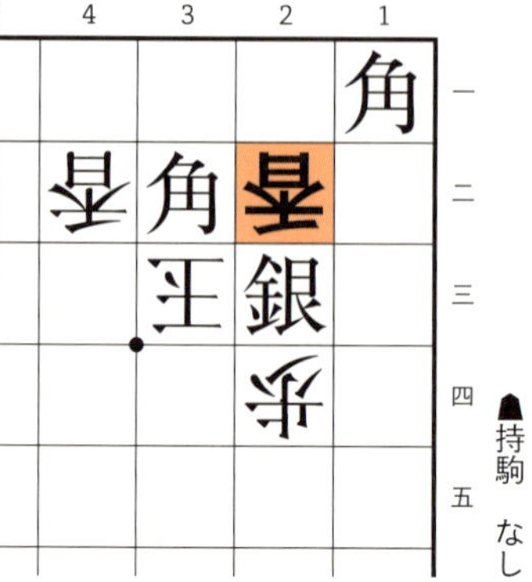

▲1一角も正解です。相手は△2二香などと合駒を打てますが、▲同角成で合駒の意味がありません。詰め将棋ではこのような合駒は考えません。

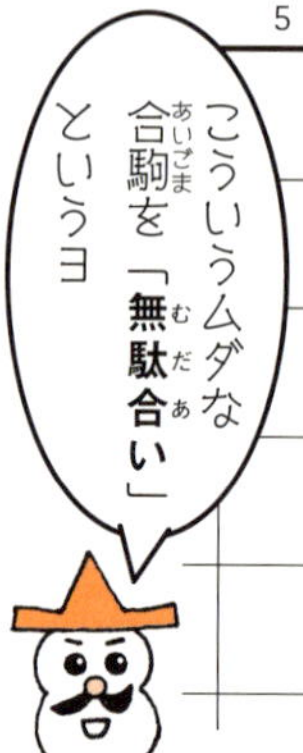

こういうムダな合駒を「無駄合い」というヨ

角を使おう③

第17問

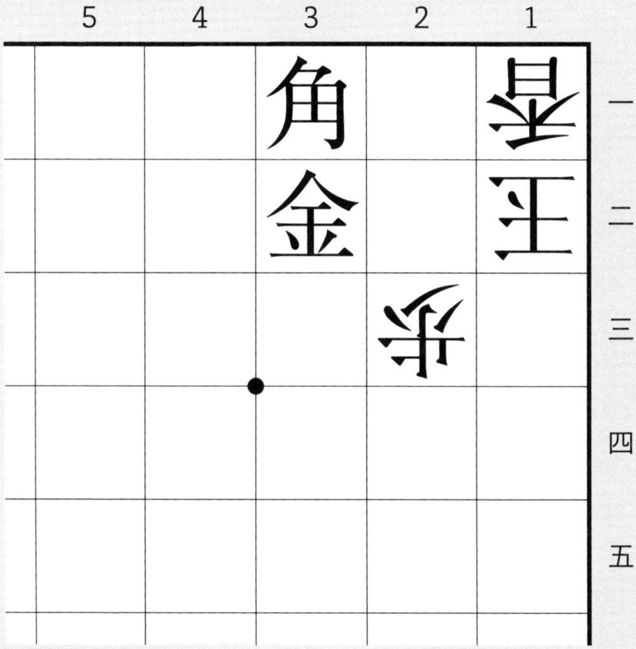

☗持駒 なし

できたら✓チェック | チャレンジ 1 | チャレンジ 2 | チャレンジ 3

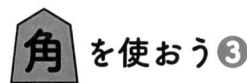

角(かく)、金(きん)、どちらが
動(うご)けばいいのかな？

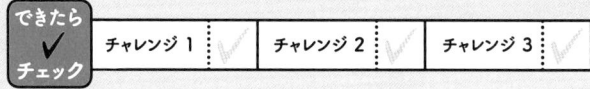

第17問のこたえ

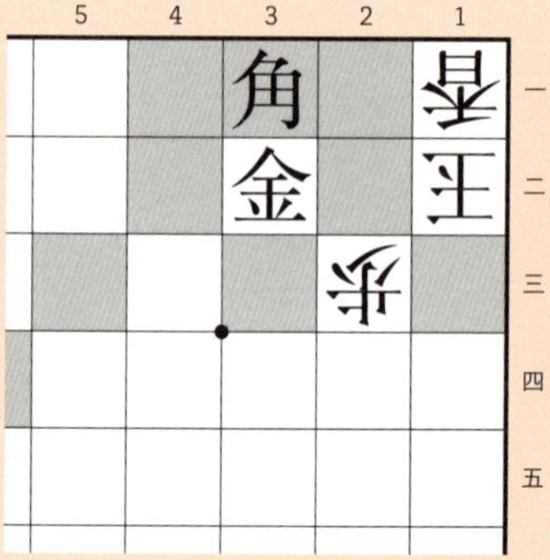

☗持駒　なし

ヒント

角と金がよくきいていて、玉の逃げ道はありません。あとは王手でしっかり詰まし切るだけです。

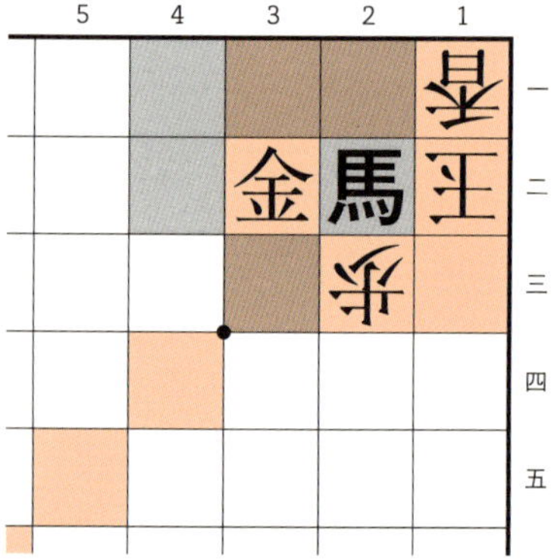

☗持駒　なし

正解

☗2二角成

☗2二角成として、玉の逃げ道をふさぎつつ王手をかけることに成功しました。

竜や馬は全方向に動ける強力な駒で、詰ませやすい駒です。

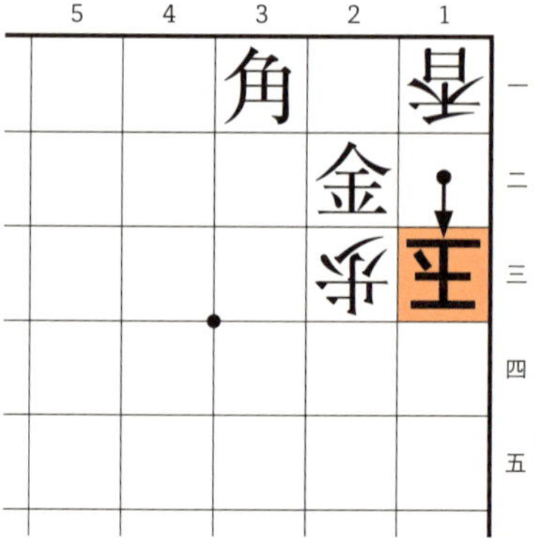

☗持駒　なし

失敗

角のききをふさぐのはダメ！

☗2二金の腹金でも詰みそうですが、☖1三玉と逃げられてしまいます。せっかくの角のききが止まってしまって、逃げ道ができてしまいました。

角を使おう❹

第18問

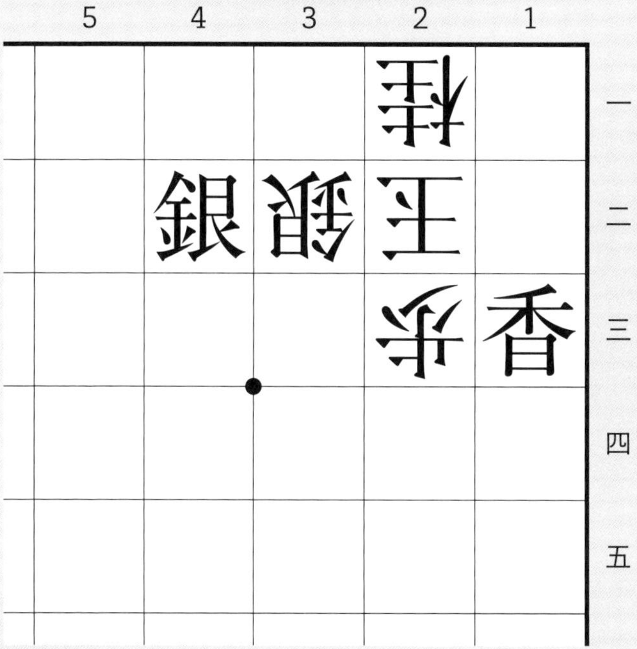

持駒 角

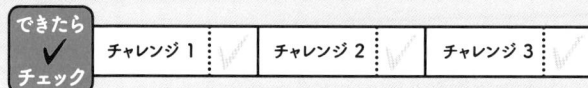

できたら✓チェック | チャレンジ1 | チャレンジ2 | チャレンジ3

逃（に）がしたくない
場所（ばしょ）はどこかな？

第18問のこたえ

ヒント

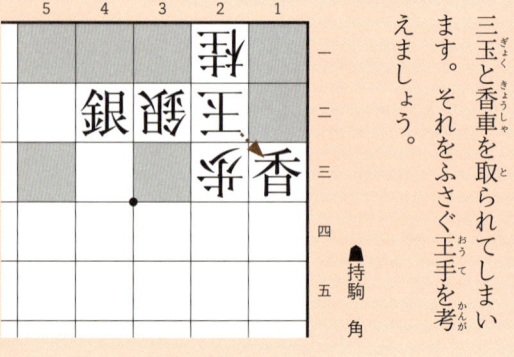

逃げ道をほとんどふさいでいますが、このままでは△1三玉と香車を取られてしまいます。それをふさぐ王手を考えましょう。

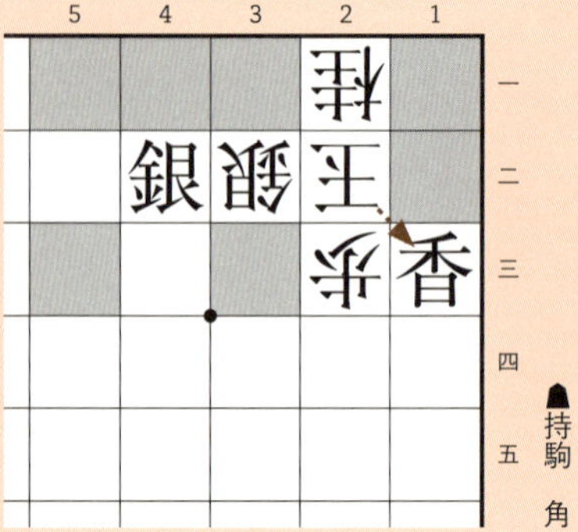

正解

▲3一角

▲3一角と打って詰みです。王手をかけながら、玉の先の香車も守っていることを確認しましょう。

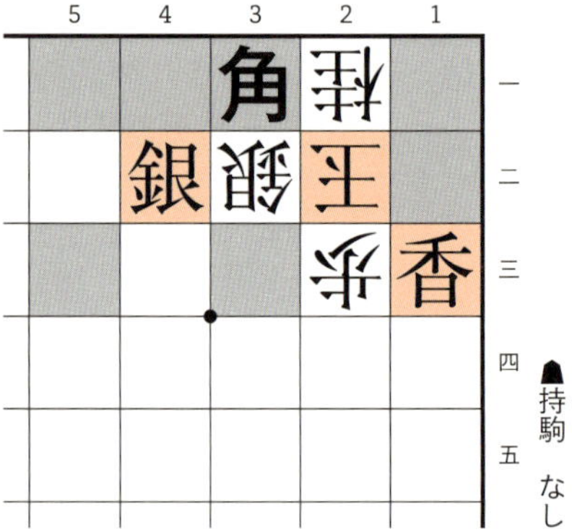

失敗

逃げ道を確認しよう

▲1一角とも打ちたくなりますが、△1三玉と香車を取られて失敗です。3三の地点は、銀がきいているので、最初から逃げられません。

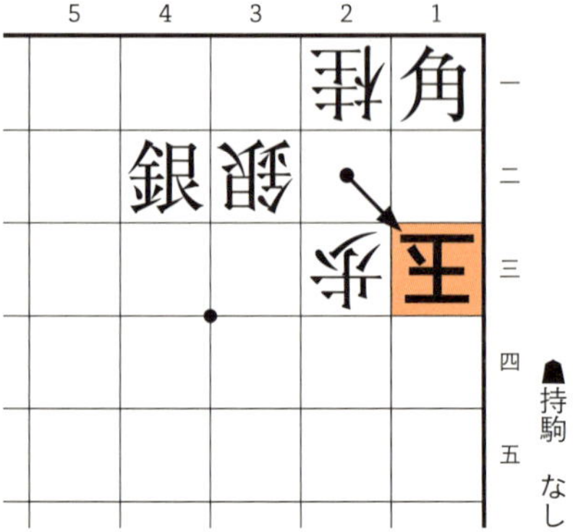

1日目 ポイント！

1日目の18問、どうだったかな？
実戦の中でもよく出てくる
金・飛車・角を使った詰みは理解できたはず。
頭金や肩金といった
玉の上から追い詰めるのが基本の形だヨ！

前3方向とヨコに動ける金だからこそ
頭金や肩金で残りの逃げ道をふさぐことができるんだね

持駒として金を持っていたら、相手の玉を上からおさえることをまず考えると詰みが見えてくるかも

竜や馬といった全方向に動ける駒は
金以上に詰ませやすい駒なんだ。
竜や馬で王手をすることは
確実に詰みに近づくはず！

ミッション
Mission!!

2日目

「銀」「桂」「香」「歩」で詰める

2日目は銀・桂・香・歩での詰ませ方を学ぼう

それぞれ動き方に特徴のある駒だから、その特徴をきちんと理解して最大限にいかすことが詰みにつながるヨ。

これらの駒は「成る」ことですべて「金と同じ」動きになり、基本的には成ったほうが駒の価値としては高くなる。でも、もともとの特徴を残すためにあえて「成らない（不成）」で使うということもよくあるんだ。

成れる場合でも、成るべきかどうか、しっかり考えてからだゾ。

歩は成ったほうが強いのでほとんどの場合で成るよー

銀を使おう❶

第19問

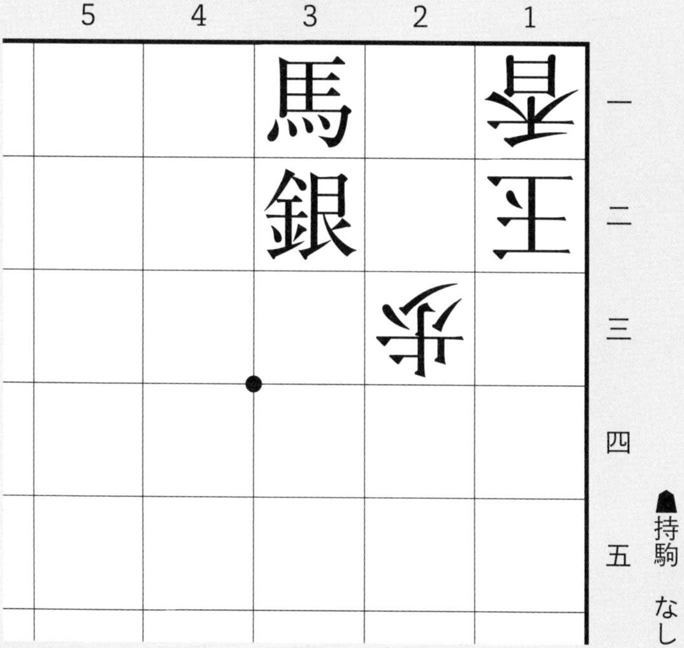

できたら✓チェック

チャレンジ 1 | チャレンジ 2 | チャレンジ 3

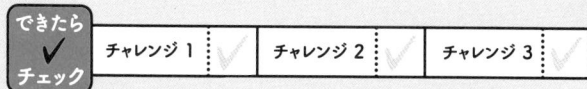

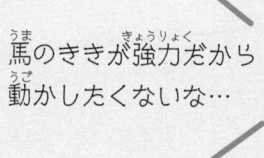

馬(うま)のききが強力(きょうりょく)だから
動(うご)かしたくないな…

第19問のこたえ

ヒント

馬がよくきいていて、1三へは逃げられません。このききをいかしながら、王手をかけて詰ませたいところです。

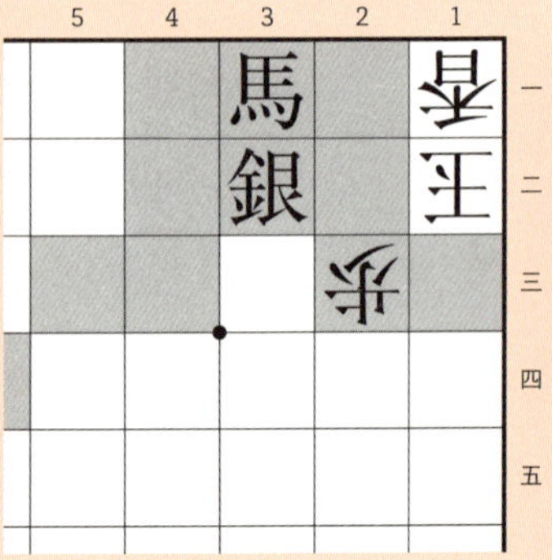

☗持駒　なし

正解

☗2一銀不成

☗2一銀不成と入って、斜め後ろのききで王手をかけて詰みです。銀は不成で使うことで特徴をいかせることが多い駒です。

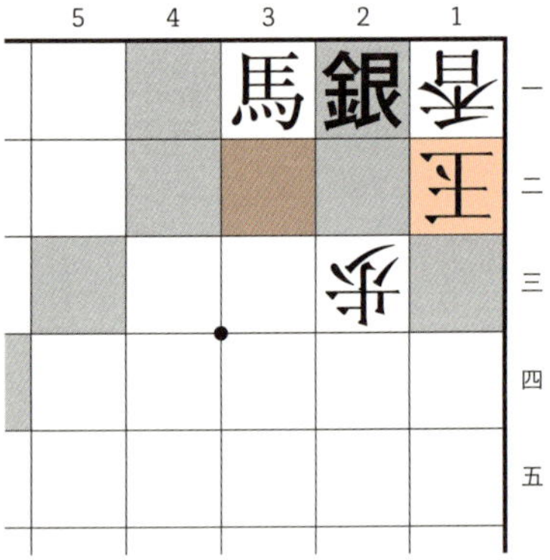

☗持駒　なし

失敗

ききをはずすと逃げ道が！

☗2一馬と寄って王手をすると、1三の逃げ道ができてしまいます。駒を動かしたときに、ききの変化がないか見きわめて王手をかけましょう。

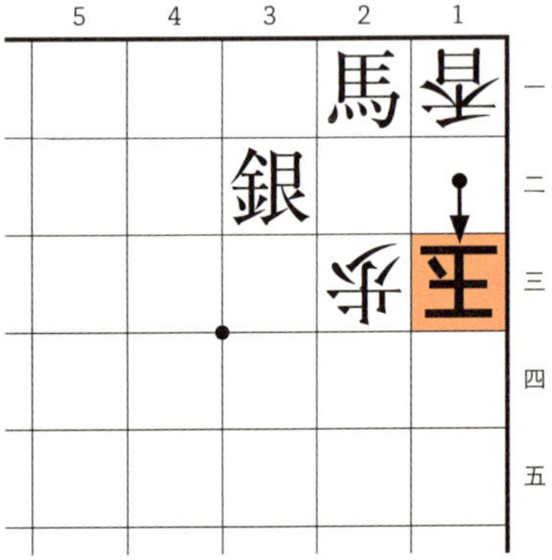

☗持駒　なし

銀を使おう❷

第20問

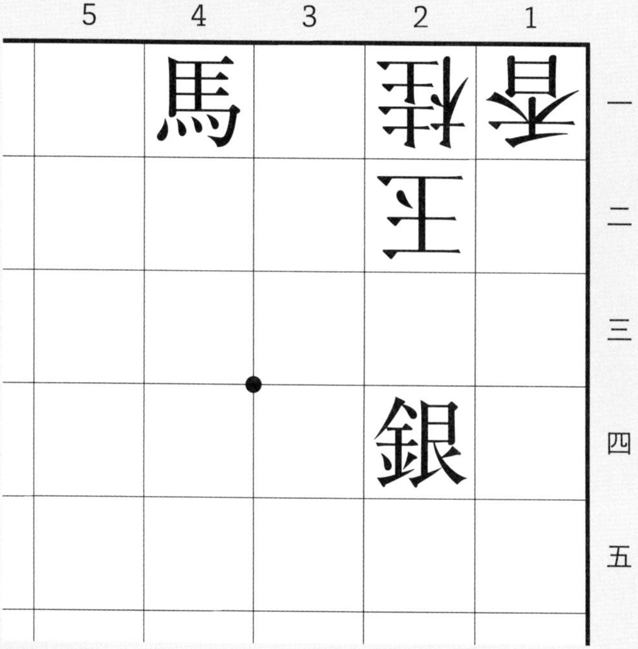

持駒 なし

できたら✓チェック	チャレンジ 1	チャレンジ 2	チャレンジ 3

銀(ぎん)の使(つか)い方(かた)が
ポイントだね

ヒント

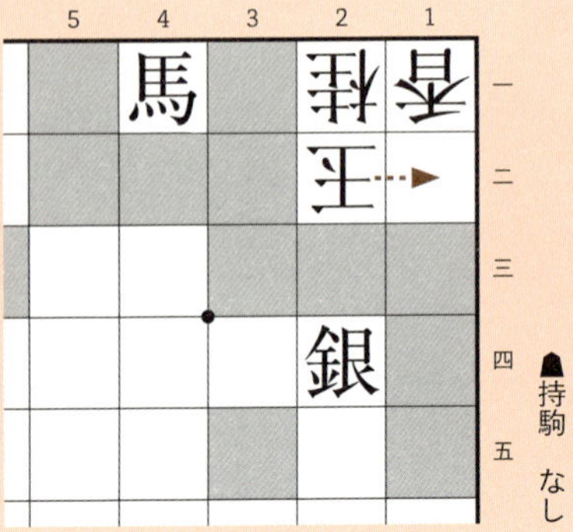

前の問題に続いて、馬と銀の連携です。玉の逃げ道は1二のみですが、駒を動かしたときに逃げ道が変化しないかどうか、確認しましょう。

正解 ☗2三銀成

☗2三銀成となれば、頭金の形になり、詰みです。
銀は不成で使うときも多いですが、上からおさえる攻めのときは、成ったほうが強いです。

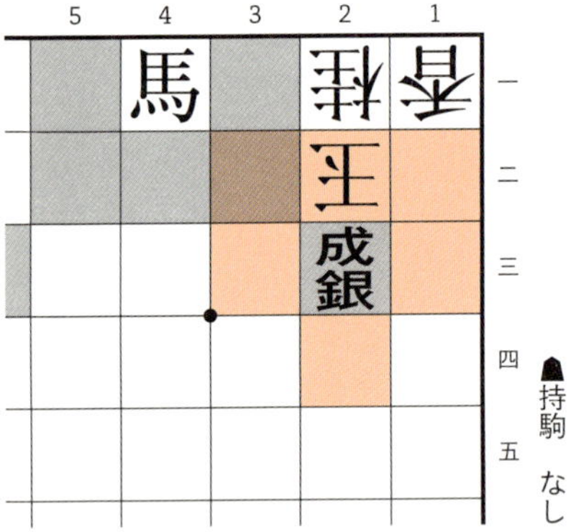

失敗 不成の銀の急所

☗2三銀不成とすると、☖3三玉、☖1三玉と銀のききのない左右に逃げられてしまいます。
成と不成を使い分けられるようになりましょう。

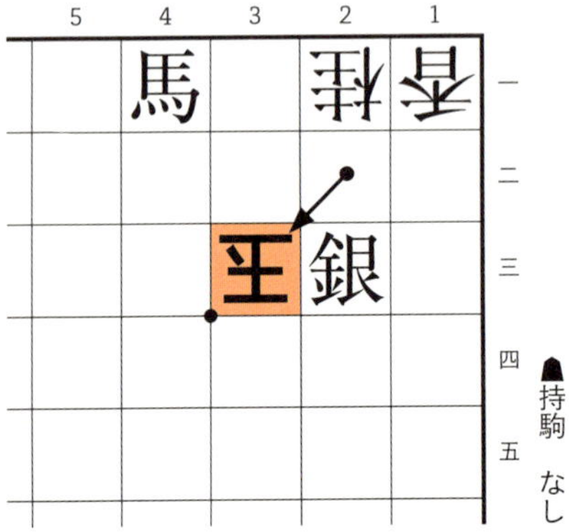

銀を使おう③

第21問

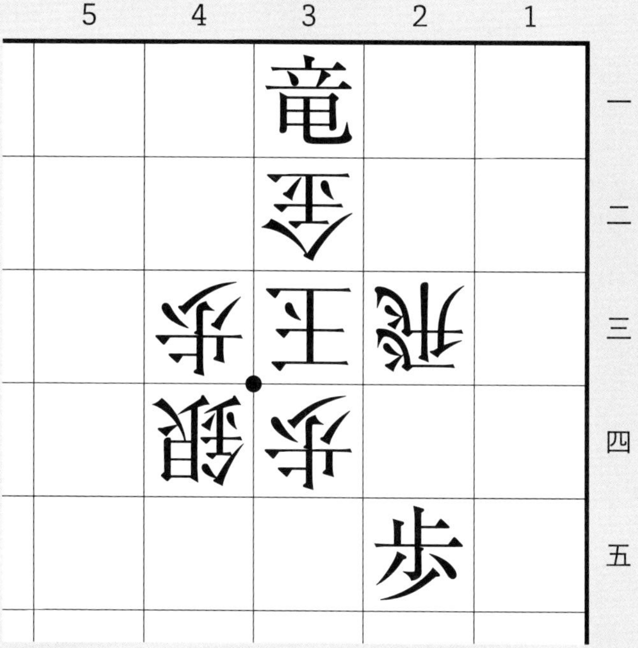

持駒 銀

できたら✓チェック

チャレンジ 1	チャレンジ 2	チャレンジ 3

でもこっちの竜も負けてないよ！

守り駒が強力で攻められないよ！

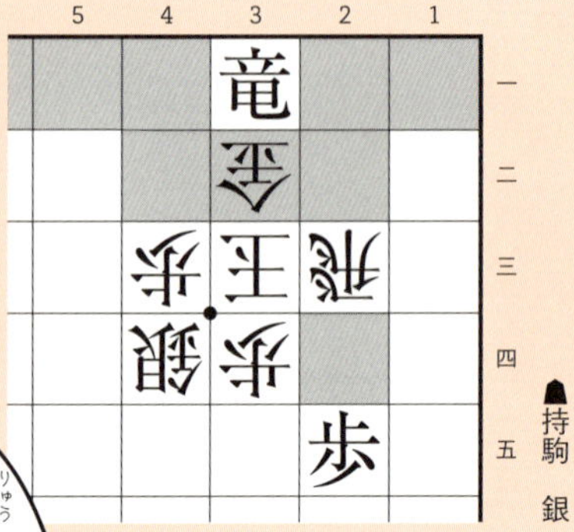

ヒント

逃げ道はありませんが、金・飛車でガッチリと守られています。しかし、竜が玉をにらんでいて、金はヨコには動けません。

正解

☗4二銀

☗4二銀と打って詰み。☖同金とすると、竜で玉を取れるので、相手は銀を取ることはできません。

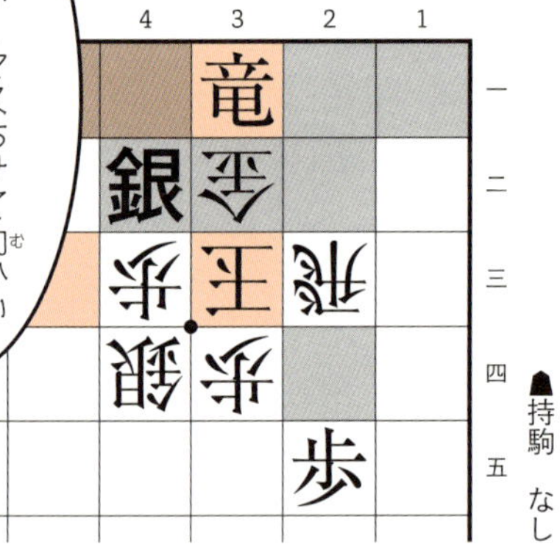

竜と玉が1マスあけて向かい合うことを「一間竜」といい、詰ませやすい形のひとつだよ

失敗

逃げ道を確認しよう

☗2二銀も同じように、☖同金とはできません。しかし☖同飛と取られてしまいます。

相手の駒の位置とききは、つねに確認する必要があります。

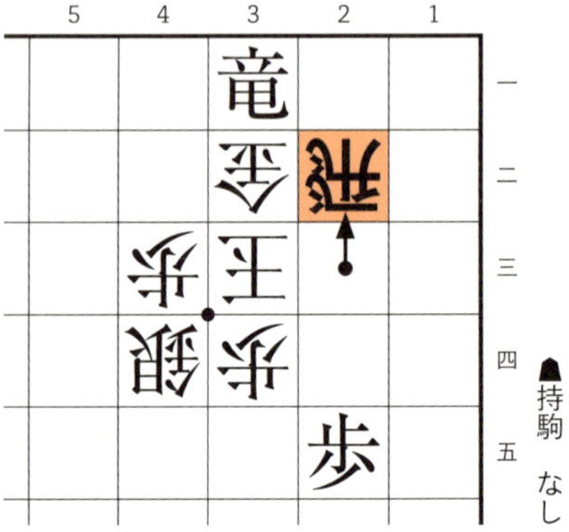

桂を使おう❶

第22問

持駒 桂

できたら✓チェック | チャレンジ 1 | チャレンジ 2 | チャレンジ 3

へんな動き(うご)をするよね

桂馬(けいま)の特徴(とくちょう)はなんだっけ？

第22問のこたえ

ヒント

と金のききがあるので、玉の逃げ道はありません。銀と香車で守っていますが、桂馬で王手をかけます。

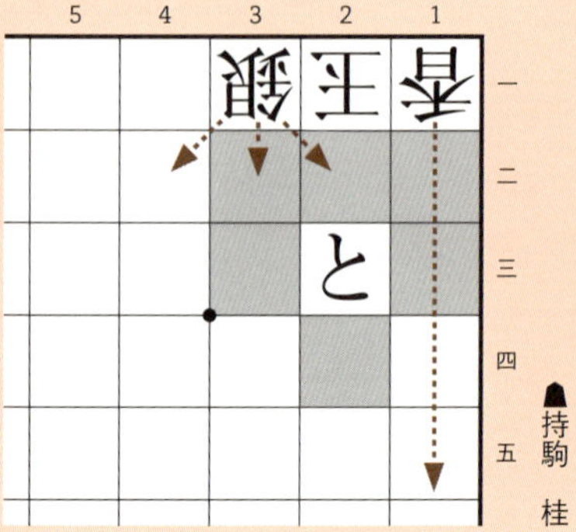

正解

☗3三桂

☗3三桂と打って詰みです。桂馬のききで王手をかけることで、玉と直接ぶつかっていないようでも詰みです。

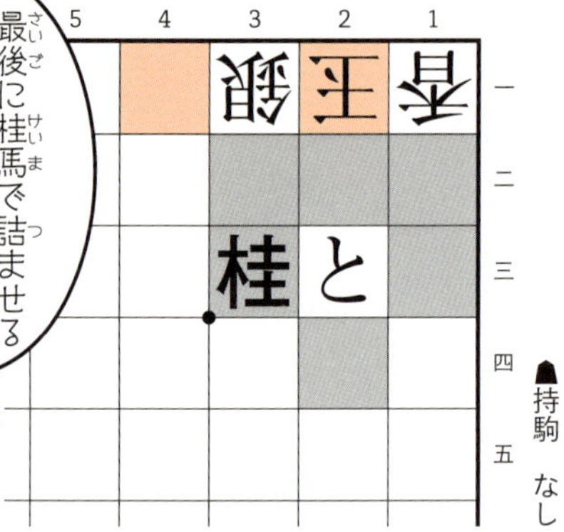

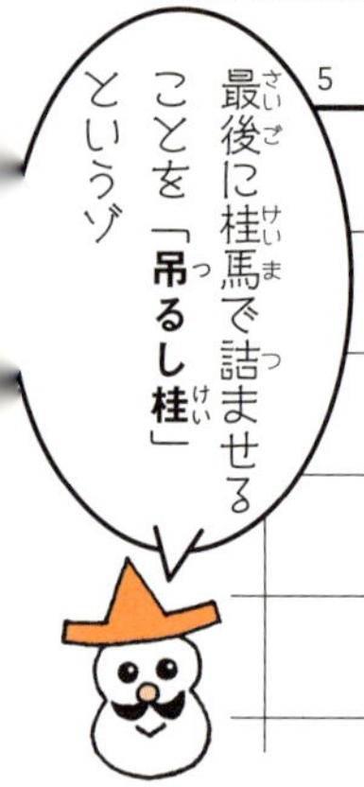

最後に桂馬で詰ませることを「**吊るし桂**」というゾ

失敗

駒のききは大丈夫？

☗1三桂とこちらから打つのは、☖同香と取られて失敗です。駒のききをしっかり確認していれば、王手をかけた駒を取られてしまうことはありませんよ。

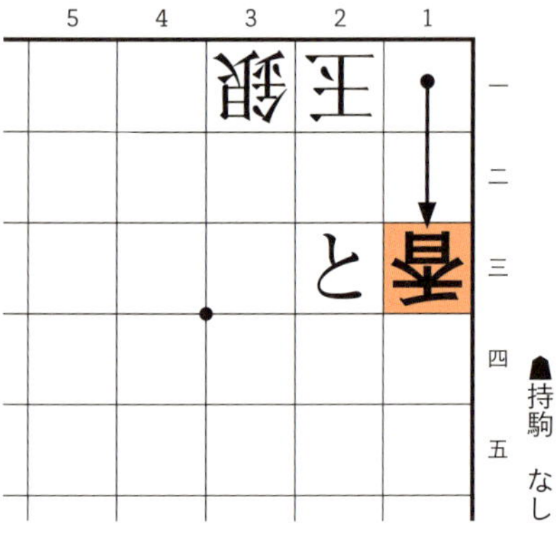

桂を使おう❷

第23問

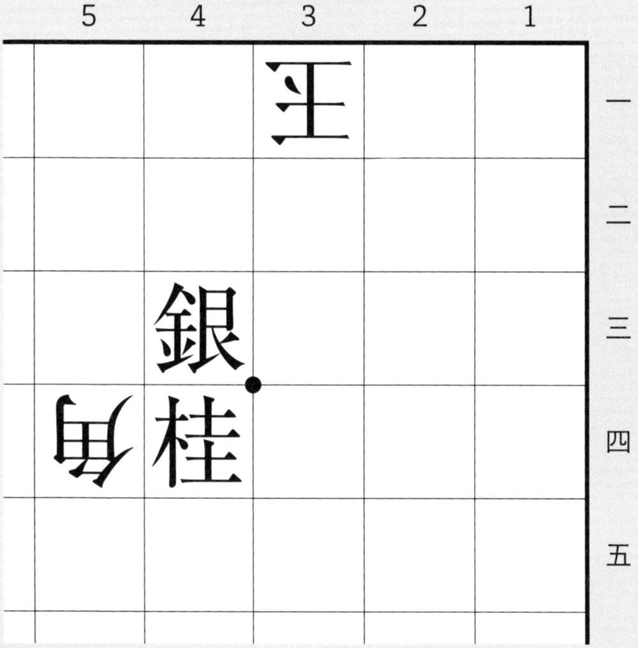

持駒 なし

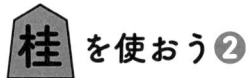

できたら✓チェック | チャレンジ 1 | チャレンジ 2 | チャレンジ 3

頭金（あたまきん）で
詰（つ）みそうだけど？

ヒント

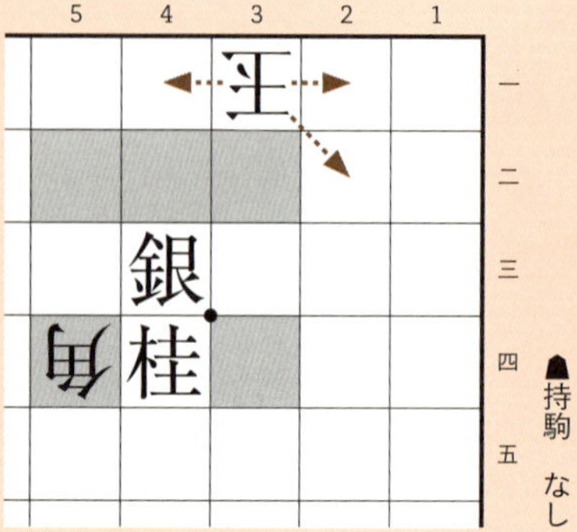

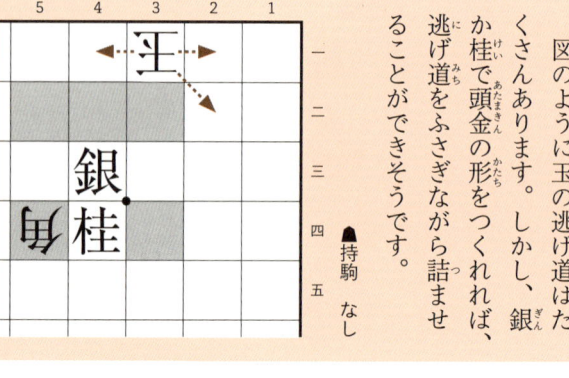

図のように玉の逃げ道はたくさんあります。しかし、銀か桂で頭金の形をつくれれば、逃げ道をふさぎながら詰ませることができそうです。

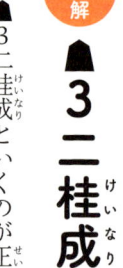

正解 ▲3二桂成

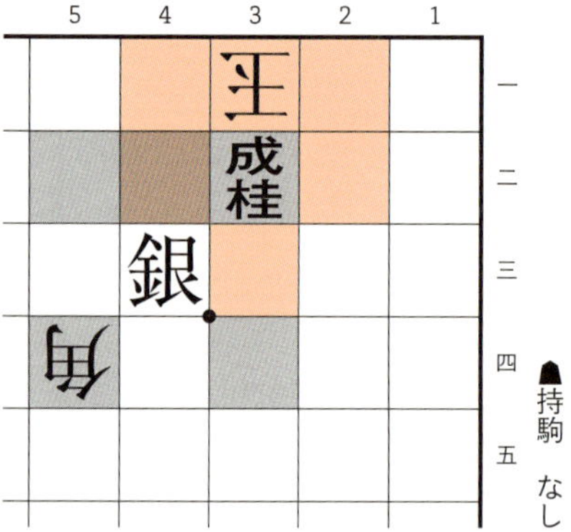

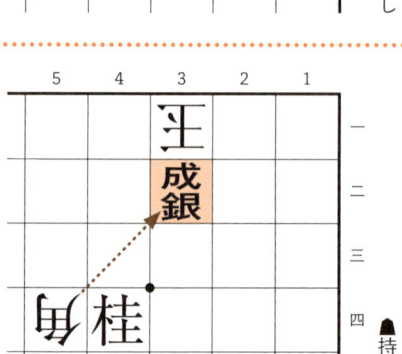

▲3二桂成といくのが正解です。この桂馬は銀が守っていて、取ることができません。

頭金の強さがわかる形ですね。

失敗 銀成は角で取られる

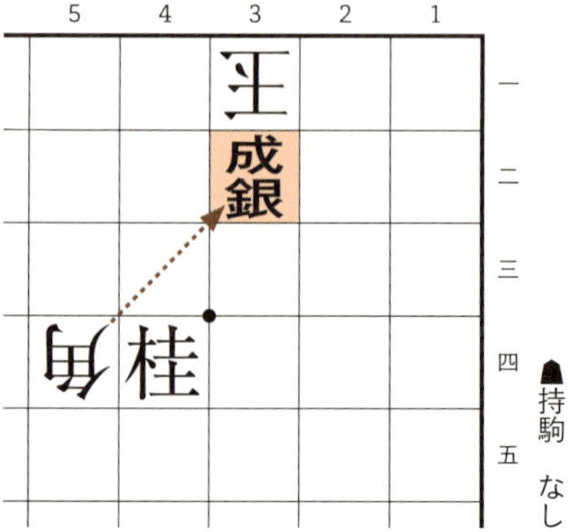

▲3二銀成も同じようですが、次に△同角と取られてしまうので、詰みではありません。どうして角が守りにきいたのか考えてみましょう。

桂を使おう❸

第24問

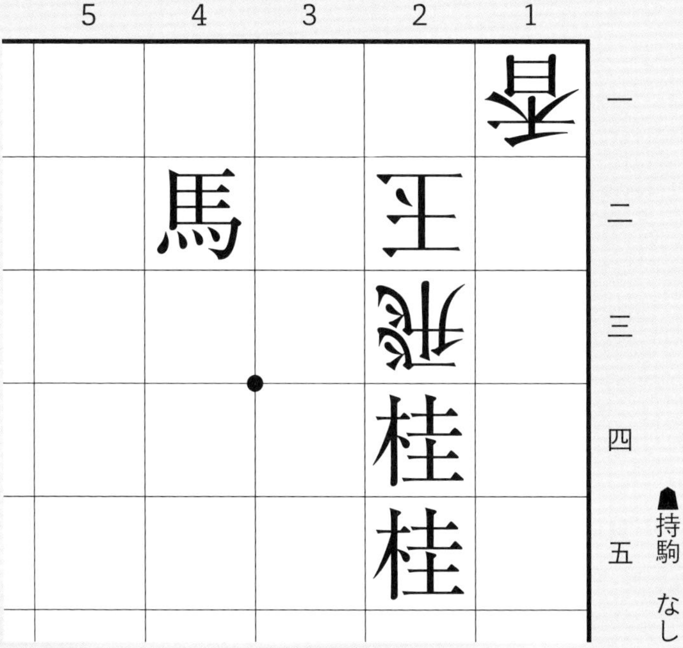

できたら✓チェック | チャレンジ 1 | チャレンジ 2 | チャレンジ 3

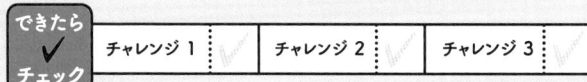

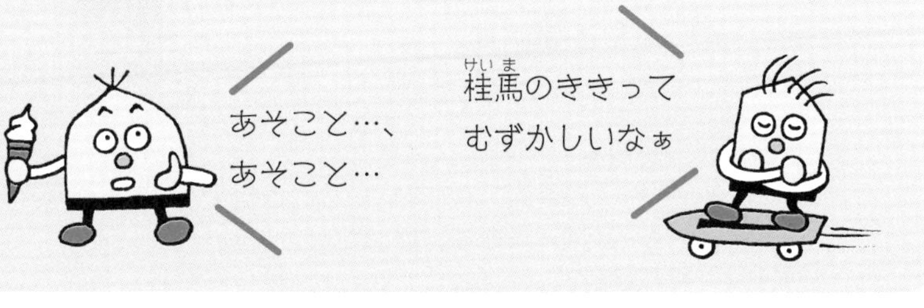

あそこと…、
あそこと…
桂馬（けいま）のききって
むずかしいなぁ

第24問のこたえ

ヒント

2枚の桂馬と馬で、実は玉の逃げ道はほとんどありません。2一への逃げ道をふさぎつつ王手をかけることができれば、詰みになります。

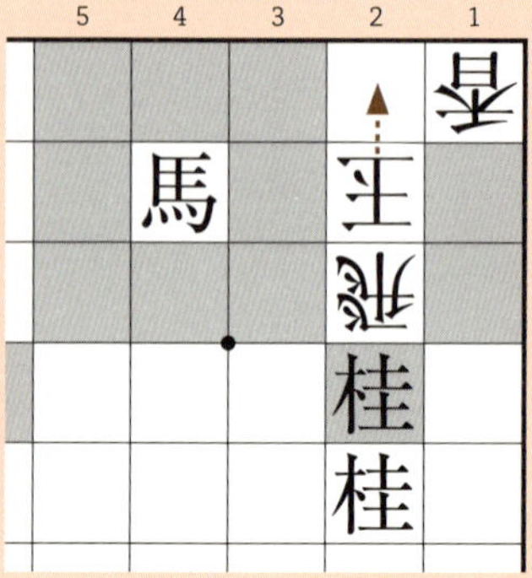

☗持駒　なし

正解

☗3二馬

☗3二馬とひとつ寄って詰みです。桂馬が1二の逃げ道をふさいでいるので、馬は逆側の3筋方向から王手をかければ玉の逃げ道はありません。

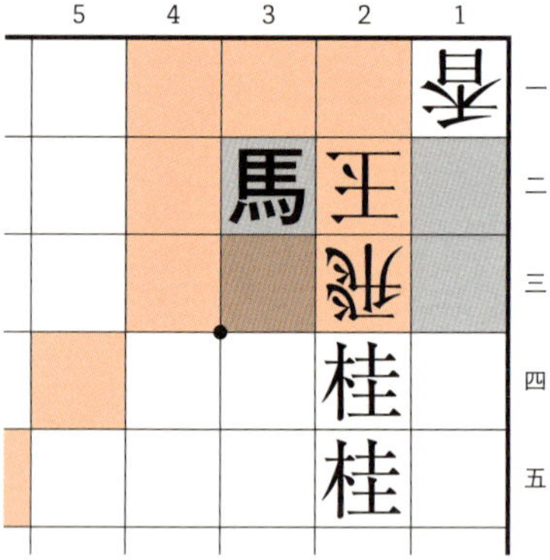

☗持駒　なし

失敗

逃げ道をふさぐ駒は動かさない

☗3二桂成とすると、☖1二玉と逃げられて詰みません。桂馬で玉の逃げ道をふさいでいる場合、その駒は動かさないほうがいいでしょう。

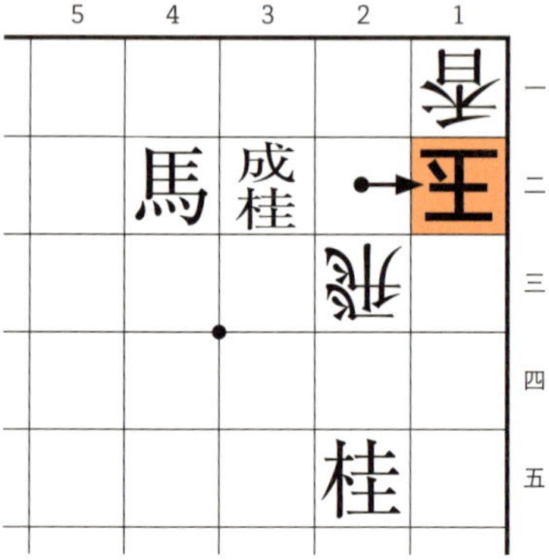

☗持駒　なし

香を使おう❶

第25問

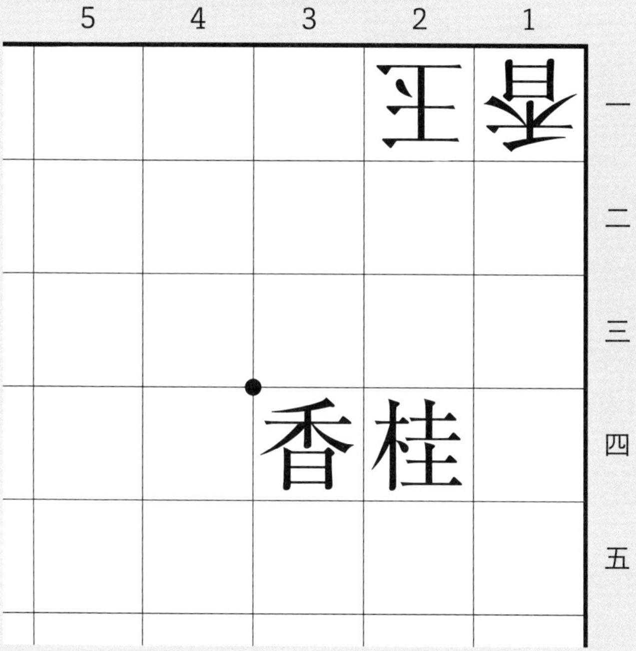

持駒 なし

できたら✓チェック

チャレンジ 1	チャレンジ 2	チャレンジ 3

桂も香も
成ったら
金と同じか…

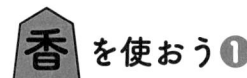

第25問のこたえ

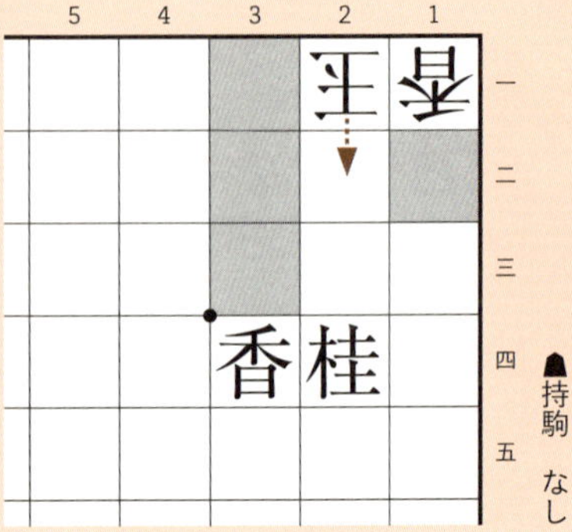

ヒント

逃げ道はありますが、肩金の形になればふせげそうです。香車と桂馬、どちらが成るのが正解か、逃げ道を考えて王手をかけましょう。

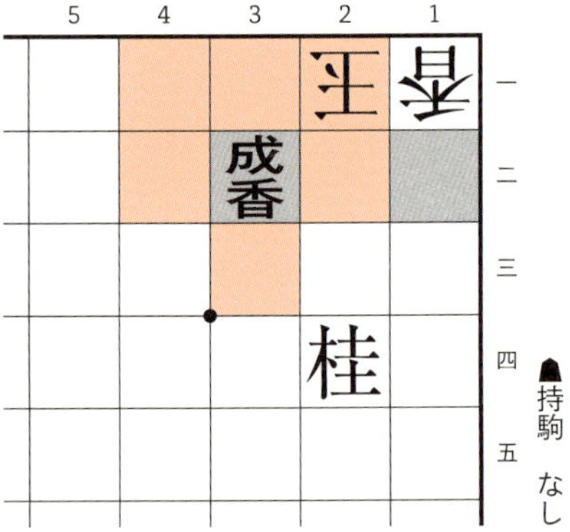

正解

▲3二香成

▲3二香成として詰みました。桂馬がうまく逃げ道をふさいでいることに注目できれば、すぐに詰みますね。

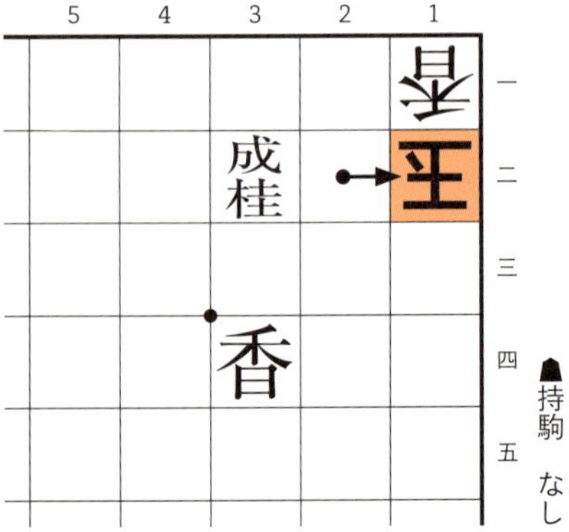

失敗

逃げ道を確認しよう

▲3二桂成は△1二玉となって失敗。逃がしたくない地点は今まで桂をきかせていた1二の1か所だけでした。

香を使おう❷

第26問

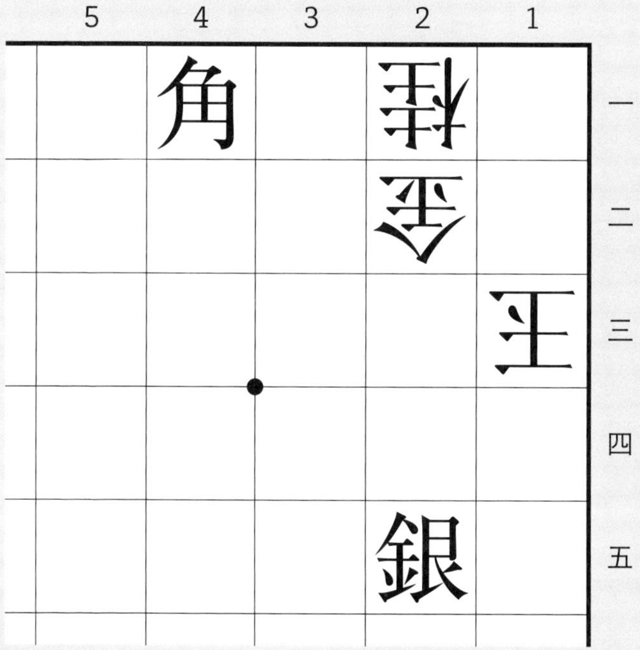

持駒 香

できたら✓チェック | チャレンジ 1 | チャレンジ 2 | チャレンジ 3

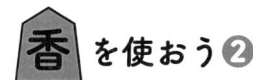

玉の逃げ道は
1筋だけか…

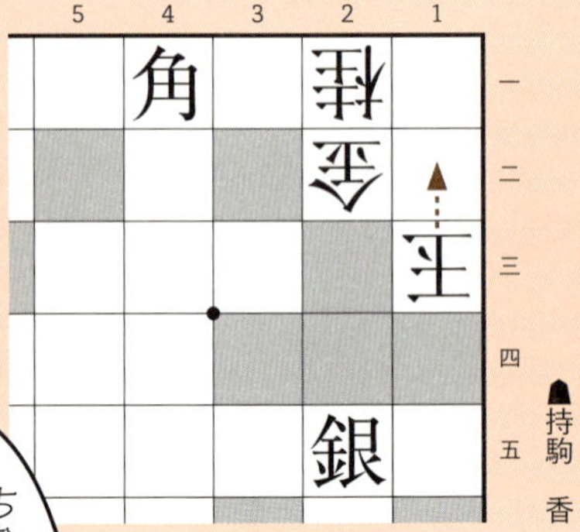

ヒント

角と銀で上をふさいでいるので、玉は1筋にしか動けません。次に☖1二玉とされると、守り駒が働いてきて詰まなくなってしまいます。

正解

☗1四香（☗1五香）

☗1四香と打って詰みです。前にならどこまでも進めますから、☖1二玉と逃げることはできません。

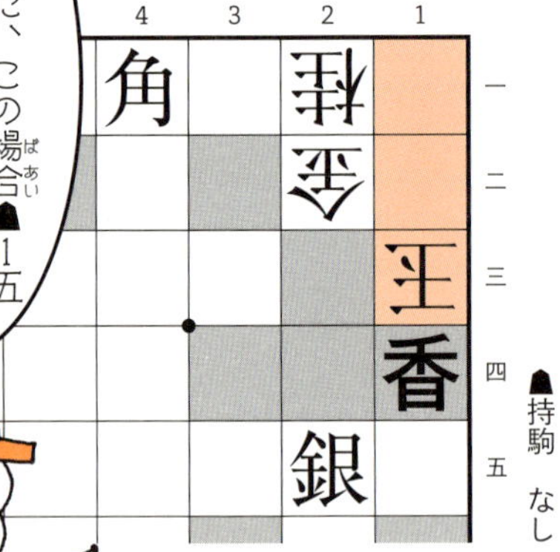

ちなみに、この場合☗1五香～☗1九香のいずれも、合駒きかずで詰みとなるよ

失敗

詰むときにかならず詰ます！

☗1四角成とすると☖1二玉と引かれます。こうなると、1三には金や桂がきいているので、香を打っても詰まなくなってしまいます。

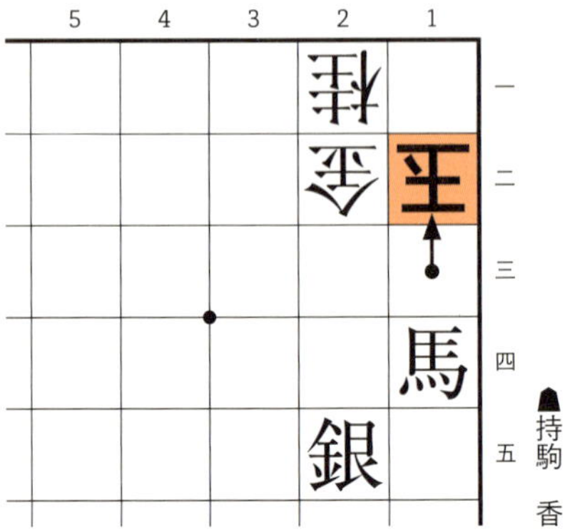

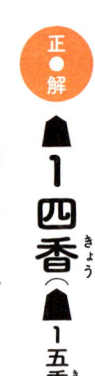

香を使おう❸

第27問

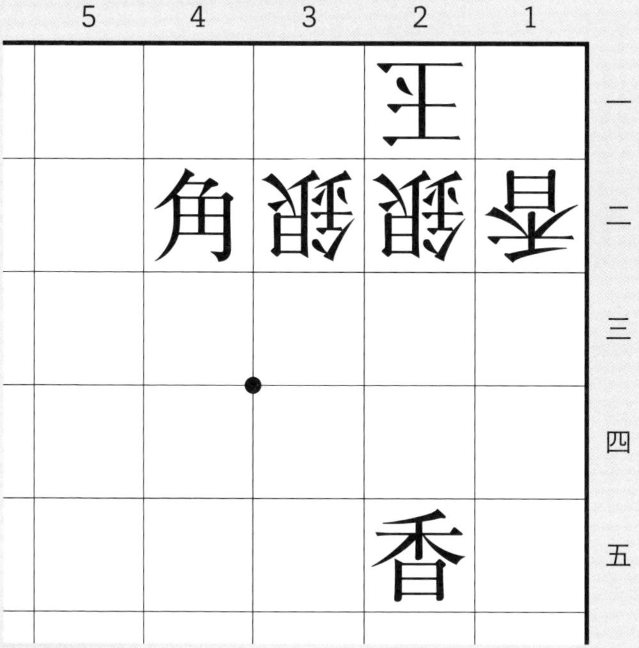

持駒 飛

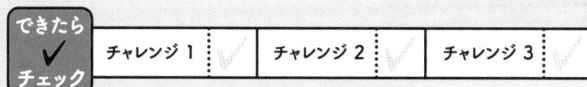

できたら✓チェック		
チャレンジ 1	チャレンジ 2	チャレンジ 3

飛車(ひしゃ)を打(う)っても
銀(ぎん)で取(と)られそう
だけど…

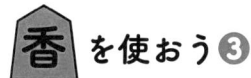

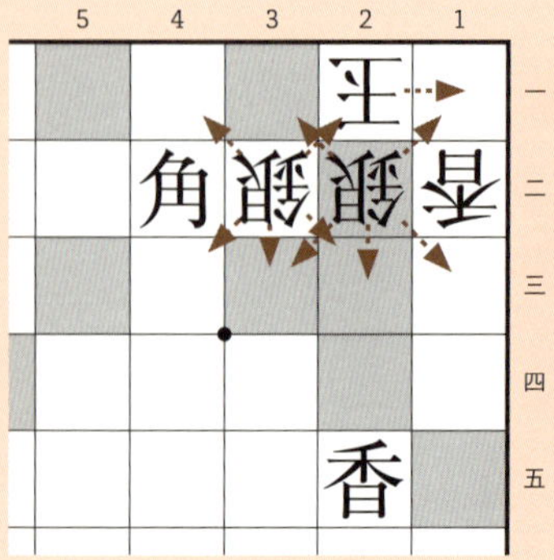

☗持駒　飛

ヒント

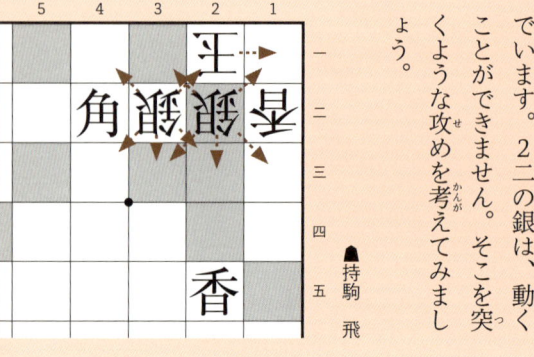

香車が間接的に玉をにらんでいます。２二の銀は、動くことができません。そこを突くような攻めを考えてみましょう。

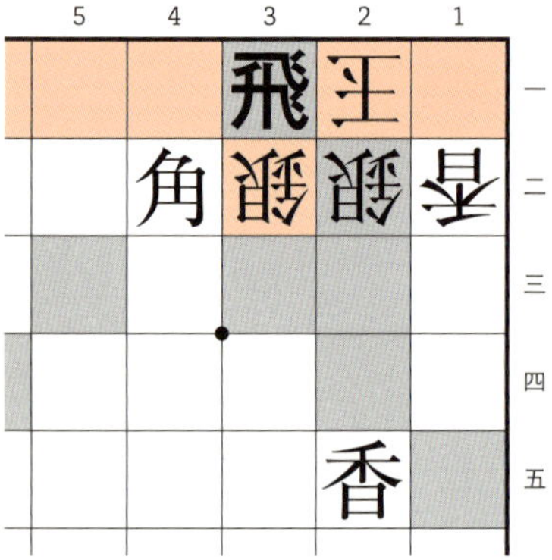

☗持駒　なし

正解 ☗３一飛

☗３一飛と打って詰みです。☖同銀と取りたいところですが、香車で玉を取られてしまうので、この飛車は取れません。飛車のききで☖１一玉もできません。

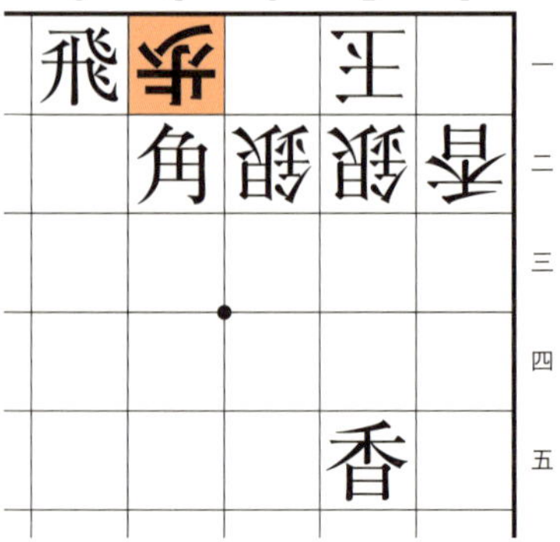

☗持駒　なし

失敗 合駒注意！

☗５一飛も同じようですが、☖４一歩と合駒されて失敗です。☗同飛成☖同銀と取られてしまいます。３二の銀は動ける駒です。

歩を使おう❶

第28問

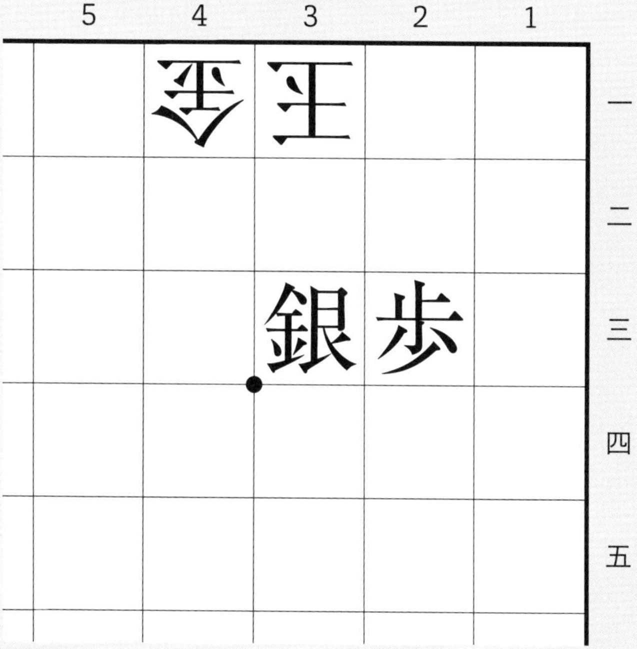

☗持駒 なし

できたら✓チェック

チャレンジ 1	チャレンジ 2	チャレンジ 3

歩（ふ）が成（な）ると
どうなるんだっけ？

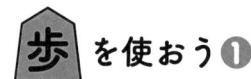

第28問のこたえ

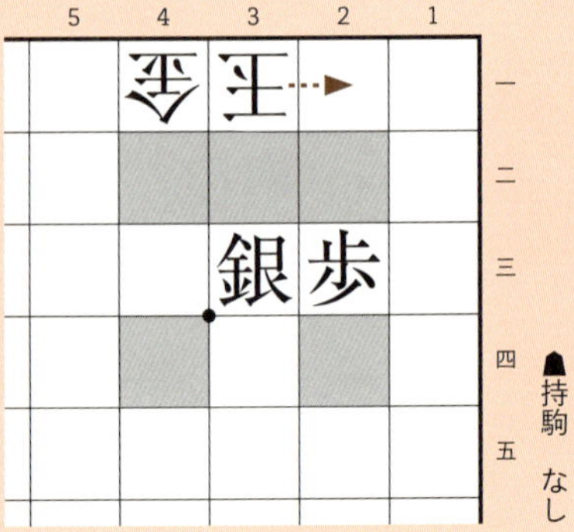

ヒント

銀で上への逃げ道はふさいでいます。逃げ道は２一だけです。上からおさえて詰ませるような問題は、頭金や肩金の形がありました。

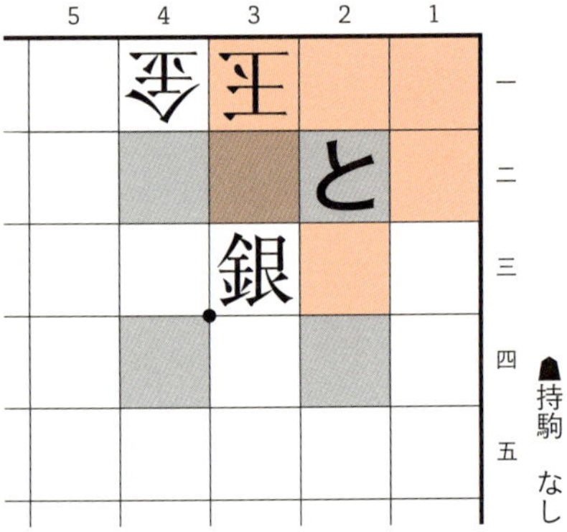

正解 ☗２二歩成

肩金をつくる☗２二歩成が正解です。逃げ道をふさぎつつ、王手をかけて詰ませることができました。守り駒の金のききにも触れません。

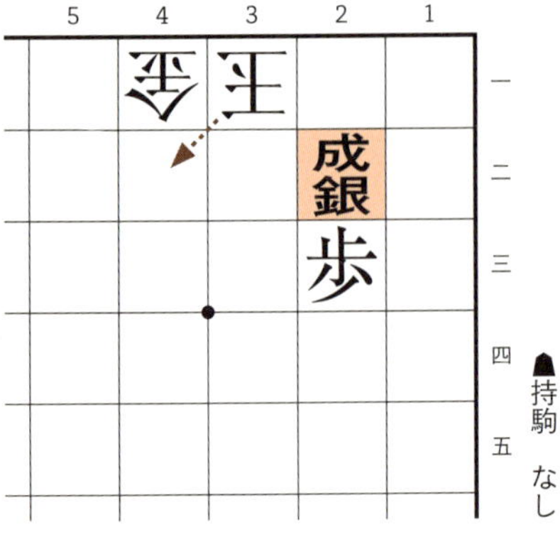

失敗 頭をおさえる駒は動かさない

☗２二銀成は、４二への逃げ道ができてしまって失敗。逃げ道をふさいでいる駒を動かすと、新たな逃げ道ができてしまいます。

第29問

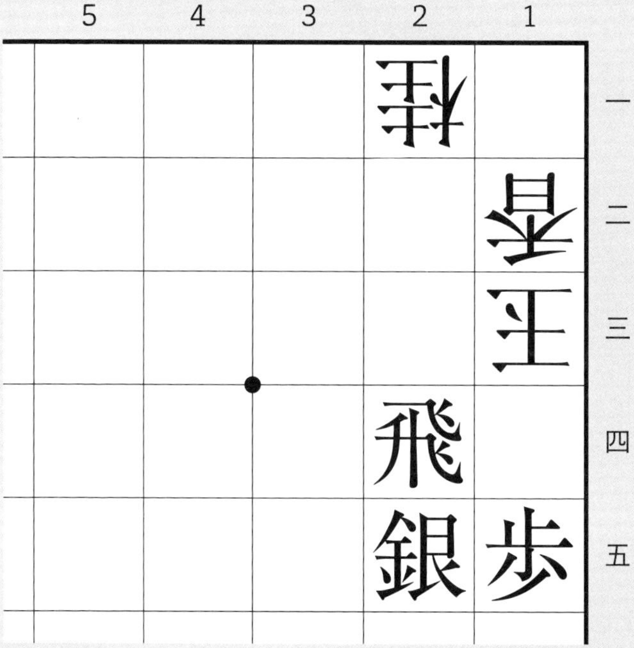

持駒 なし

できたら✓チェック	チャレンジ 1	チャレンジ 2	チャレンジ 3

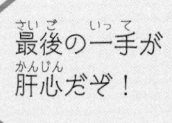

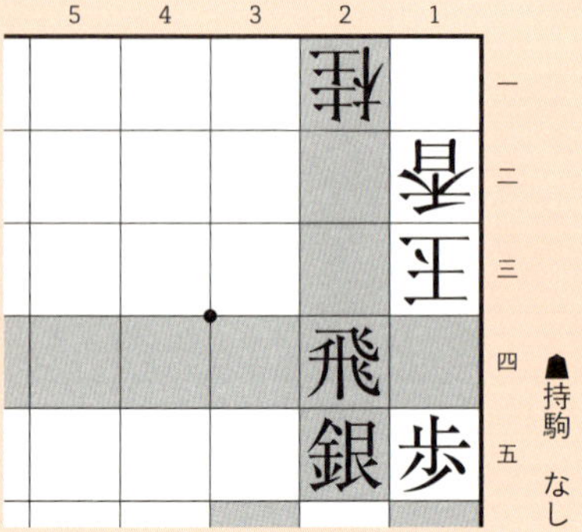

ヒント

飛車ですべての逃げ道をふさいでいます。飛車を動かすと逃げ道ができるので、ほかの駒を動かしたいです。

正解

☗1四歩

☗1四歩で詰みです。将棋盤の上にある歩を動かして詰ませる「突き歩詰め」の問題でした。持駒の歩は反則ですが、「突き歩詰め」は立派な詰みです。

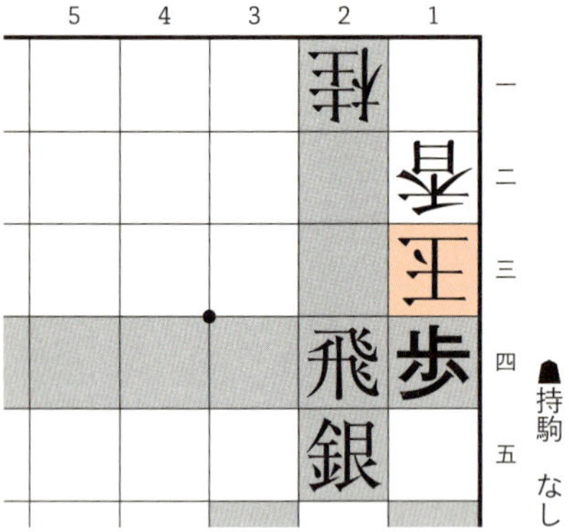

失敗

飛車は接近戦に弱い

☗1四銀でも同じようですが、☖2四玉と飛車を取られて詰みません。飛車や角は大きく動ける駒ですが、接近戦になると弱点が出てしまいます。

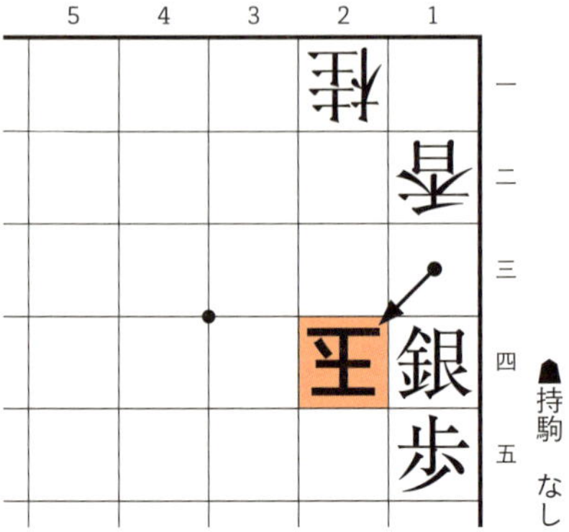

歩を使おう❸

第30問

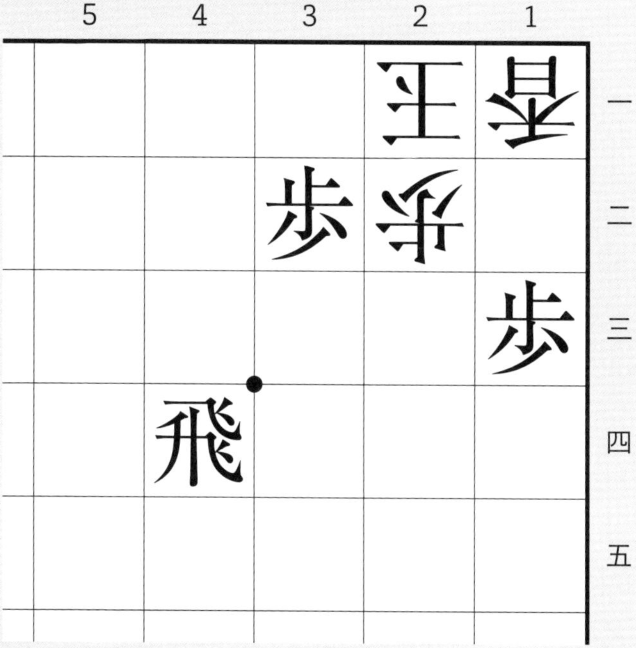

持駒　なし

できたら✓チェック　チャレンジ 1　チャレンジ 2　チャレンジ 3

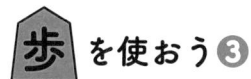

第30問のこたえ

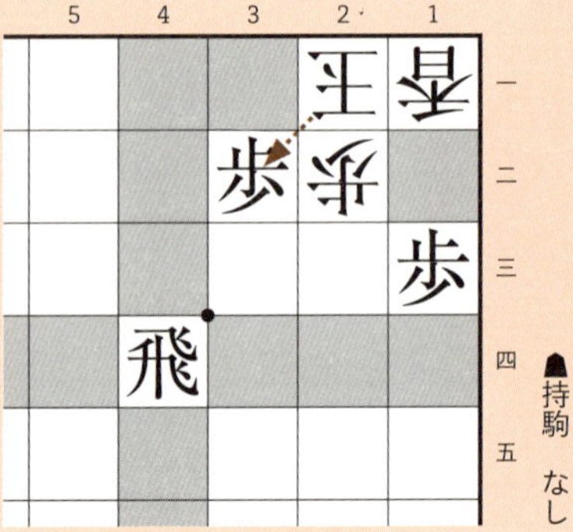

ヒント

歩で玉の逃げ道をふさいでいます。ですが、3二の歩は取られてしまいそうです。取られないように王手をかけます。

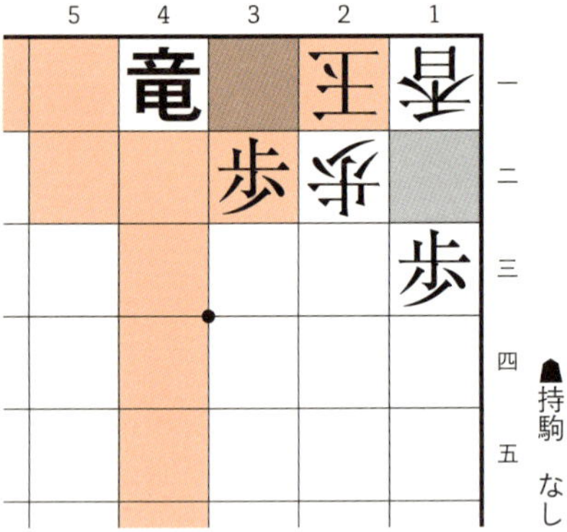

正解　☗4一飛成

☗4一飛成と王手をして詰み。竜に成ったことで3二への逃げ道をふさぐことができました。☖3一歩の合駒は☗同竜で意味がない「無駄合い」です。

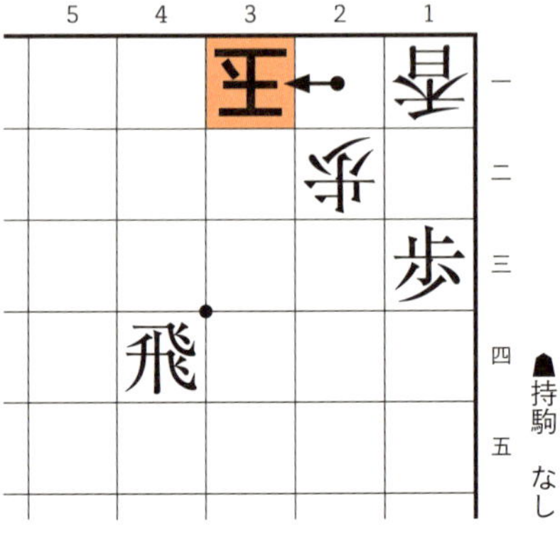

失敗　駒はかならず連携させる

☗3一歩成という王手もありますが、☖同玉と取られてしまいます。駒の連携がなく、ただ王手をかけても取られて失敗します。

2日目 ポイント！

2日目の12問、どうだった？
銀の斜め後ろのききを使った詰みや「吊るし桂」、香車で間接的に玉をにらむ形など、実戦でも出てくる詰みをたくさん覚えたネ。とくに、第21問で出てきた一間竜の形は、頭金・肩金に並んで最重要の詰み形だ！

【図1】 ▲持駒　飛角金銀桂香歩

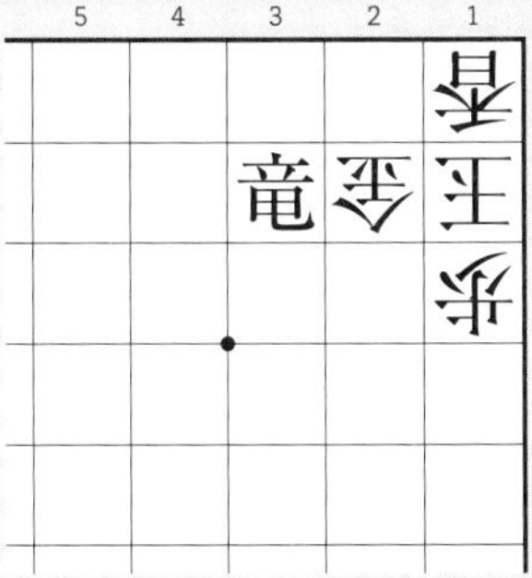

【図2】 ▲持駒　飛角金銀桂香歩

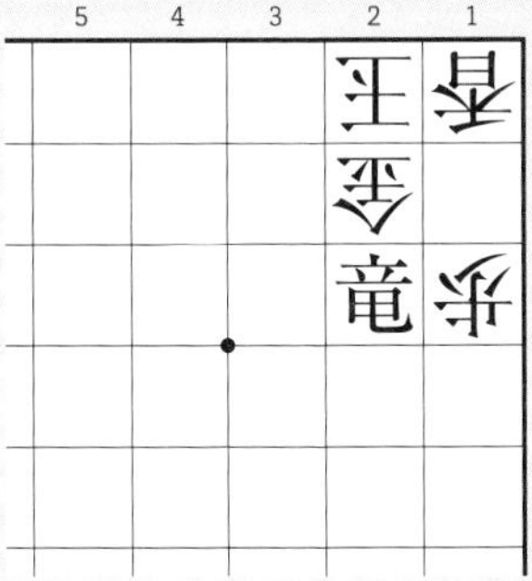

上の［図1］のように、竜が玉と1マスあけて並んだ形。

この状態だと▲2三金、▲2三角、▲2一角、▲2三銀、▲2一銀、▲2四桂…と斜めにきく駒なら1手で詰みだ。

同じように、［図2］も一間竜。

この場合は、▲3二金、▲3二銀の2通り。

一間竜でにらまれると、間の守り駒を動かすことができない。動くと竜で玉を取られてしまうからね。

コラム

どうして詰め将棋を解くの？

将棋にたくさん勝ちたい！
早く詰みが見えるようになりたい！
考える力をつけたい、自分の実力を試したい！
どれもすばらしい理由で、ここまでの問題に挑戦したみんなを称えたいと思います。

そんな君たちに詰め将棋を解く意味をもうひとつ伝えるとすれば、「**駒と仲よくなる**」ことです。

どういうことでしょう？　将棋に負けると悔しいですよね。でも、1対1で対戦している以上、片方が勝ち、もう片方は負けてしまいます。相手も自分も負けたくない、考える時間はかぎられている。そんな状況で相手より早く正確に詰みを見つけさせてもらえるかどうかは、駒と仲よくなれているかどうかによります。

そして、駒と仲よくなるのにいちばんなのが詰め将棋です。なんとなく詰め将棋を解くよりも、8種類ある駒ひとつひとつの特徴を理解しながら解いていってください。友達と仲よくなるとき、よい部分を見つけてあげるのと、とても似ています。その駒のよい部分、特徴的な部分を見つけてあげましょう。それぞれの駒たちにどのような得意な動きがあるかを把握しておけば、相手玉を追い詰める大きなヒントになります。

ただ、駒と仲よくなるには根気が必要です。君たちの今いる友達は、みんながみんな会ったその日から仲よし…ではなかったでしょう？　詰め将棋も同じで毎日駒と出会って取り組むことで、駒と仲よくなれるのです。

第2章

どんどん解こう！

詰め将棋ドリル

第１章の基本の30問で、詰みのパターンや考え方を覚えたよね。今日からは問題をたくさん解いて実際に詰ませるようになっていこう

この章では、１日ごとに問題がレベルアップしていくから少しずつ、確実に強くなっていくことができるよ

問題が解けたら、問題下の欄にチェックをつけていこう。中にはむずかしい問題もあるけど、１回で解けなかった問題もくり返しチャレンジしてみてね

全部解ければ君は１手詰めマスター。もう初心者は卒業だ！

ミッション
Mission!!

3日目

レベル1 問題22傑

3日目は、詰みの基本である金を使った詰みを多く取り上げてあるヨ。頭金・肩金・腹金・尻金…いろいろあっただろう？

まずはその基本の詰みがわかるように、ドリルを通じて基礎を身につけることを目標にしよう。そのポイントは、次の3つだ！

- 玉の逃げ道を確認すること
- 守り駒のききを確認すること
- 残りの逃げ道をふさぎながら王手をすること

ここにさえ気をつければ、きっと問題を解くことができるはず。

では、スタート！

どんどん解こう! 1

持駒 なし

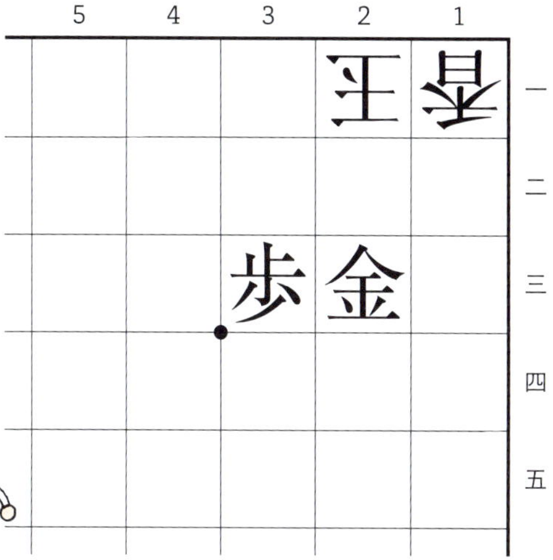

ヒント 逃がさないように王手をしよう!

できたら✓チェック

チャレンジ 1	チャレンジ 2	チャレンジ 3

どんどん解こう! 2

持駒 銀

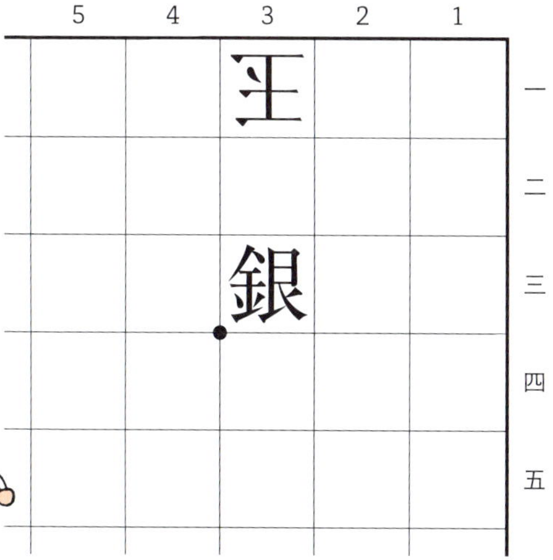

ヒント 銀も前3方向は動けるから…

できたら✓チェック

チャレンジ 1	チャレンジ 2	チャレンジ 3

どんどん解こう！ 1

失敗 あるある うっかり

同じ肩金のようでも…

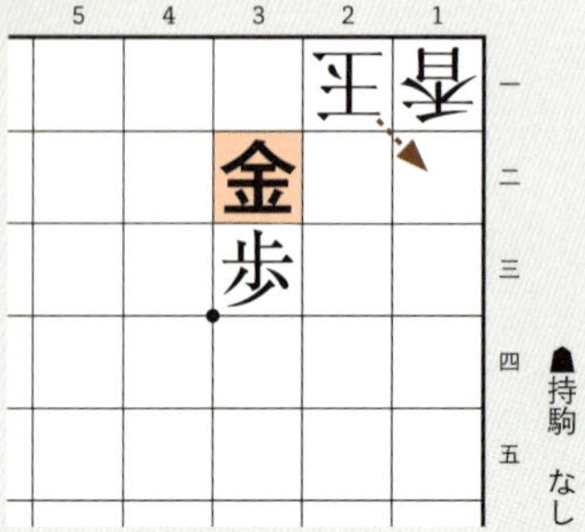

☗3二金と王手をかけるのは☖1二玉と逃げられてしまいます。2三の金が逃げ道をふさいでいたことを確認しましょう。

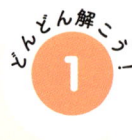

正解

☗3二歩成

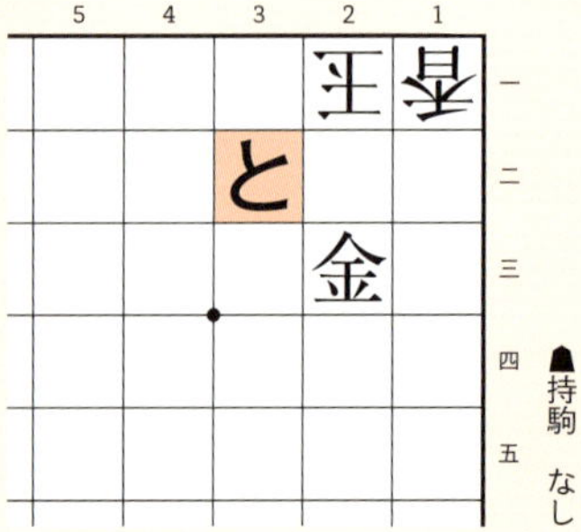

3二に歩を成って詰みです。と金をつくって肩金の形ですね。金のききで1二への逃げ道をふさいでいます。

どんどん解こう！ 2

失敗 あるある うっかり

逃げられちゃうよ！

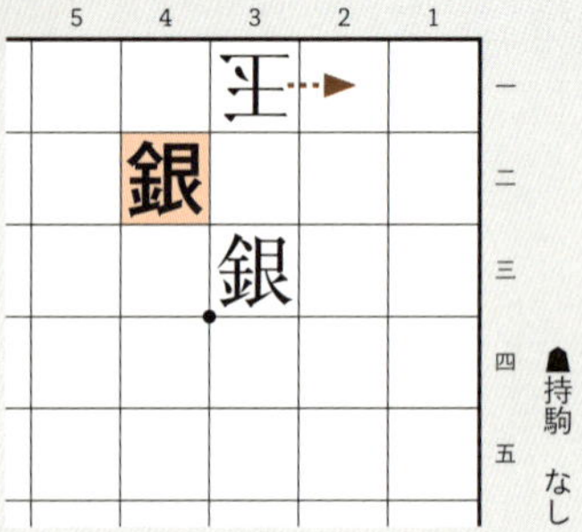

☗4二銀打では、2一に逃げられてしまいます。頭から打つことで、逃げ道をふさげることを確認しましょう。

正解

☗3二銀打

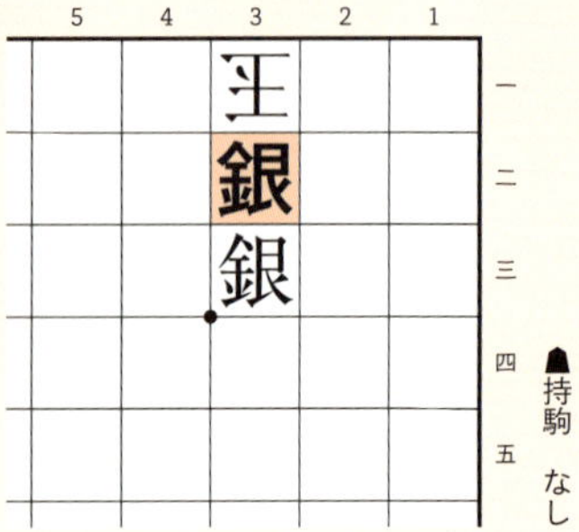

頭金と同じ要領で玉の頭に☗3二銀打で詰み。金・銀で頭からおさえるのが詰みの基本です。

どんどん解こう！ 3

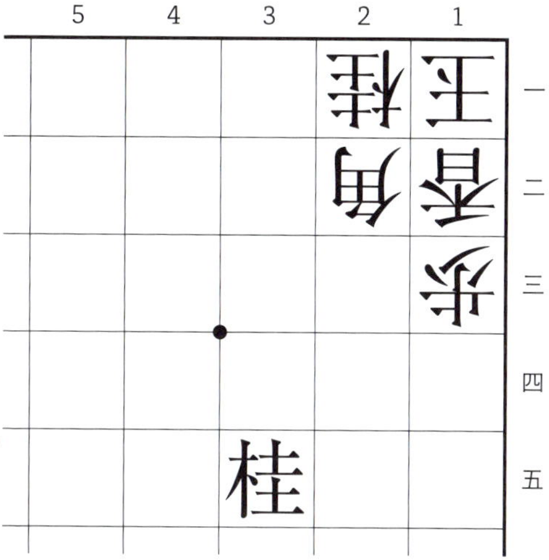

持駒 なし

ヒント
あれ？ 桂馬(けいま)1枚(まい)だけでOK(オーケー)？

できたら✓チェック

チャレンジ 1	チャレンジ 2	チャレンジ 3

どんどん解こう！ 4

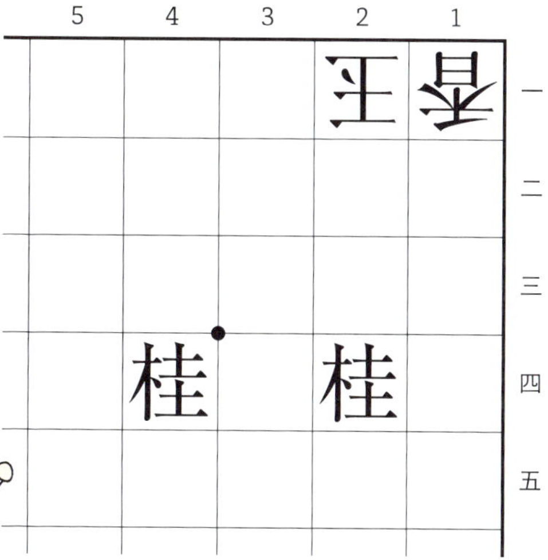

持駒 なし

ヒント
どっちの桂馬(けいま)を使(つか)おうかな

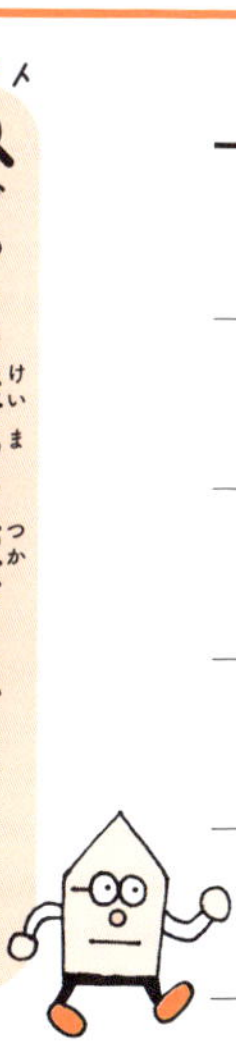

できたら✓チェック

チャレンジ 1	チャレンジ 2	チャレンジ 3

どんどん解こう！ 3

失敗 あるある うっかり

成ると能力を失う！

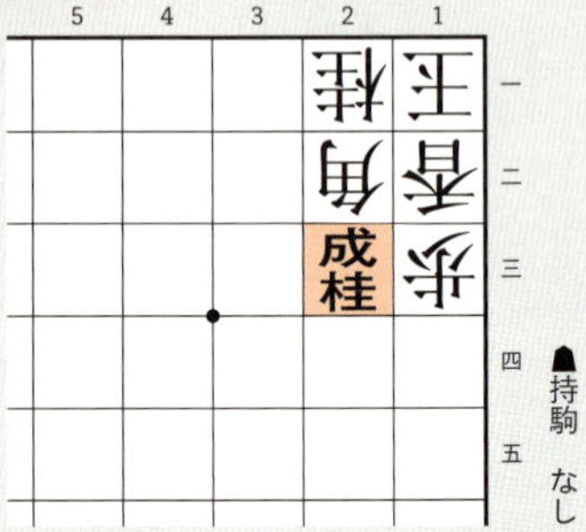

成るとパワーアップしますが、桂馬の特徴が失われ、王手になりません。成らないほうがいい場合もあるのです。

正解

☗2三桂不成

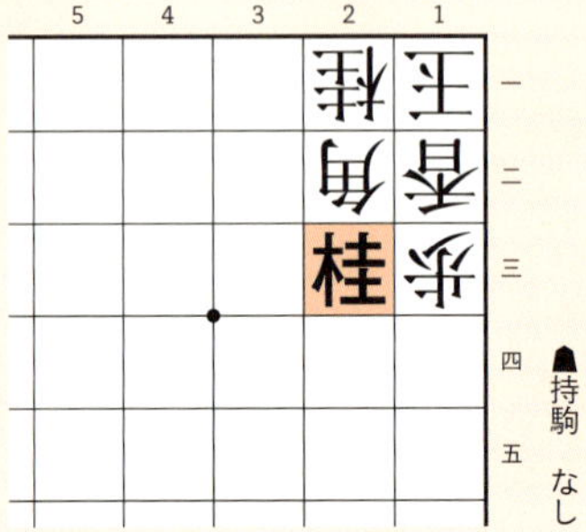

桂馬の駒を飛び越える能力を発揮して、1枚で詰ませることができます。玉の逃げ道はありません。

どんどん解こう！ 4

失敗 あるある うっかり

新たな逃げ道が！

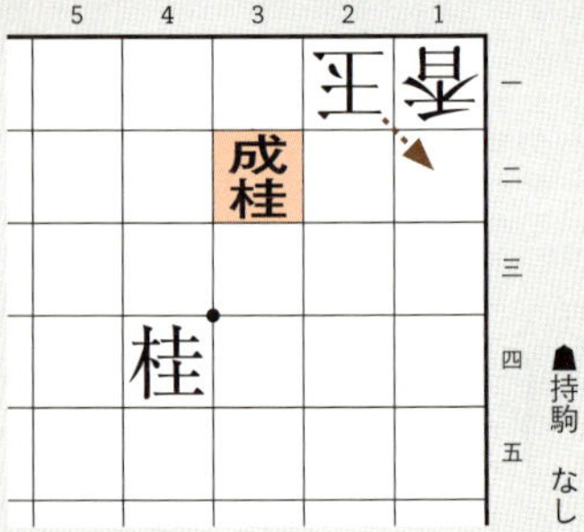

右の桂馬を成りこむと1二に逃げ道があいてしまいます。正解と比べてみましょう。

正解

☗3二桂左成

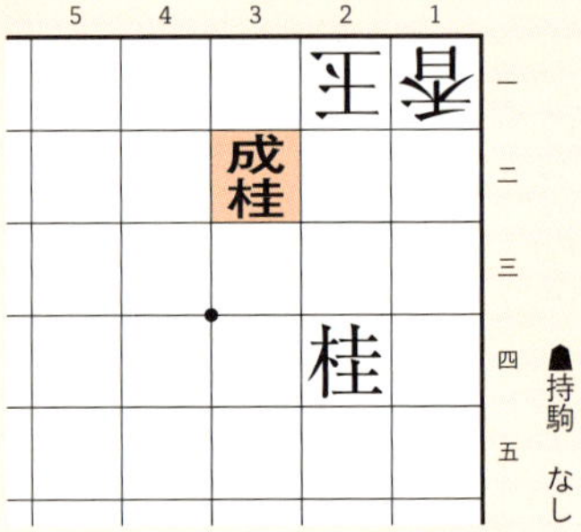

左の桂馬を成るのが正解です。1二の逃げ道がありません。「☗3二桂左成」の符号も確認しておきましょう。

どんどん解こう！ 5

持駒 なし

ヒント
逃げ道をつくらないように…

できたら✓チェック

チャレンジ 1	チャレンジ 2	チャレンジ 3

どんどん解こう！ 6

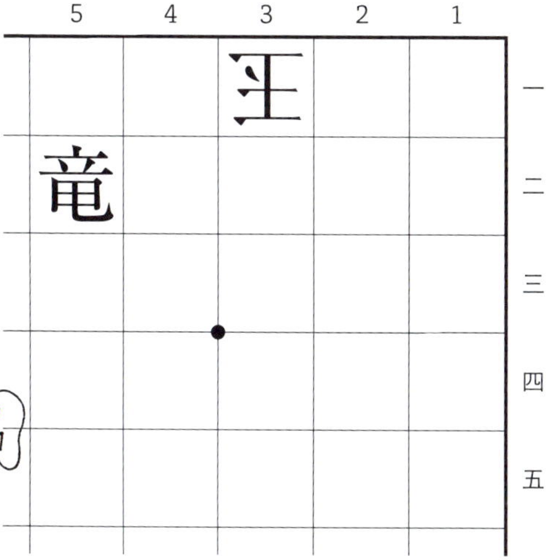

持駒 銀

ヒント
頭金みたいな形で詰ませるの？

できたら✓チェック

チャレンジ 1	チャレンジ 2	チャレンジ 3

どんどん解こう！ 5

あるある うっかり

失敗 反対側に逃げられる！

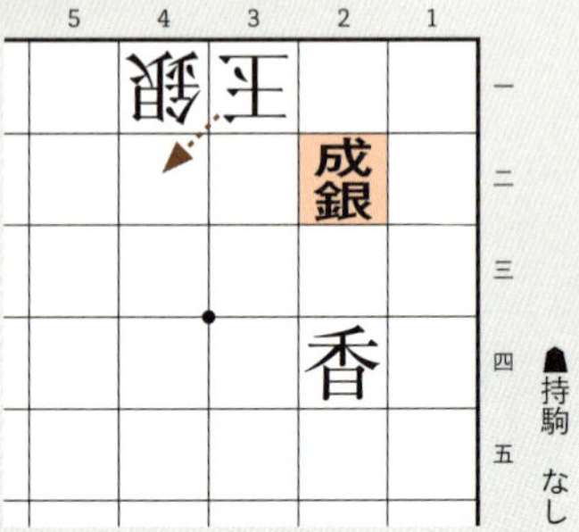

☗2二銀成と王手すると、△4二玉と反対側に逃げられてしまいます。逃がさないように追い詰めましょう。

正解 ☗2二香成

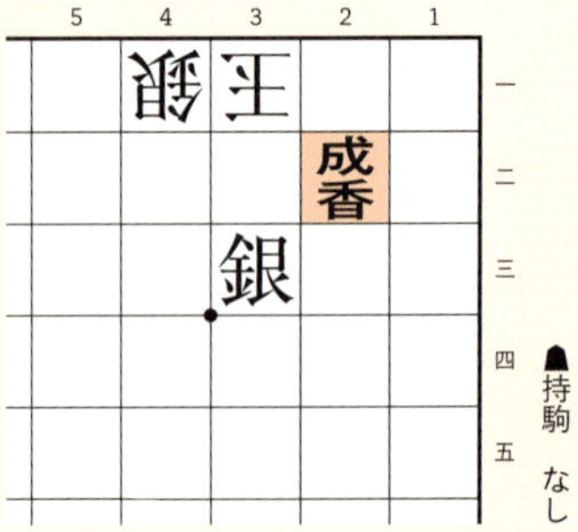

香車でも同じように肩金の形をつくって詰みです。反対側の4一に逃げられないときは、肩金で詰みます。

どんどん解こう！ 6

あるある うっかり

失敗 頭銀の失敗例！

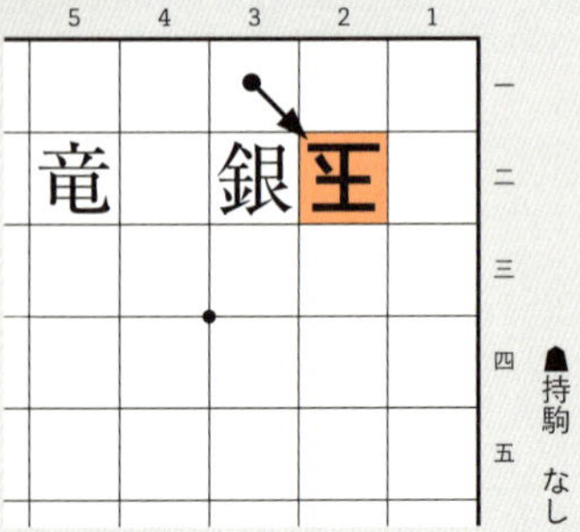

銀は左右にスキがあります。頭銀を打つと、スキに逃げこまれてしまうという間違いやすい例です。ぜひ覚えておきましょう。

正解 ☗2二銀

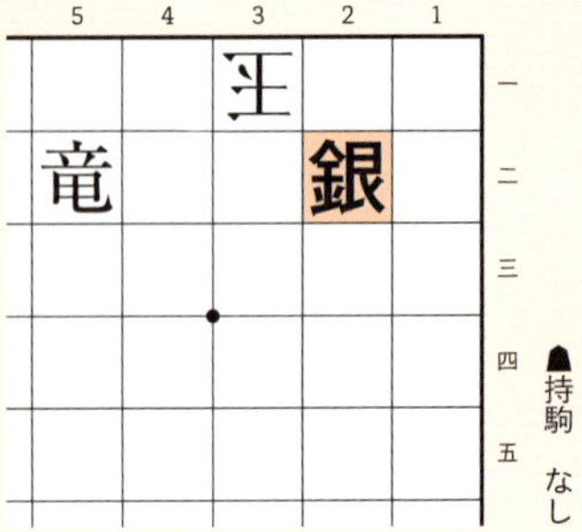

肩から打つのが正解です。竜が強力にきいていて玉の逃げ道をふさいでいます。

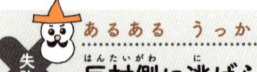

どんどん解こう！

7

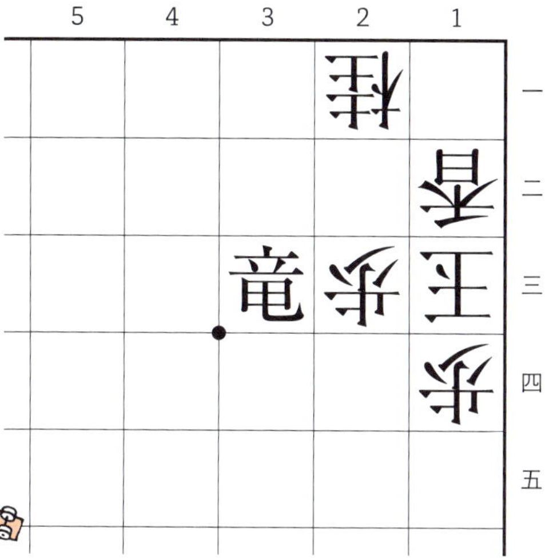

持駒　金

ヒント
金を打っても取られちゃうかな？

できたら✓チェック

チャレンジ 1	チャレンジ 2	チャレンジ 3

どんどん解こう！

8

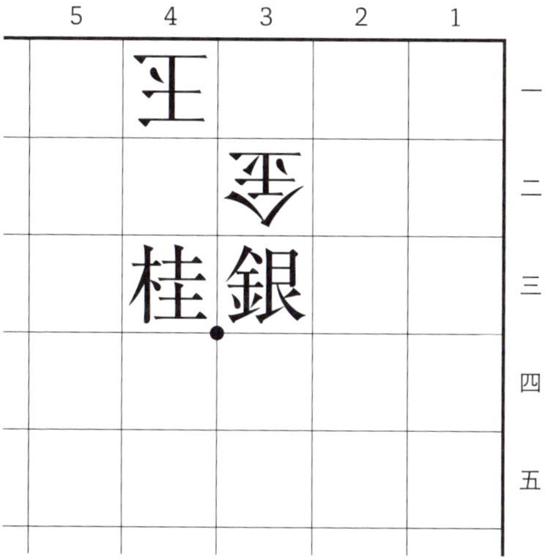

持駒　金

ヒント
逃がさないためにはどこに打つ？

できたら✓チェック

チャレンジ 1	チャレンジ 2	チャレンジ 3

どんどん解こう！ 7

失敗 あるある うっかり

王手以外の手はダメ

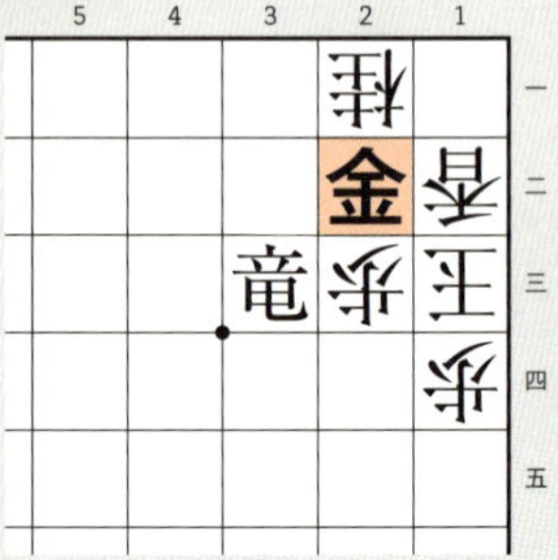

☗持駒 なし

☗2二金では王手になりませんから、間違いです。持駒が銀であれば、2四でも２二でも正解でした。

正解

☗2四金

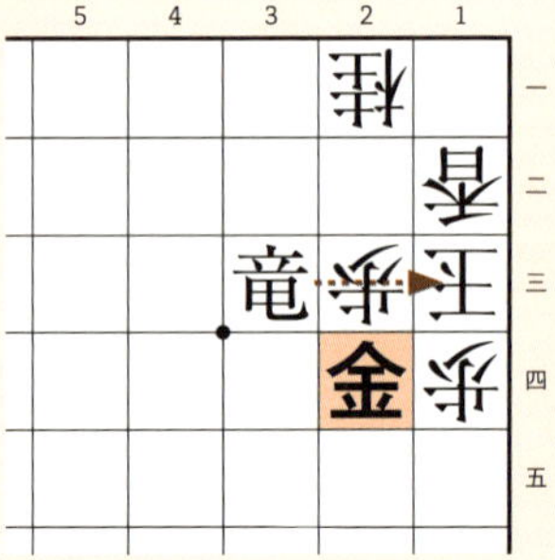

☗持駒 なし

竜が間接的にきいていて、２三の歩は動かすことができず、詰みです。一間竜の形ですね。

どんどん解こう！ 8

失敗 あるある うっかり

守り駒は相手にしない

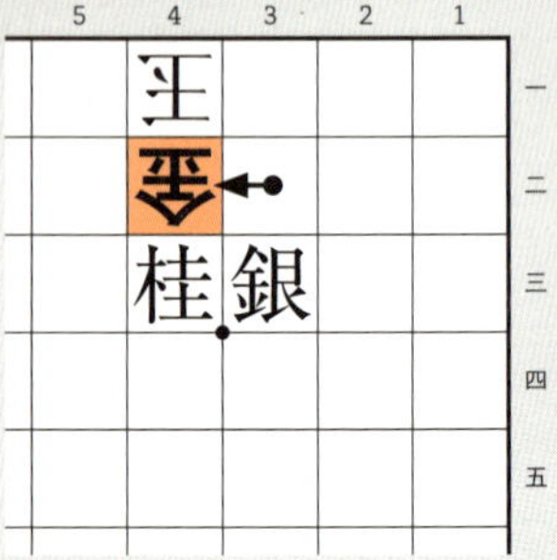

☗持駒 なし

問題図で☗4二金と頭金を打つと、☖同金となってもう詰みません。守り駒は相手にしないのが一番です。

正解

☗５一金

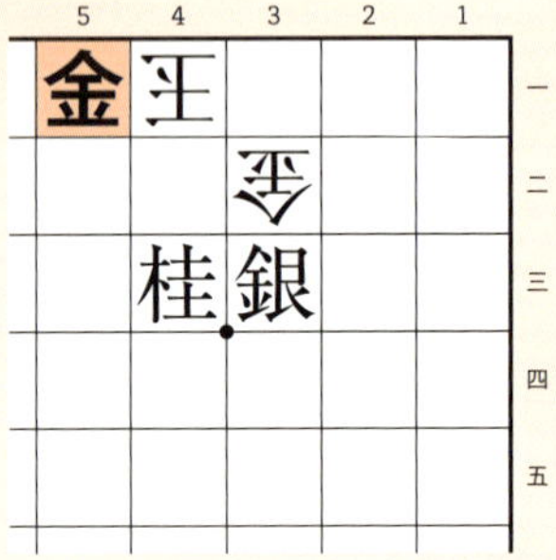

☗持駒 なし

桂馬と金のコンビネーションで詰みです。桂馬が逃げ道をしっかりふさいでいますね。

どんどん解こう！ 9

ヒント
玉（ぎょく）の逃（に）げ道（みち）はどこだろう??

	5	4	3	2	1
一					
二			金		王
三			馬		
四					
五					

持駒 飛

できたら✓チェック　チャレンジ1　チャレンジ2　チャレンジ3

どんどん解こう！ 10

ヒント
飛車（ひしゃ）の能力（のうりょく）をいかせるのは、どこ？

	5	4	3	2	1
一				桂	
二		角		王	
三				歩	
四					
五					香

持駒 飛

できたら✓チェック　チャレンジ1　チャレンジ2　チャレンジ3

どんどん解こう！ 9

あるある うっかり

失敗

離して打つと合駒が！

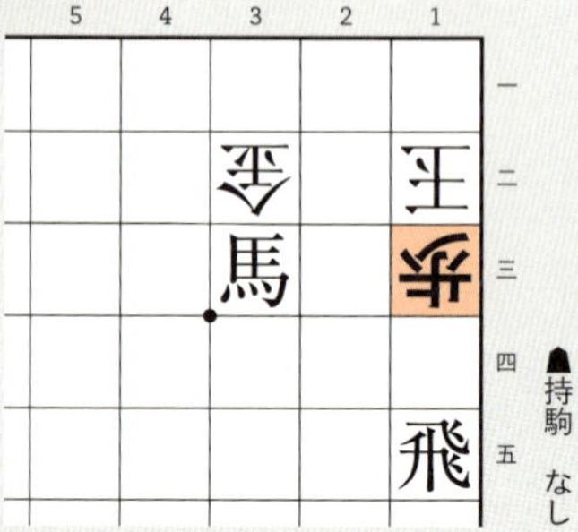

☗1五飛のように離して打つと、☖1三歩と合駒されて詰みません。飛・角・香は合駒に注意です。

正解

☗1一飛

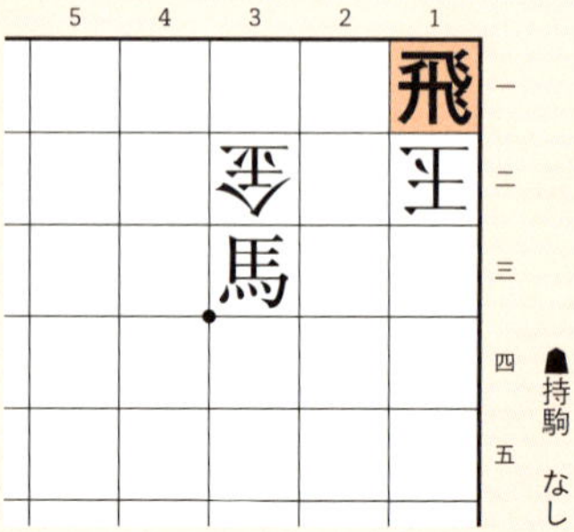

1三と2一の逃げ道を同時に消しつつ王手をかける☗1一飛が正解です。

どんどん解こう！ 10

あるある うっかり

失敗

取られちゃダメ！

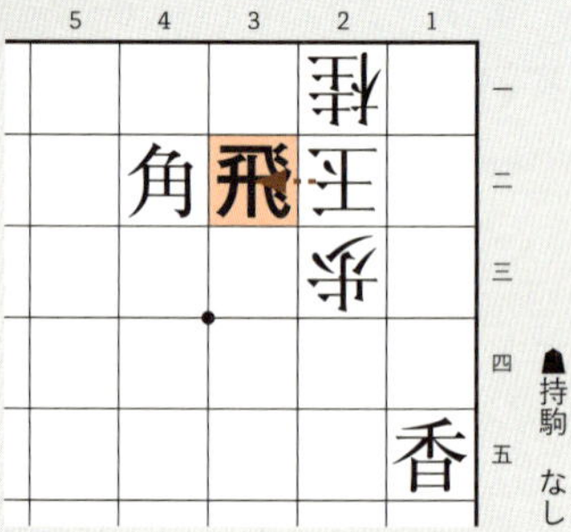

☗3二飛とこちらから打つのは☖同玉でタダです。王手をかける駒を取られてはいけません。

正解

☗1二飛

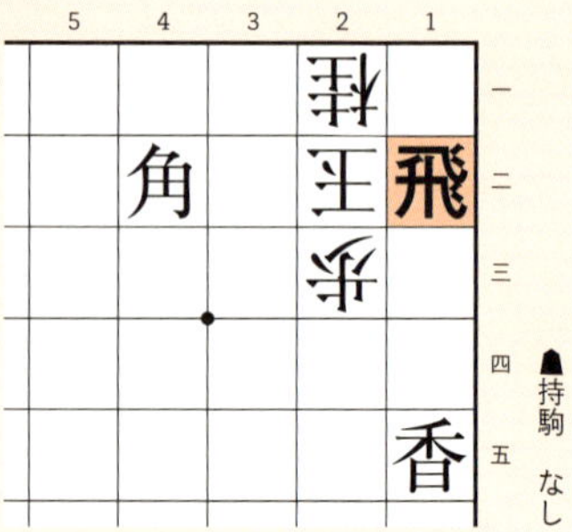

玉の隣から打てば合駒されません。3二に逃がさない、☗1二飛が正解です。

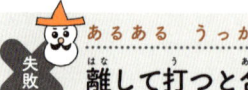

どんどん解こう！ 11

ヒント
せっかくの馬(うま)が働(はたら)いていないゾ

持駒 なし

できたら✓チェック

チャレンジ 1	チャレンジ 2	チャレンジ 3

どんどん解こう！ 12

ヒント
○○金(きん)で詰(つ)みだね

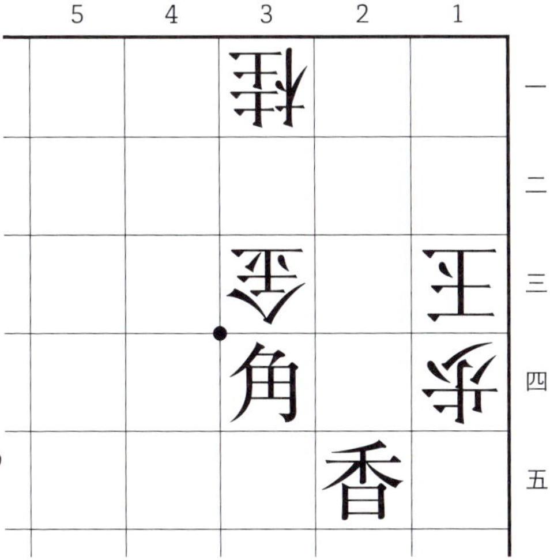

持駒 金

できたら✓チェック

チャレンジ 1	チャレンジ 2	チャレンジ 3

どんどん解こう！ 11

失敗 あるある うっかり

駒が働くように攻める

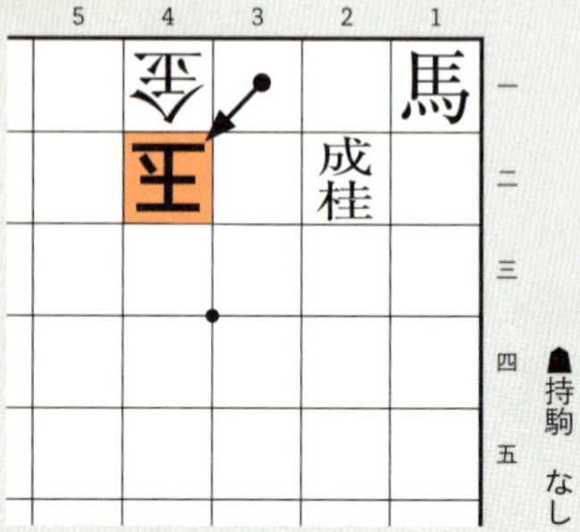

☗2二桂成は☖4二玉と逃げられます。正解図と比較して、駒の働きがまったく違うことを確認してください。

正解

☗2二馬

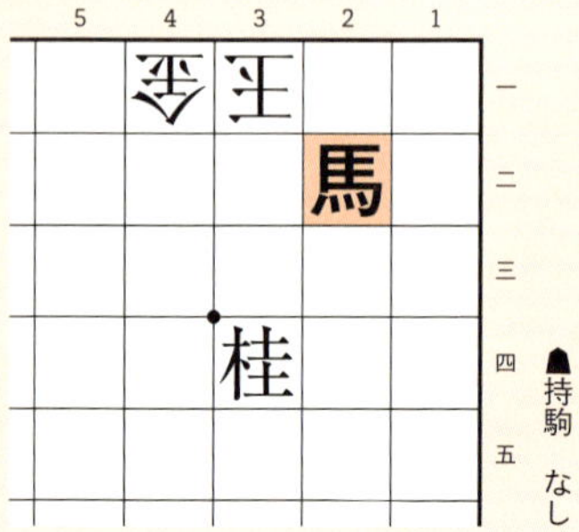

馬であっても、肩金の形が詰ませやすいのは同じです。4二へは逃げられないことを確認しましょう。

どんどん解こう！ 12

失敗 あるある うっかり

王手した駒を取られる

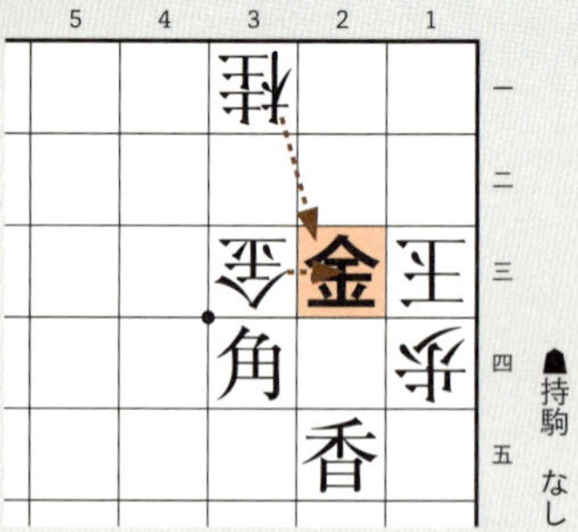

☗2三金は桂馬や金のききがあります。取られてしまって詰みません。実際に動かして確認しましょう。

正解

☗1二金

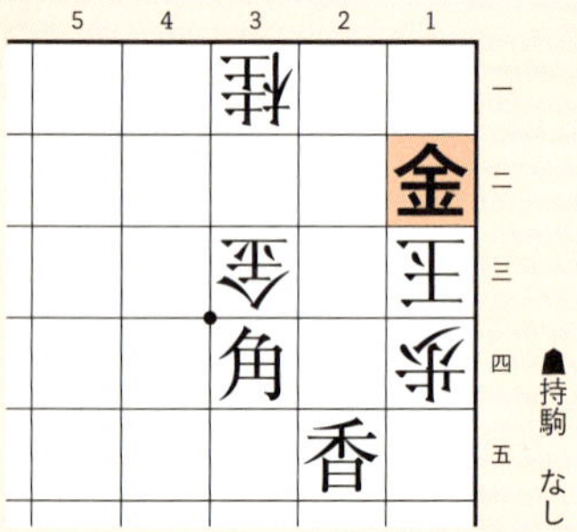

玉の下から金を打つ尻金で詰みです。上からがダメなら下からと考えていきましょう。

どんどん解こう！

13

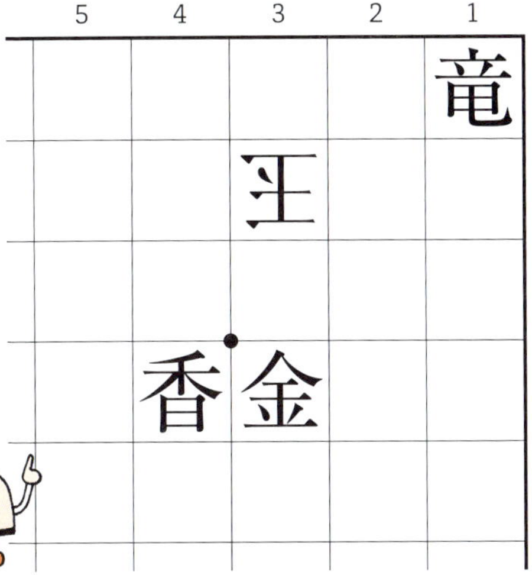

持駒　なし

ヒント

さすが、竜（りゅう）がたくさんきいてるヨ

できたら✓チェック

チャレンジ 1	チャレンジ 2	チャレンジ 3

どんどん解こう！

14

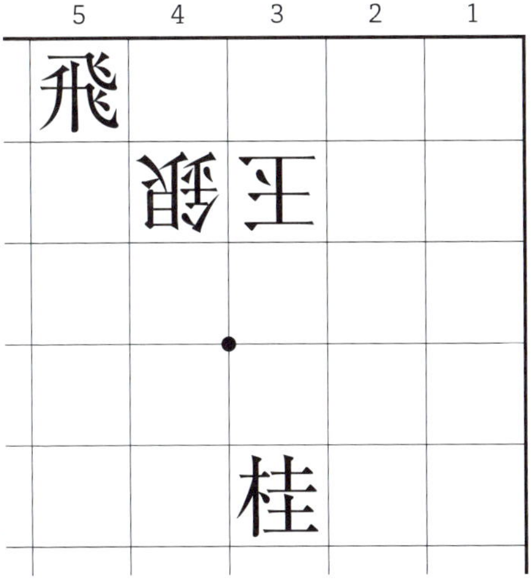

持駒　金

ヒント

飛車（ひしゃ）のききをいかしたいネ

できたら✓チェック

チャレンジ 1	チャレンジ 2	チャレンジ 3

どんどん解こう！ 13

失敗 あるある うっかり

竜は強力な駒だが…

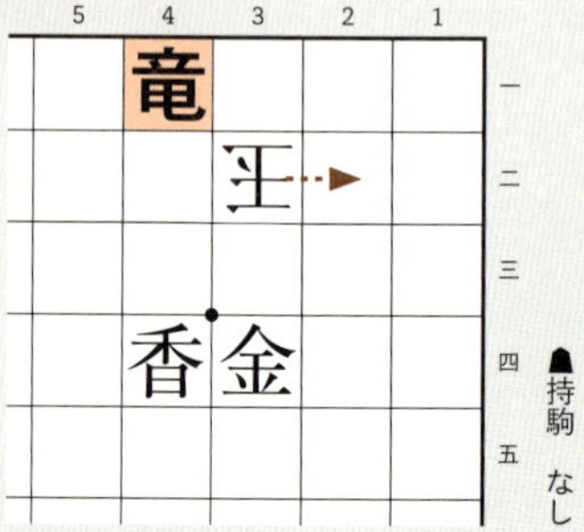

☗4一竜もありそうですが、☖2二玉と逃げられると詰みません。詰みの基本は上からおさえこむことです。

正解

☗4三香成

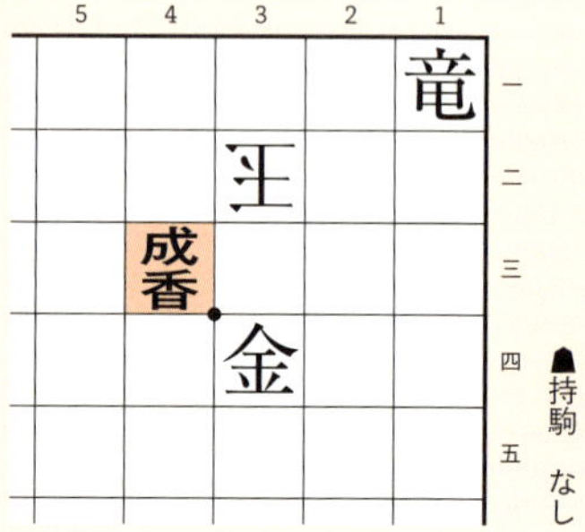

肩金をつくって王手をするのが正解です。竜と金で逃げ道をふさいでいることに注目です。

どんどん解こう！ 14

失敗 あるある うっかり

あせると失敗する

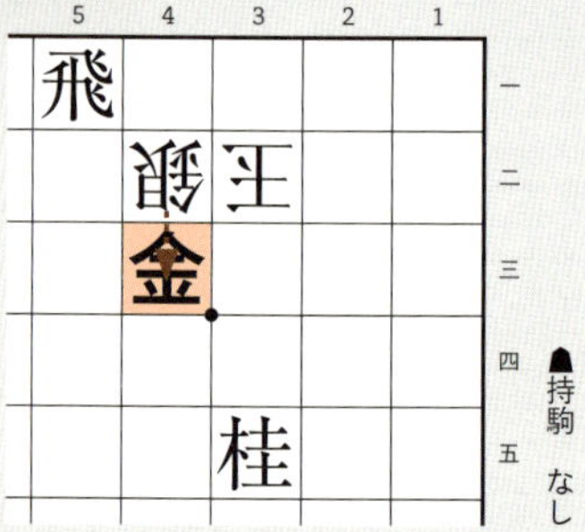

☗4三金は☖同銀と取られます。玉の逃げ道と、守り駒のききをよく確認して王手をしましょう。

正解

☗2三金

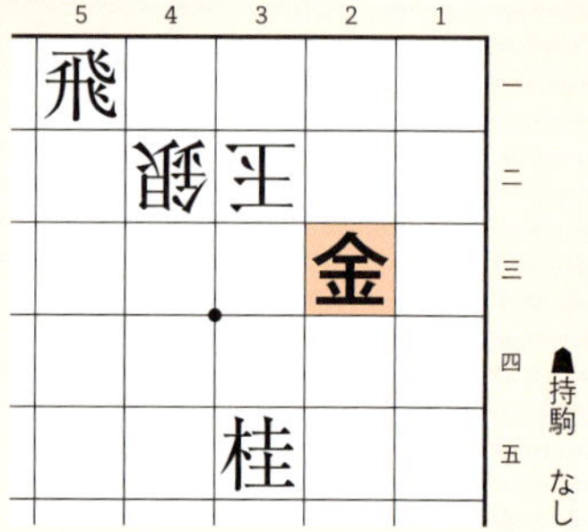

飛車が一段目にいると、もう下の段には逃げられません。あとは逃げ道をふさぐような王手をすれば詰みです。

どんどん解こう！ 15

ヒント
飛車（ひしゃ）をもっと活躍（かつやく）させるためには…

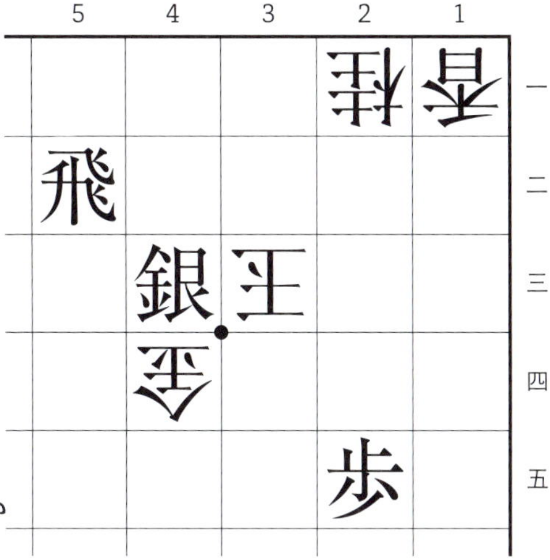

☗持駒 なし

できたら ✓ チェック

チャレンジ 1	チャレンジ 2	チャレンジ 3

どんどん解こう！ 16

ヒント
玉（ぎょく）の逃（に）げ道（みち）を確認（かくにん）してみて

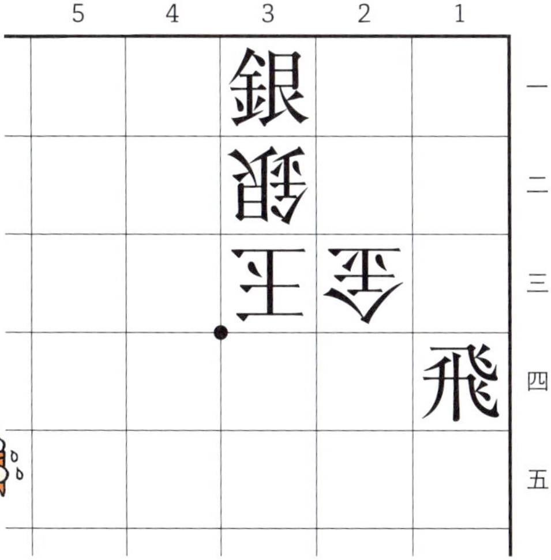

☗持駒 金

できたら ✓ チェック

チャレンジ 1	チャレンジ 2	チャレンジ 3

どんどん解こう！ 15

失敗

あるある　うっかり

逃がす王手は失敗！

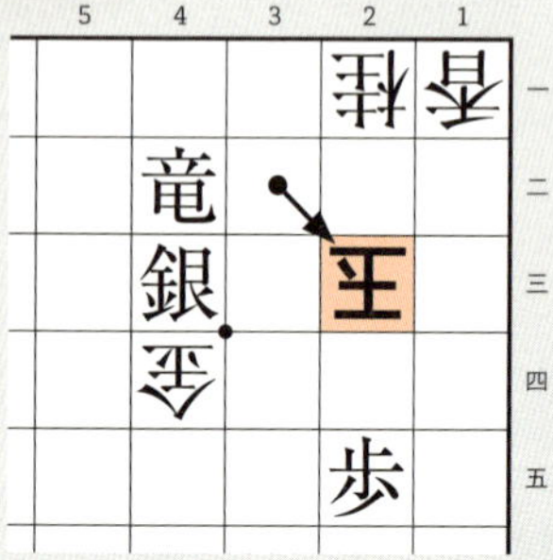

☗持駒　なし

☗4二飛成は☖2三玉と逃げられます。詰ませるときに詰ませないと、どんどん逃げられてしまいます。

正解

☗3二飛成

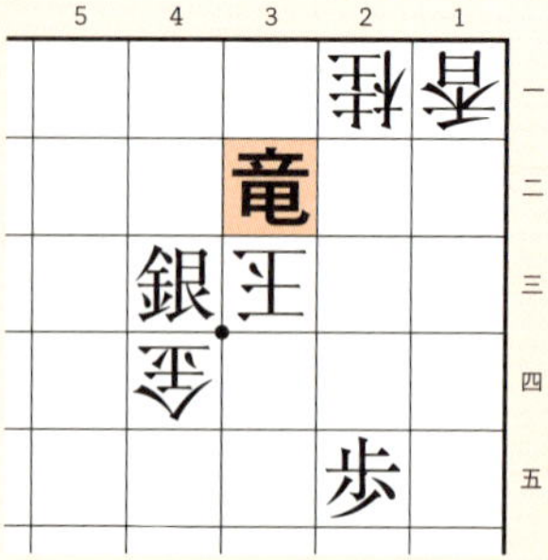

☗持駒　なし

駒が多くても、逃げ道を確認して追い詰めましょう。２三の地点に逃がさない☗3二飛成が正解です。

どんどん解こう！ 16

失敗

あるある　うっかり

駒は取られないように

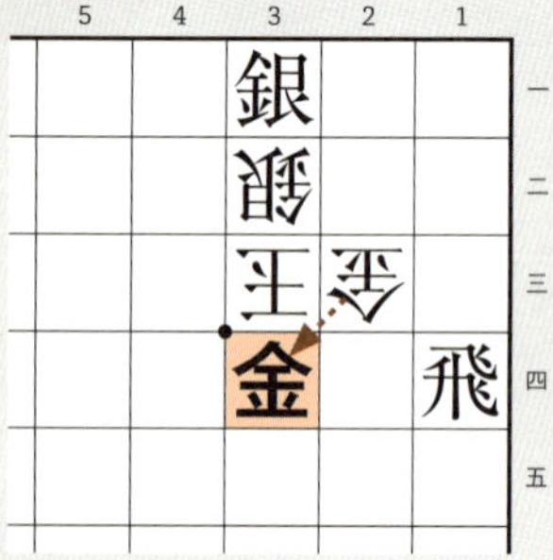

☗持駒　なし

☗3四金でも逃がさない王手がかけられますが、☖同金とされます。守り駒に取られてはいけません。

正解

☗4四金

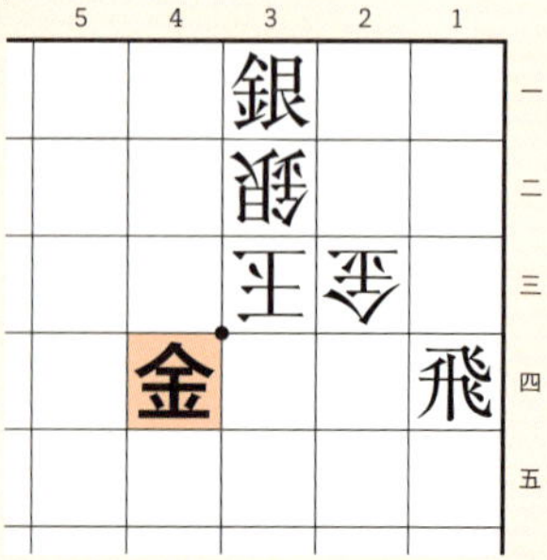

☗持駒　なし

逃げ道を確認すると、4三の地点のみ。そこに逃がさないように王手をかける☗4四金が正解です。

どんどん解こう！ 17

ヒント
銀か、歩か…どっちかな？

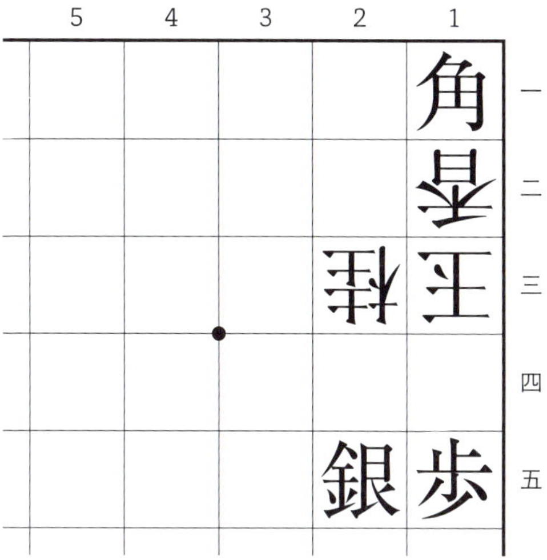

持駒 なし

できたら ✓ チェック

チャレンジ 1		チャレンジ 2		チャレンジ 3	

どんどん解こう！ 18

ヒント
桂馬のききをうまく使おう

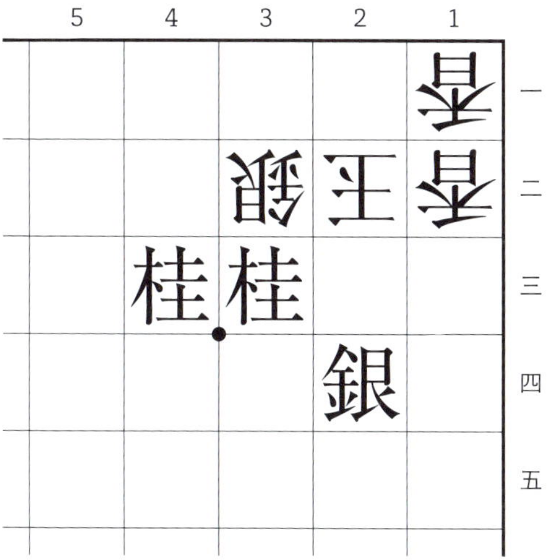

持駒 銀

できたら ✓ チェック

チャレンジ 1		チャレンジ 2		チャレンジ 3	

どんどん解こう！ 17

あるある うっかり

失敗

銀の王手は失敗

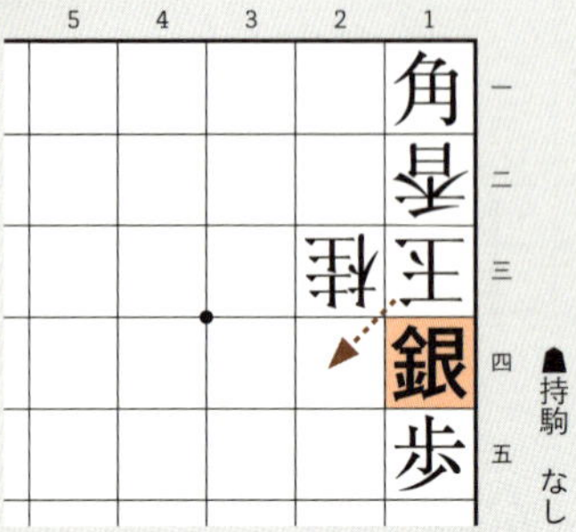

☗1四銀と王手をかけるのは、☖2四玉と逃げられてしまいます。この問題では、銀も逃げ道をふさぐ駒です。

正解

☗1四歩

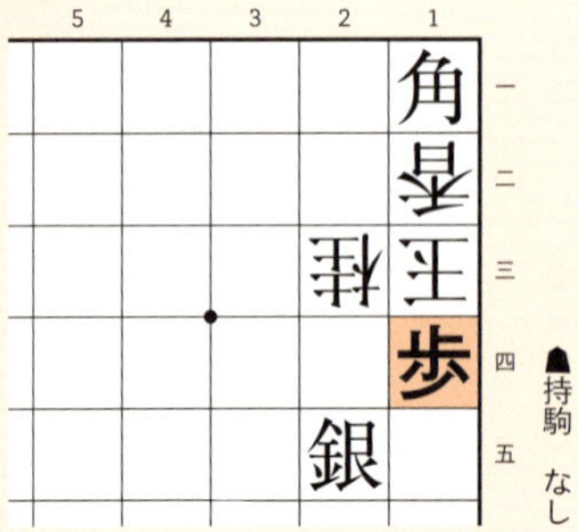

歩を突いて詰ませる「突き歩詰め」ですね。銀がよくきいています。四段目なので歩は成れませんよ。

どんどん解こう！ 18

あるある うっかり

失敗

守り駒には触らない

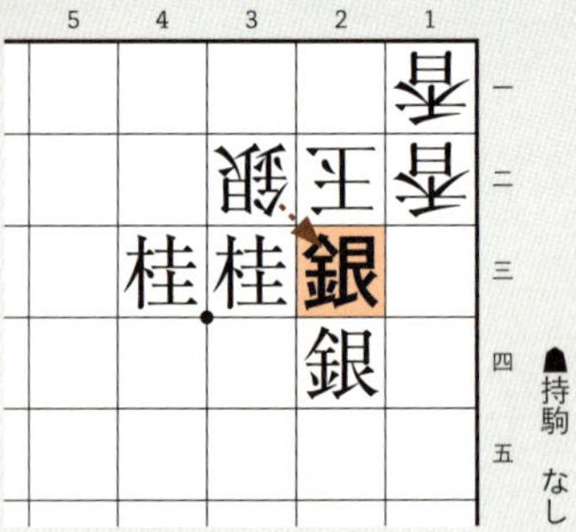

☗2三銀打は☖同銀で続きません。守り駒のききがない場所を探すように盤面を見てみましょう。

正解

☗3一銀

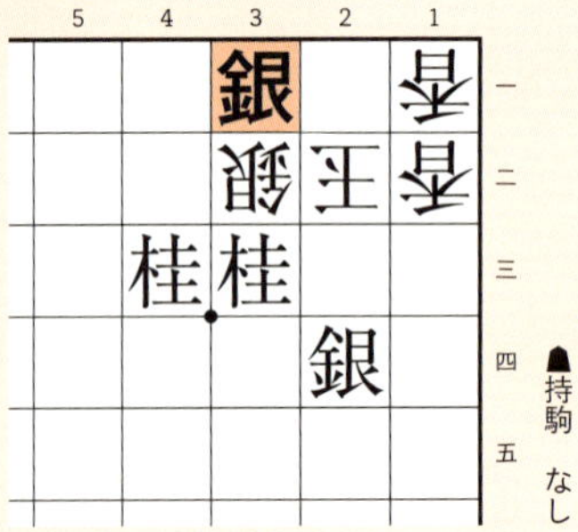

問題をよく見ると、逃げ道はありません。駒数が多くても、駒のききをしっかり確認して王手をかけましょう。

どんどん解こう！ 19

ヒント
歩は成れないけど…

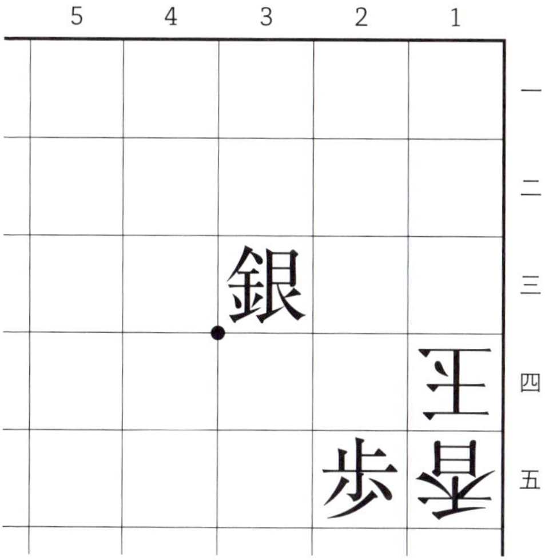

持駒　なし

できたら✓チェック

チャレンジ 1	チャレンジ 2	チャレンジ 3

どんどん解こう！ 20

ヒント
詰みの基本は頭金…っと

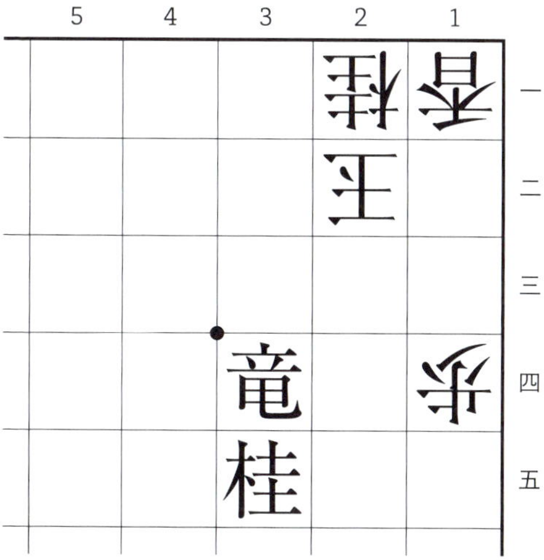

持駒　なし

できたら✓チェック

チャレンジ 1	チャレンジ 2	チャレンジ 3

どんどん解こう！ 19

あるある うっかり

失敗

不成は王手にならない

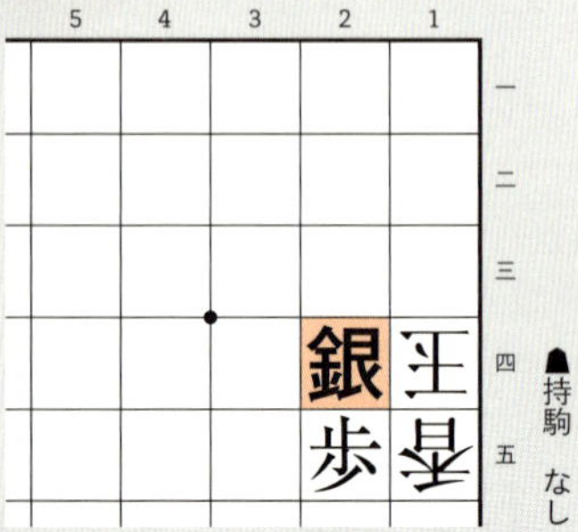

☗２四銀不成は王手でないので間違いです。詰め将棋では、王手以外の手は考えません。

正解

☗２四銀成

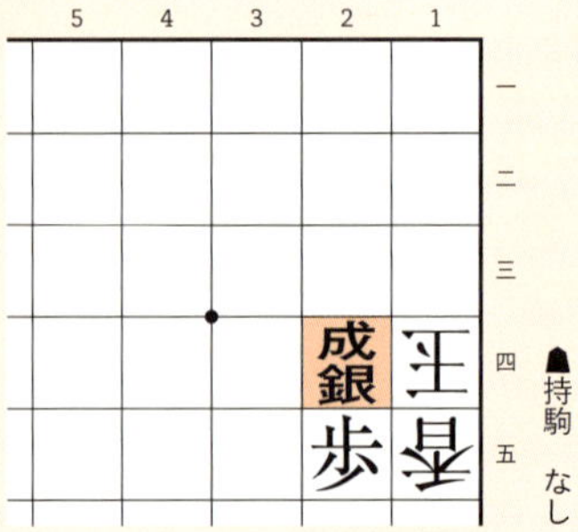

引きながら成って腹金の形で詰みました。２五の歩を取られないようにしながら王手をかけています。

どんどん解こう！ 20

あるある うっかり

失敗

竜が動くと逃げ道が！

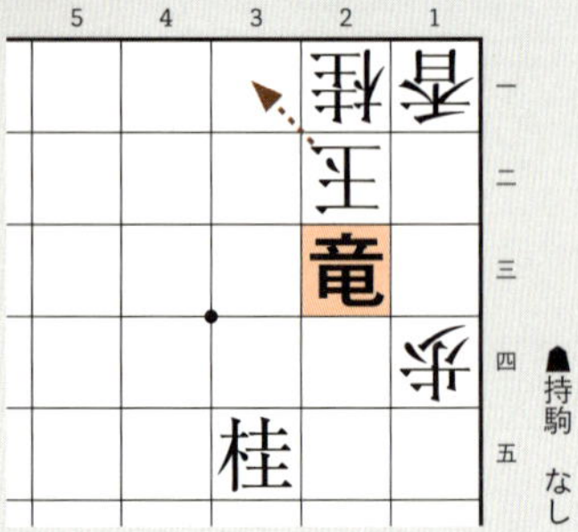

☗２三竜には☖3一玉があります。３筋に竜をきかせて逃げ道をふさいだまま、王手をしましょう。

正解

☗２三桂成

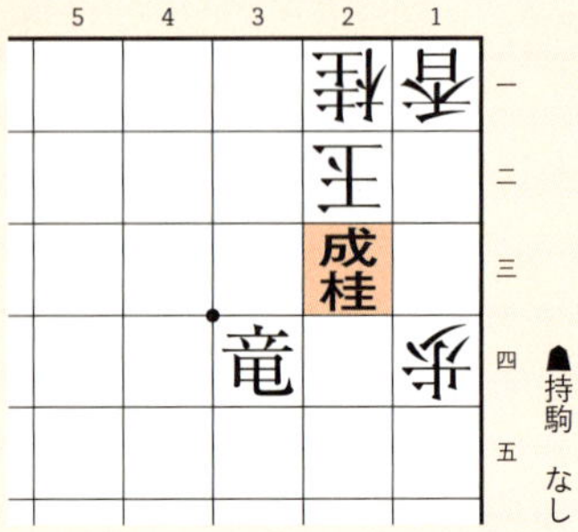

２三に桂馬を成りこんで頭金の詰みです。竜と桂馬がいいコンビネーションを発揮しています。

どんどん解こう！ 21

ヒント
香車と飛車のチームプレーで…

	5	4	3	2	1
一				v王	
二		金		v金	
三		v歩	v歩	v歩	
四					香
五					飛

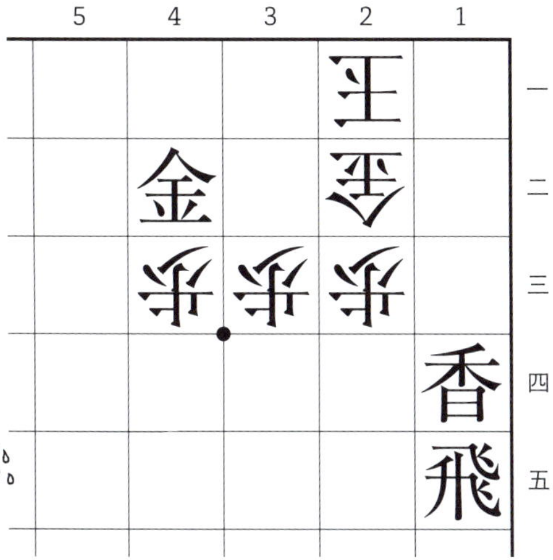

持駒 なし

できたら✓チェック	チャレンジ 1	✓	チャレンジ 2	✓	チャレンジ 3	✓

どんどん解こう！ 22

ヒント
金が2枚！ まっすぐ突き進む？

	5	4	3	2	1
一		v金	v王	v金	
二					飛
三			と		
四			香		
五					

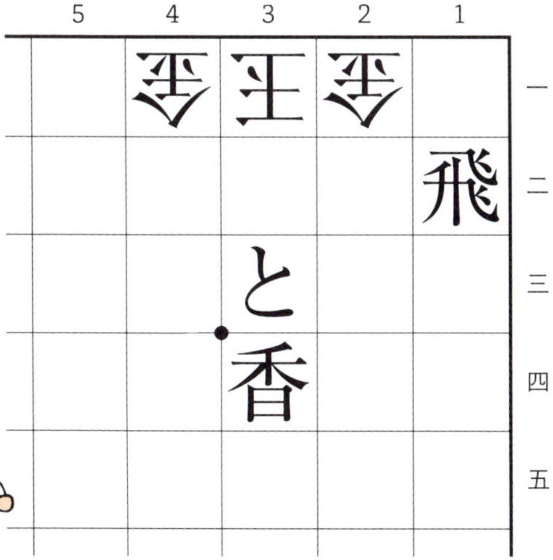

持駒 なし

できたら✓チェック	チャレンジ 1	✓	チャレンジ 2	✓	チャレンジ 3	✓

どんどん解こう！ 21

あるある うっかり

失敗 駒のききを確認！

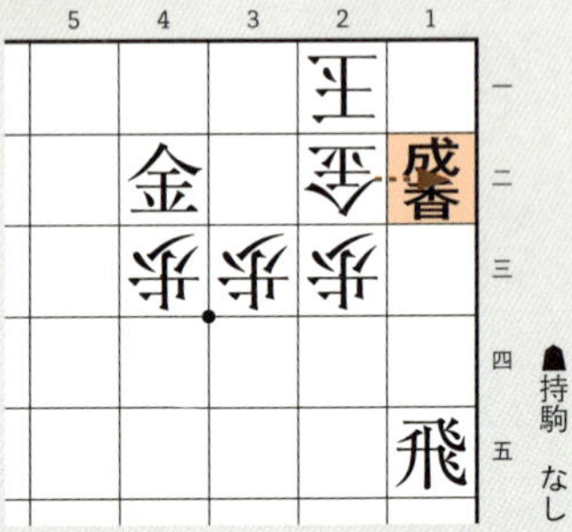

同じようでも、☗1二香成は☖同金があります。駒のききのあるところに成りこむと、取られてしまいます。

正解 ☗1一香成

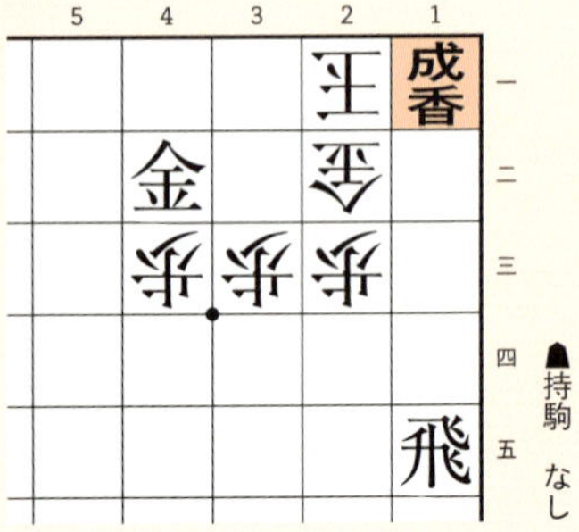

3筋には金がいるので逃げられません。となれば1筋から、効果的な王手をかけるだけで詰みました。

どんどん解こう！ 22

あるある うっかり

失敗 攻めの枚数が足りない

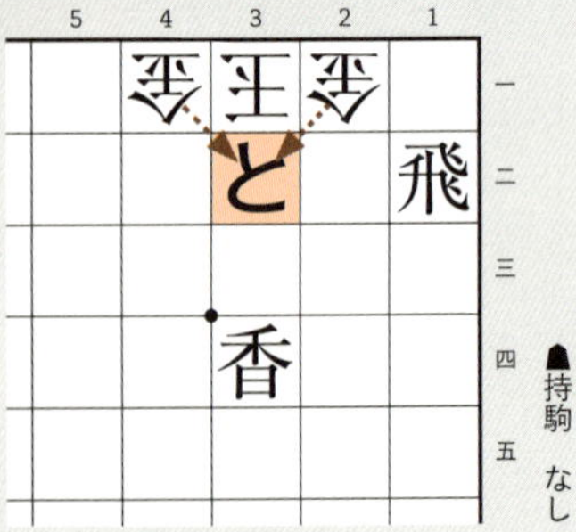

素直に☗3二と、とするのは、守り駒の枚数が多く詰みません。実際に並べて確認しましょう。

正解 ☗4二と

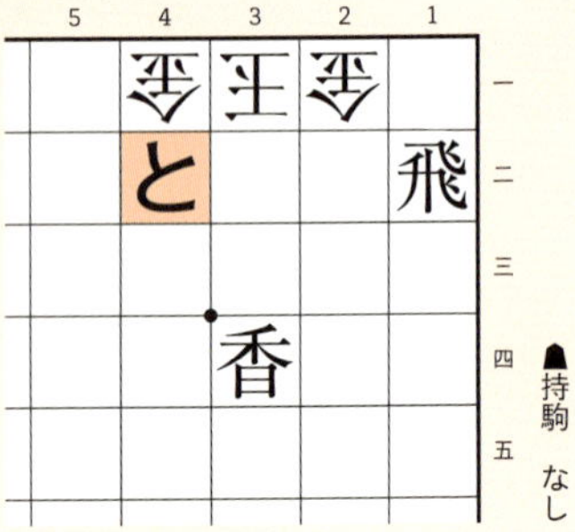

と金と香車で同時に2つの王手がかかる**両王手**の状態です。ふせぐ手がなく、これで詰みです。

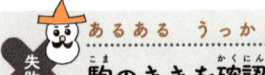

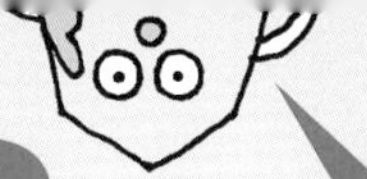

3日目 ポイント！

頭金と肩金のように上からおさえこんで詰ませること

得点

どうだった？　玉が一段目にいるときは、簡単に解けたはず。二段目や三段目にいると少し考えづらくなったかもしれないが、逃げ道を確認すれば、同じように頭金や肩金で詰む場合が多い。

ただ、駒を動かすことで逃げ道ができてしまったり、守り駒がきいているところに駒を打って取られてしまったり…。

慣れないうちは、間違えてしまうかもしれないが、そのときは解説をよく読んで理解しておこう。

今日はお疲れさま！　明日はもう少しだけ、むずかしくなるゾ

ミッション
Mission!!

4日目

レベル2 問題22傑

3日目のレベル1に続き、4日目はレベルをもう1段階アップさせたドリルだ。

今日は、詰みの基本である金を使った詰みを取り上げつつ、それぞれの駒ごとの個性的な動き方をいかす詰みも紹介するゾ。

たとえば、「成るべきか、成らないべきか」どちらがいいのかなどもしっかり考えて王手をかけよう。3日目の最後に出てきたような、両王手の問題もあるヨ。

3日目をクリアした君、自信を持って解いてみよう。

では、スタート!

どんどん解こう！ 1

ヒント
馬のききはどこだろう??

5	4	3	2	1	
		王			一
	金				二
			馬		三
					四
					五

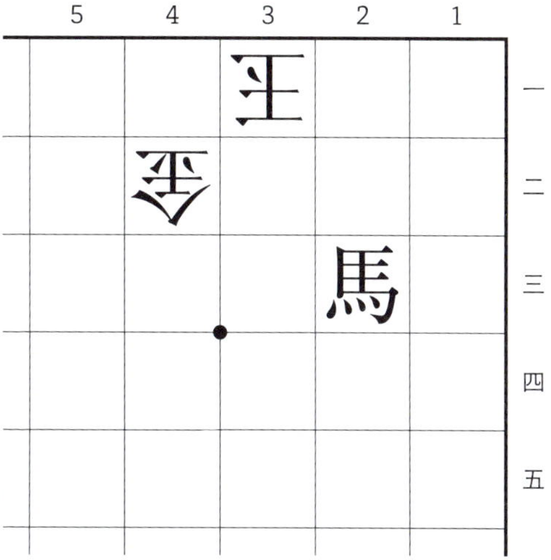

持駒 銀

できたら✓チェック

チャレンジ 1		チャレンジ 2		チャレンジ 3	
	✓		✓		✓

どんどん解こう！ 2

ヒント
どちらで王手をかけようか…

5	4	3	2	1	
				香	一
			王		二
			角	歩	三
			桂		四
					五

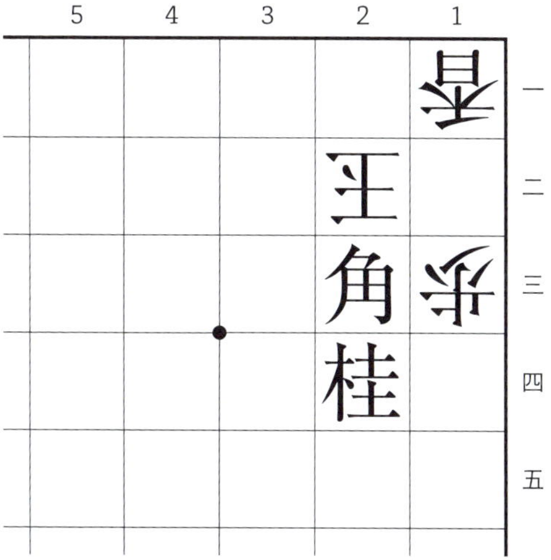

持駒 なし

できたら✓チェック

チャレンジ 1		チャレンジ 2		チャレンジ 3	
	✓		✓		✓

どんどん解こう！ 1

あるある うっかり

失敗

頭銀は失敗！

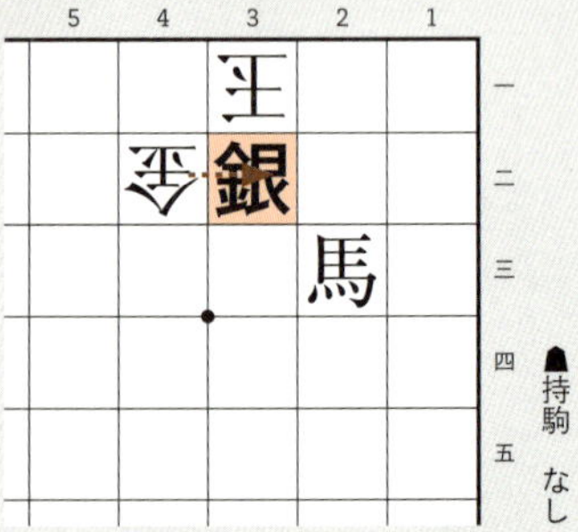

頭に打つのは基本ですが、相手の金がきいています。守り駒に取られてしまってはいけません。

正解

☗2二銀

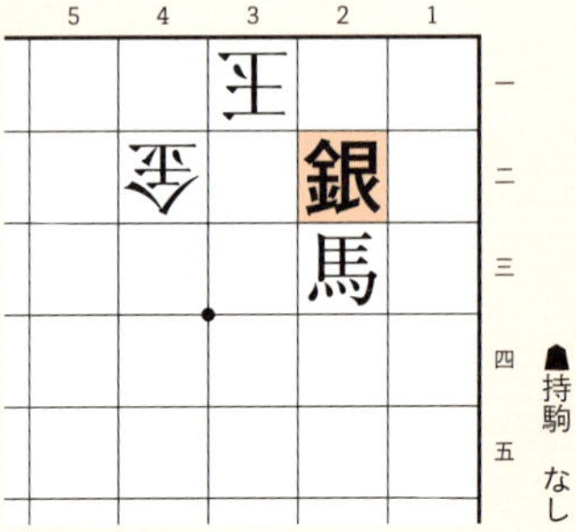

玉の肩から銀を打って詰みました。馬のききが4一の地点まで通っていて、逃げ道はありません。

どんどん解こう！ 2

あるある うっかり

失敗

金より馬が強力

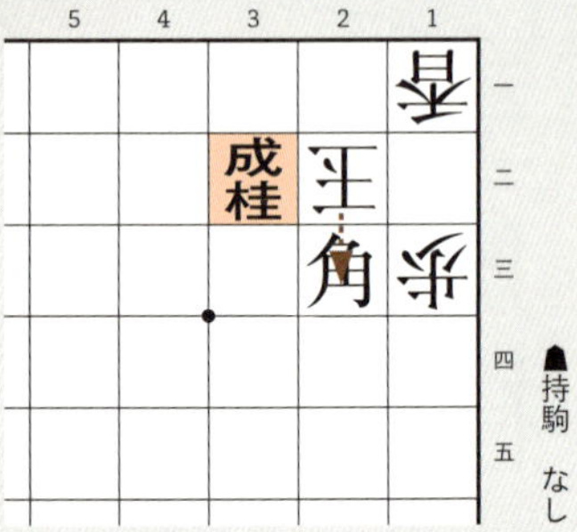

☗3二桂成も詰みそうですが、☖2三玉と角を取られます。成桂も金と同じで強力ですが、馬・竜はもっと強力です。

正解

☗3二角成

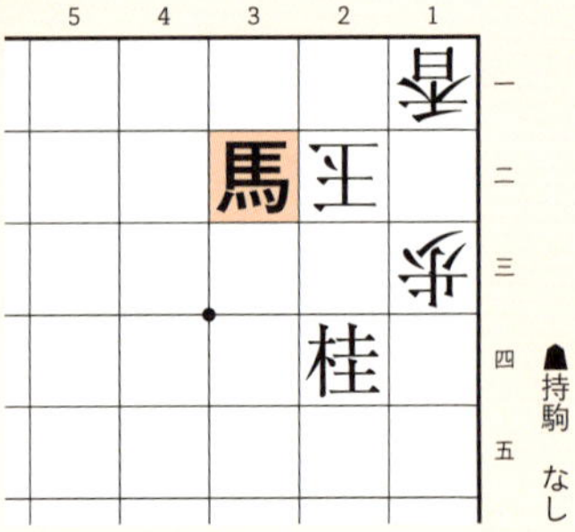

図のように角が成って詰みです。馬の全方向のききは強力です。1二には桂馬のききがありますね。

どんどん解こう！ 3

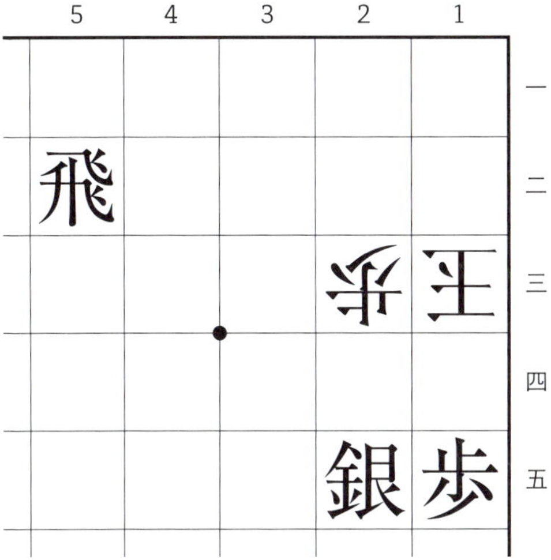

▲持駒　なし

ヒント
銀でいくか、歩でいくか…

できたら✓チェック

チャレンジ 1		チャレンジ 2		チャレンジ 3	

どんどん解こう！ 4

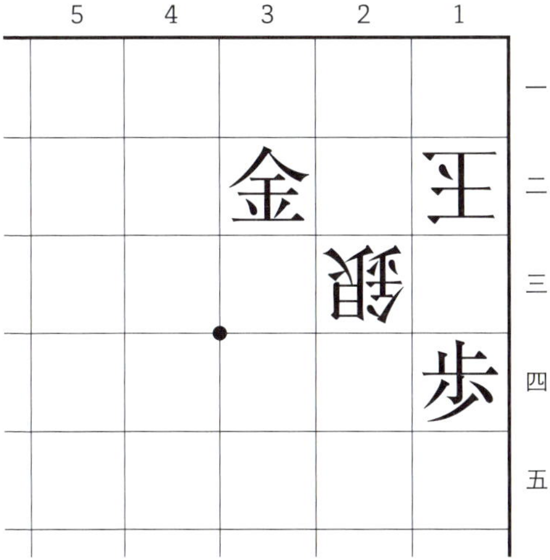

▲持駒　香

ヒント
1一に逃がさないように

できたら✓チェック

チャレンジ 1		チャレンジ 2		チャレンジ 3	

どんどん解こう！ 3

失敗 あるある うっかり

あせると逃げ道が！

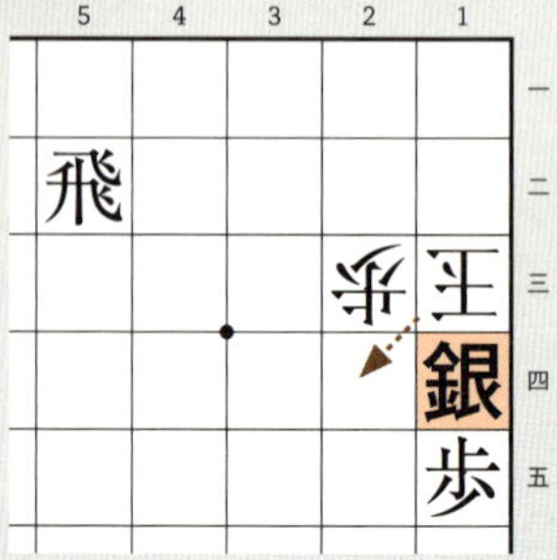

☗持駒 なし

頭銀！と☗1四銀とすると、☖2四玉で詰みません。銀の動きで、ヨコにいけない弱点が出てしまいました。

正解

☗1四歩

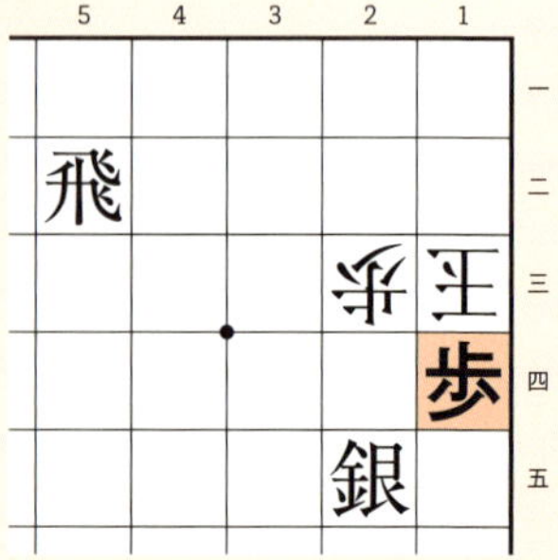

☗持駒 なし

じっと歩をひとつ突き出して「突き歩詰め」の形です。玉の逃げ道はありませんね。

どんどん解こう！ 4

失敗 あるある うっかり

支える駒が必要

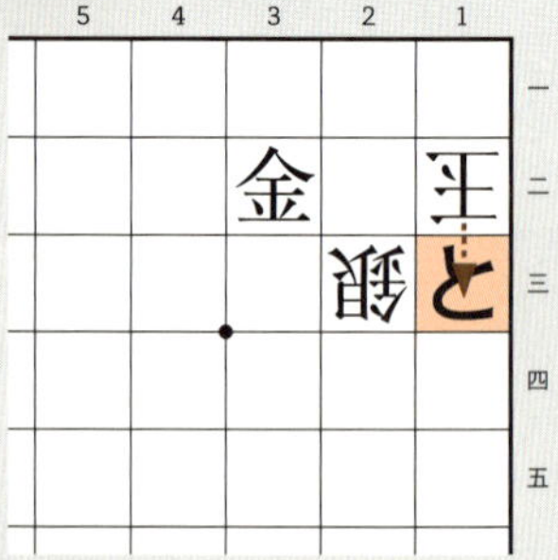

☗持駒 香

歩だけで☗1三歩成としても、☖同玉と取られて終わってしまいます。支える駒が必要でしたね。

正解

☗1三香

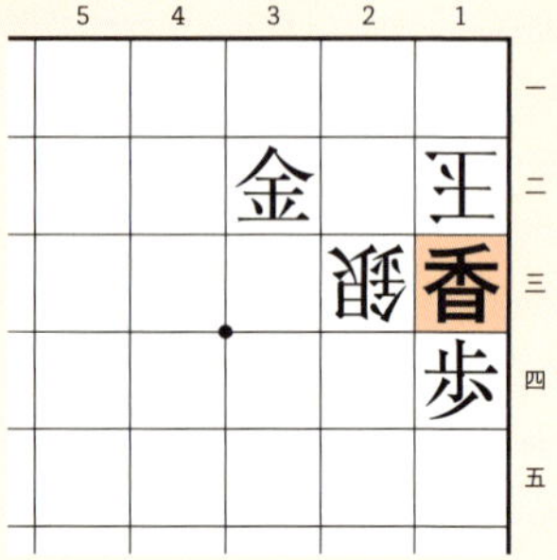

☗持駒 なし

☗1三香と打てば詰みです。香車がまっすぐきいているので1一にも逃げられません。

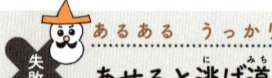

どんどん解こう！ 5

ヒント
歩も立派な駒だよ！

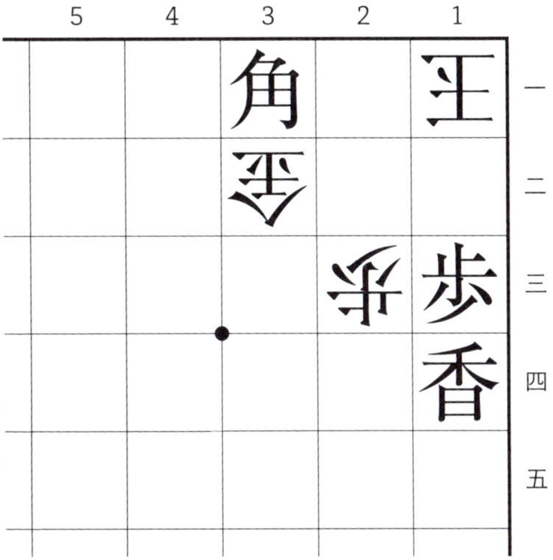

持駒　なし

できたら✓チェック

チャレンジ 1		チャレンジ 2		チャレンジ 3	

どんどん解こう！ 6

ヒント
銀の特技をいかそう！

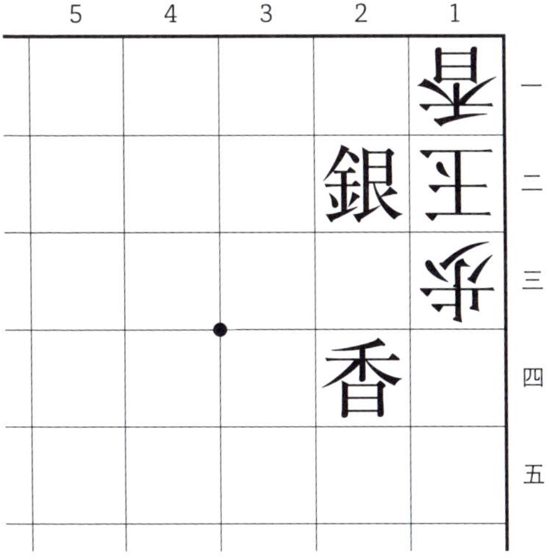

持駒　なし

できたら✓チェック

チャレンジ 1		チャレンジ 2		チャレンジ 3	

どんどん解こう！ 5

失敗 あるある うっかり

歩の不成はダメ！

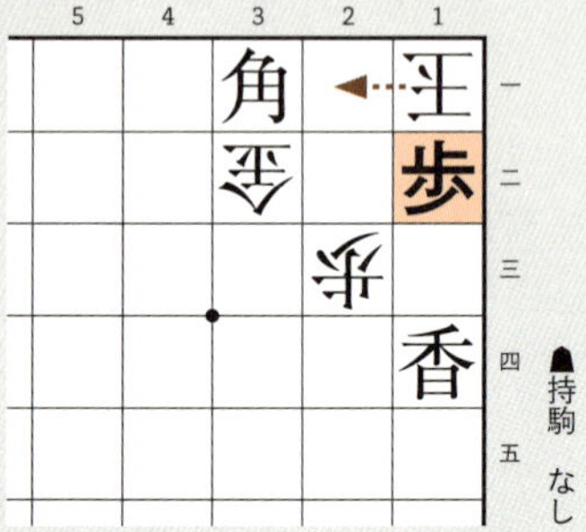

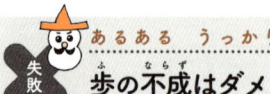

不成も王手ですが、2一に逃げられて詰みません。歩はかならず成って、ききを増やしましょう。

正解

☗1二歩成

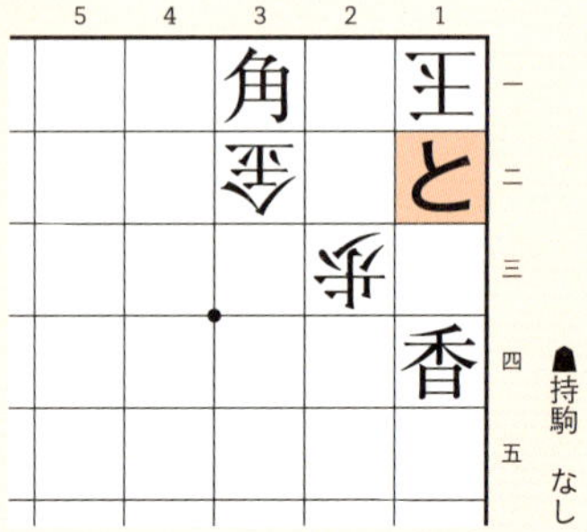

歩を成ると、詰みの基本の頭金がつくれることがわかりますね。ほかの駒には取られないので、詰みです。

どんどん解こう！ 6

失敗 あるある うっかり

王手の駒は守るべし！

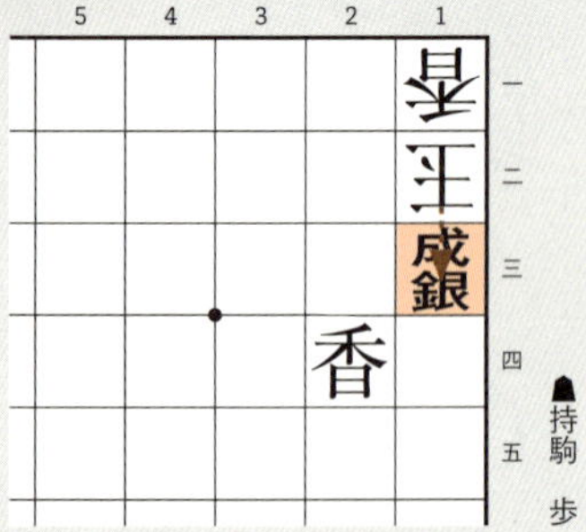

ほかの王手では、王手した駒を取られてしまいます。支える駒と協力して王手をかけることを意識しましょう。

正解

☗2一銀不成

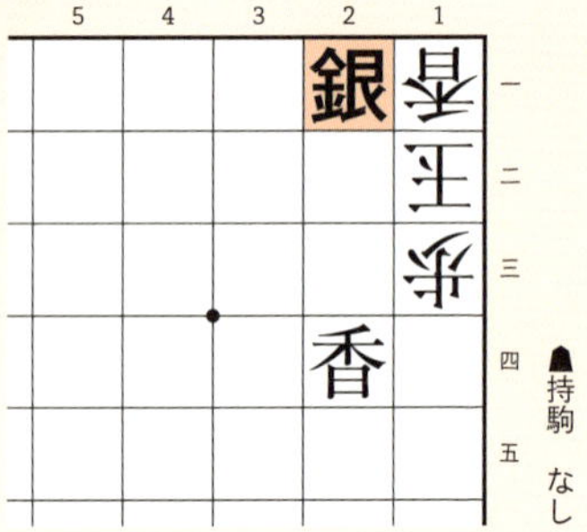

銀の後ろ斜めのききをいかした詰みの形です。香車がきいているので、玉はどこにも逃げられません。

どんどん解こう！ 7

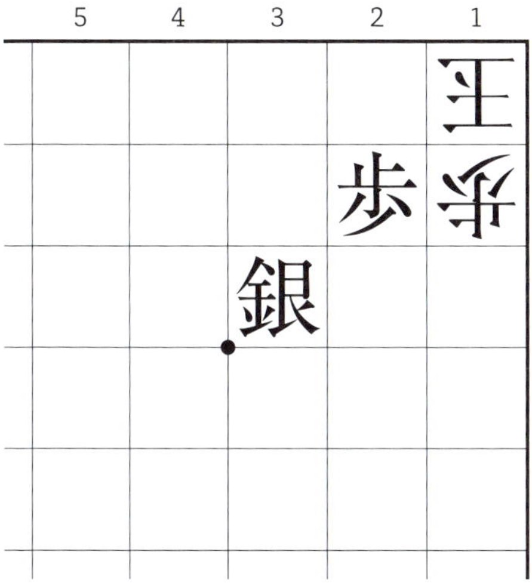

持駒 桂

ヒント 桂馬（けいま）の特殊（とくしゅ）な動（うご）き方（かた）をいかそう

できたら✓チェック	チャレンジ 1	チャレンジ 2	チャレンジ 3

どんどん解こう！ 8

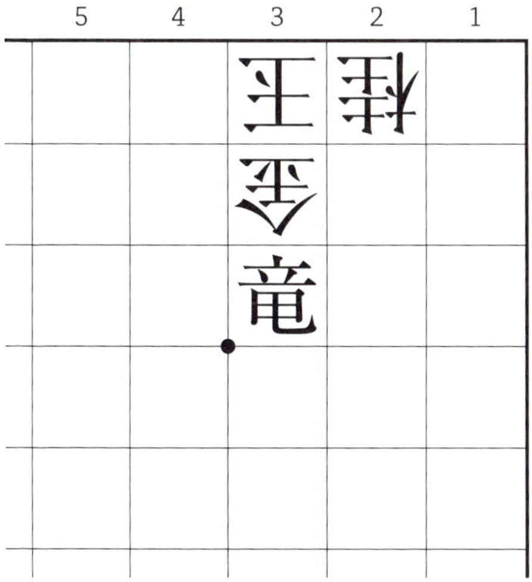

持駒 銀

ヒント 竜（りゅう）が強力（きょうりょく）なこの形（かたち）は！

できたら✓チェック	チャレンジ 1	チャレンジ 2	チャレンジ 3

失敗 あるある うっかり

王手だけではダメ

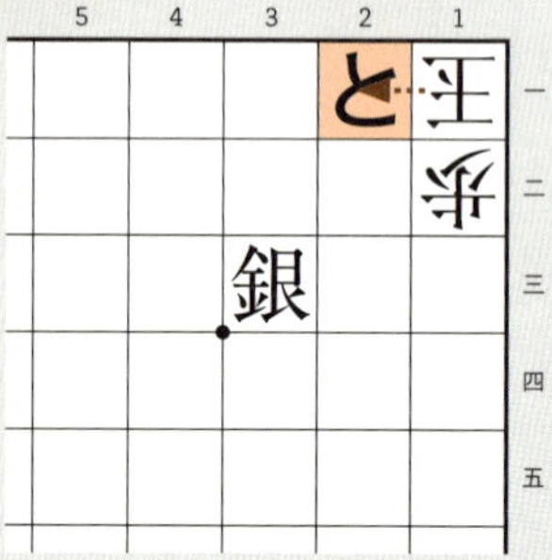

☗持駒 桂

☗2一歩成も王手ですが、☖同玉で続きません。将棋盤の上の駒も持駒も協力させて詰ませましょう。

正解

☗2三桂

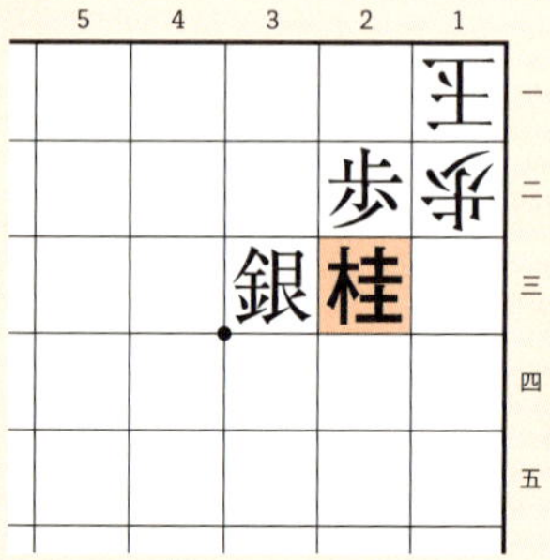

☗持駒 なし

桂馬で王手をかけて詰みです。銀や歩で逃げ道をふさいでいますね。駒を飛び越せる桂馬ならではの詰みです。

失敗 あるある うっかり

一間竜でも逃げ道注意

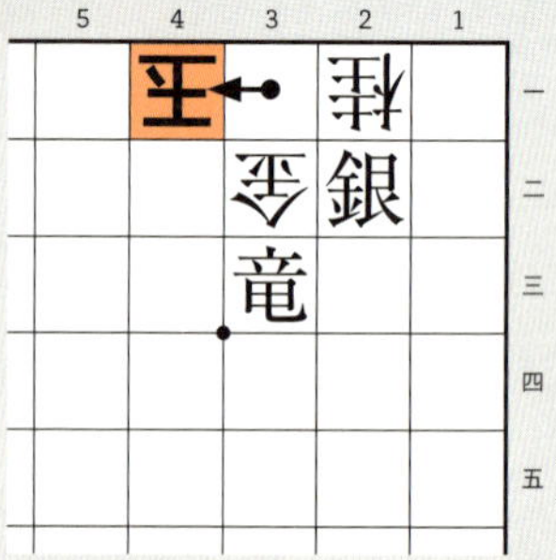

☗持駒 なし

☗2二銀は、☖4一玉の逃げ道があいています。逃げ道をふさぐことが詰みの基本です。

正解

☗4二銀

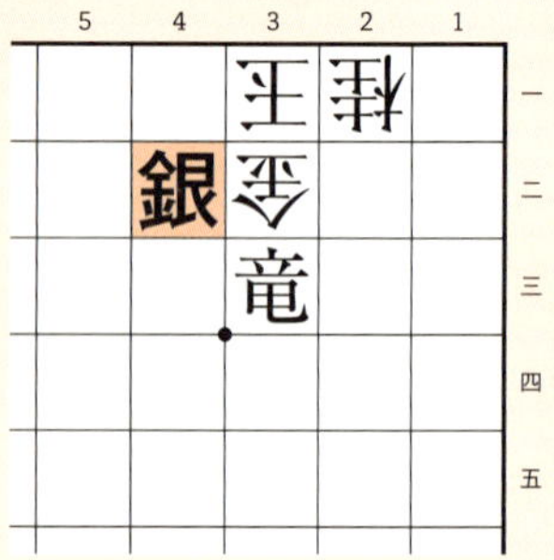

☗持駒 なし

一間竜の基本的な詰み形ですね。3二の金を動かすと玉を取られてしまうので、これで詰みです。

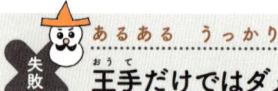

どんどん解こう！ 9

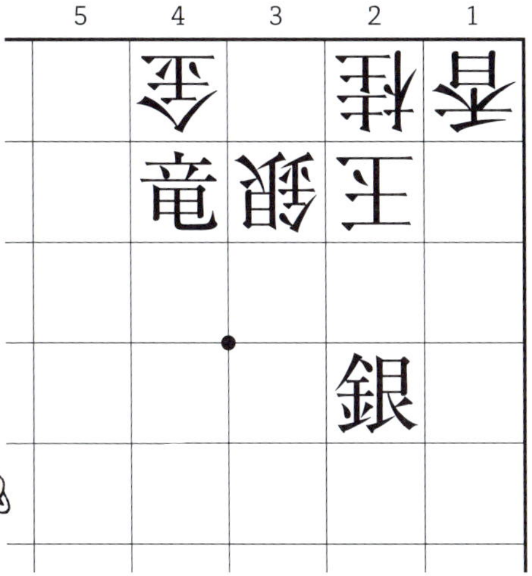

持駒 銀

ヒント
一間竜だ！ 今度はどうだろう？

できたら✓チェック

チャレンジ 1	チャレンジ 2	チャレンジ 3

どんどん解こう！ 10

持駒 銀

ヒント
銀の斜めの動きをいかそう！

できたら✓チェック

チャレンジ 1	チャレンジ 2	チャレンジ 3

どんどん解こう！ 9

失敗

あるある うっかり

守り駒に取られる

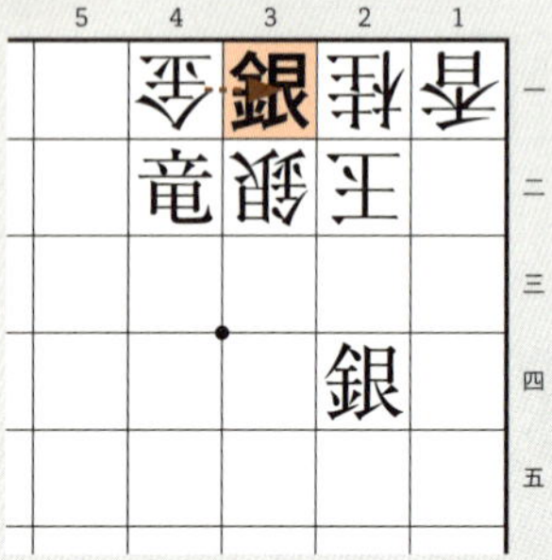

☗持駒 なし

☗３一銀と打ってしまうと、金に取られて失敗です。一間竜の形では、竜と玉の間以外の駒に注意しましょう。

正解

☗２三銀打

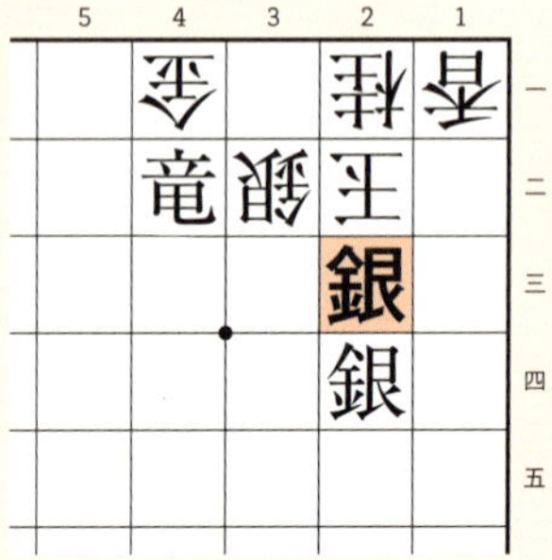

☗持駒 なし

☖同銀と取られそうですが、竜が間接的に玉をにらんでいます。この銀は取れずに詰みです。

どんどん解こう！ 10

失敗

あるある うっかり

取られちゃダメ！

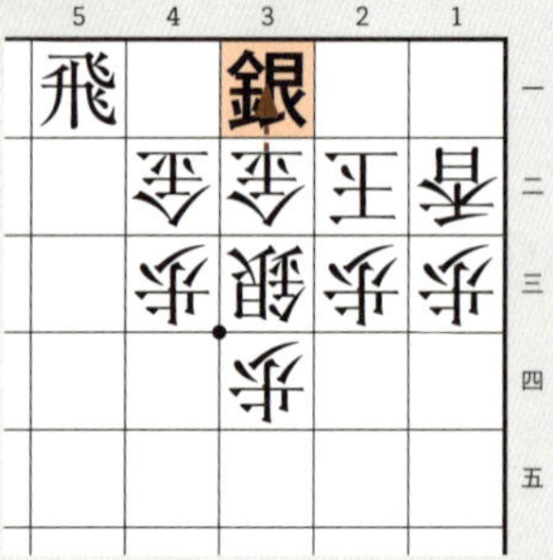

☗持駒 なし

☗３一銀は☖同金と取られてしまいます。どこに駒を打つかは、相手のスキを見きわめましょう。

正解

☗１一銀

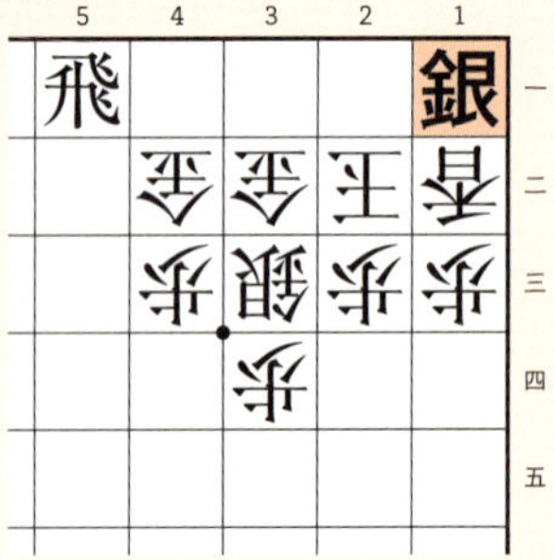

☗持駒 なし

飛車と銀で下から攻めて詰みました。たくさん守り駒があるようでも、ほとんど役に立っていませんね。

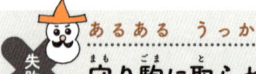

どんどん解こう！ 11

ヒント
3二に逃げられると困っちゃう…

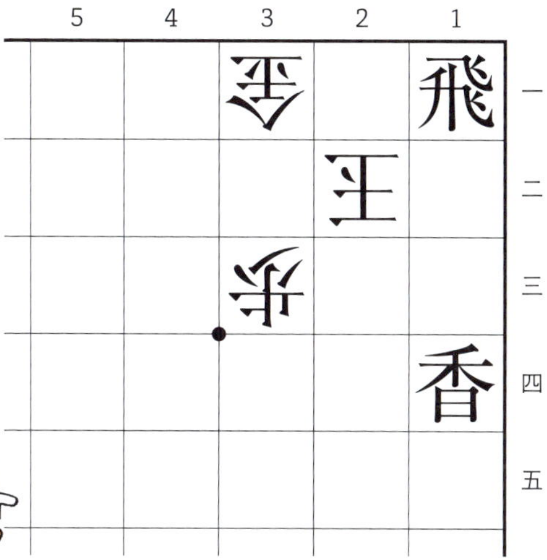

持駒　なし

できたら✓チェック

チャレンジ 1	チャレンジ 2	チャレンジ 3

どんどん解こう！ 12

ヒント
角をうまく使ってみよう

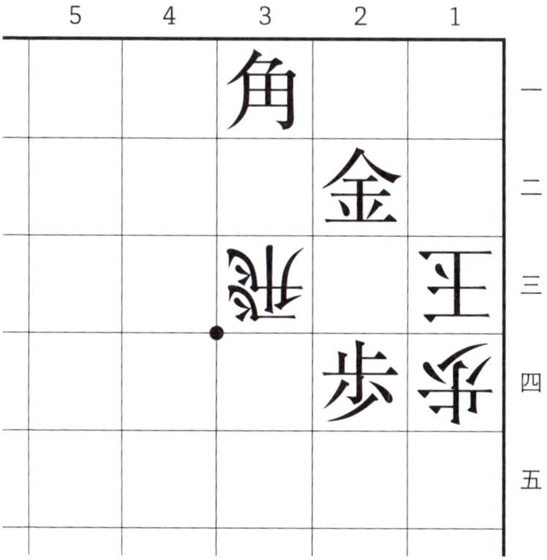

持駒　なし

できたら✓チェック

チャレンジ 1	チャレンジ 2	チャレンジ 3

どんどん解こう！ 11

失敗

あるある うっかり

香車よりも飛車を！

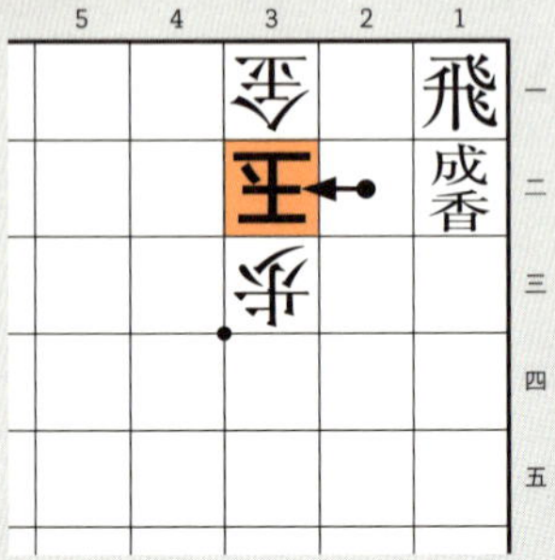

☗持駒 なし

☗1二香成は☖3二玉で失敗です。強力な飛車・竜を最大限働かせることを考えましょう。

正解

☗1二飛成

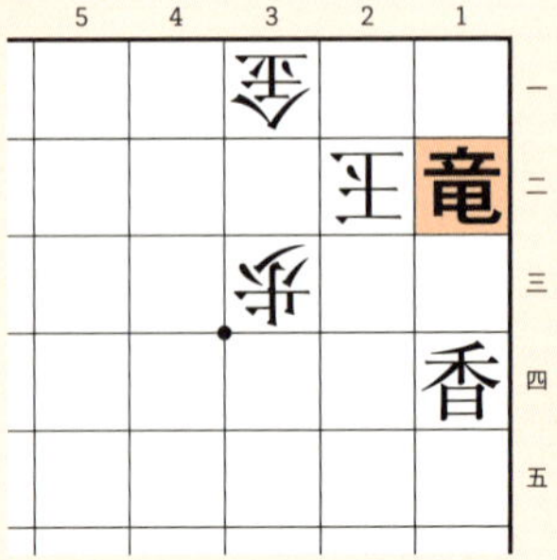

☗持駒 なし

飛車のききを最大限にいかす場所に成ることができました。竜がすべての逃げ道をふさいでいますね。

どんどん解こう！ 12

失敗

あるある うっかり

角の王手だけでは不安

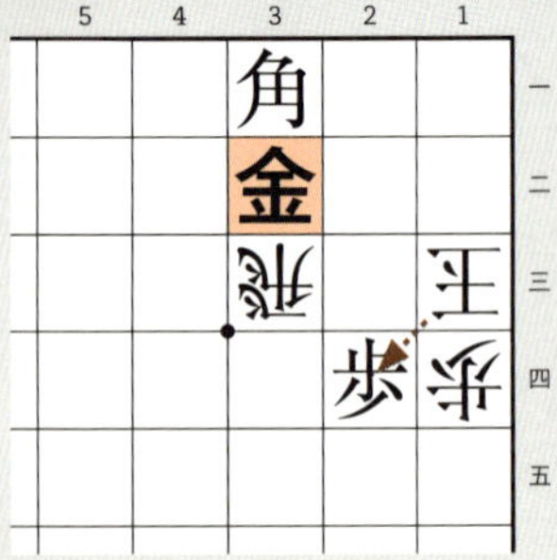

☗持駒 なし

☗3二金も角の王手はできますが、☖2四玉と逃げられてしまいます。強力な両王手をねらっていきましょう。

正解

☗2三金

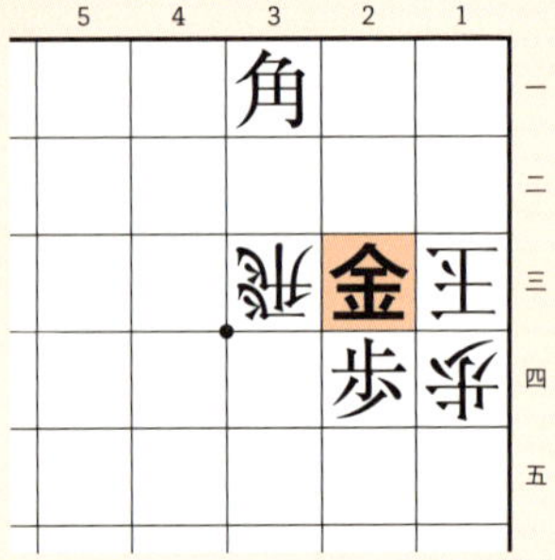

☗持駒 なし

金を引いて詰みです。☖同飛と取られそうですが、この瞬間3一の角が働いて両王手になっています。

どんどん解こう！ 13

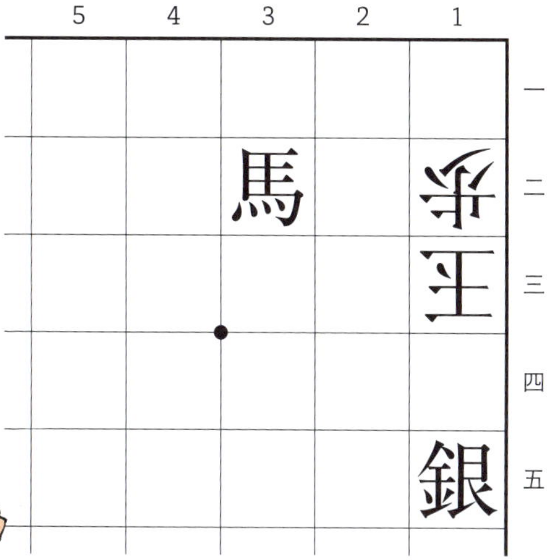

持駒 桂

ヒント
玉の逃げ道がなければ…

できたら✓チェック

チャレンジ 1		チャレンジ 2		チャレンジ 3	

どんどん解こう！ 14

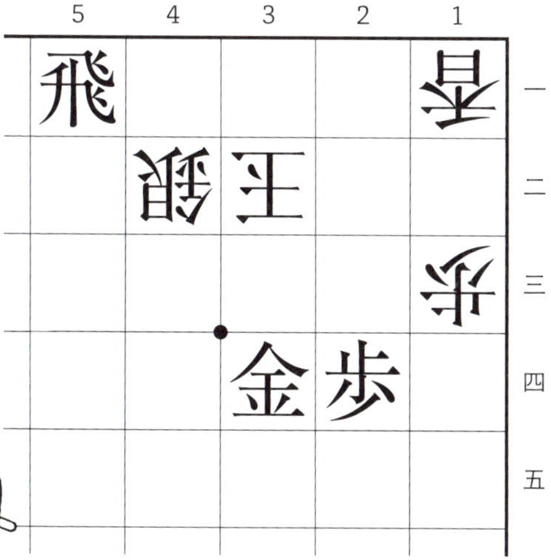

持駒 なし

ヒント
飛車が一段目にきいてるから…

できたら✓チェック

チャレンジ 1		チャレンジ 2		チャレンジ 3	

どんどん解こう！ 13

失敗 あるある うっかり

成れる位置はどこ！？

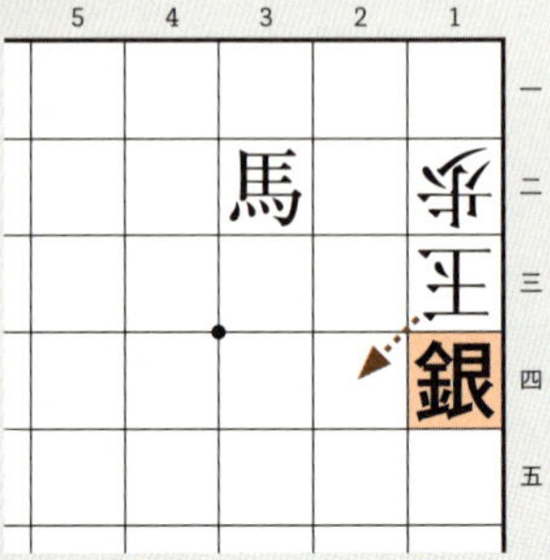

▲持駒 桂

銀が成れれば頭金で詰み…なのですが、▲1四銀では、まだ成れません。将棋盤に並べればすぐわかります。

正解

▲2五桂

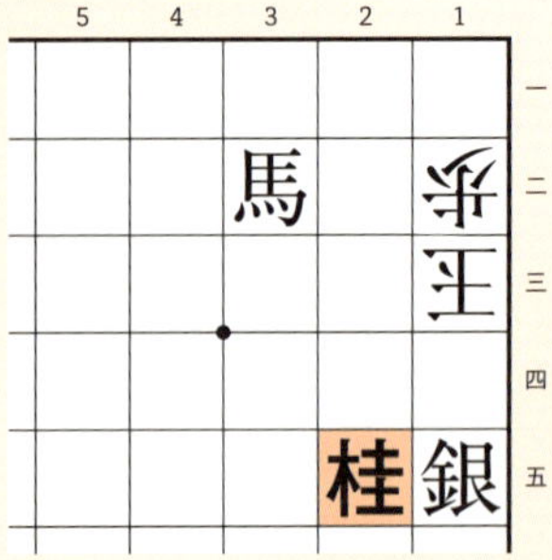

▲持駒 なし

よく見れば玉の逃げ道がありません。あとは、王手をかければ詰みですね。桂馬の特徴をいかした詰みです。

どんどん解こう！ 14

失敗 あるある うっかり

逃げ道を増やさない

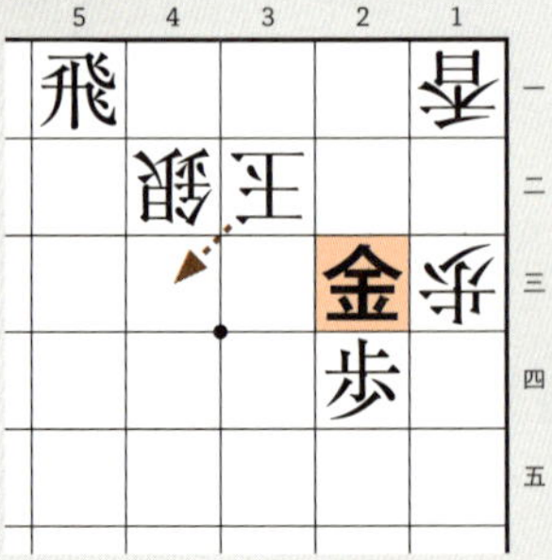

▲持駒 なし

▲2三金では、△4三玉と4筋方向に逃げられて捕まらなくなります。落ち着いて詰みを読みましょう。

正解

▲2三歩成

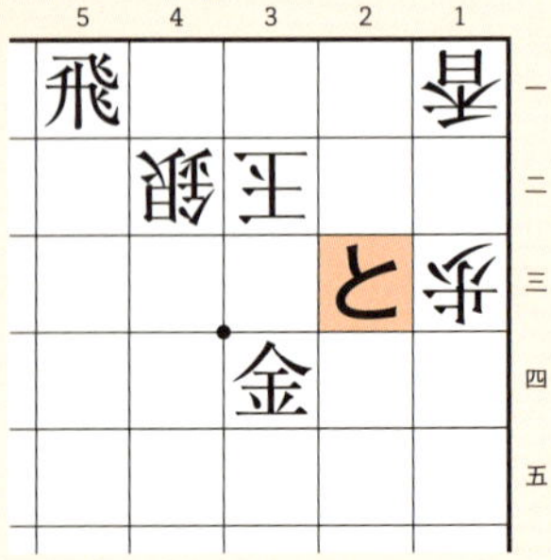

▲持駒 なし

と金をつくって、肩金の形になりました。飛車が一段目でいい働きをしていますね。

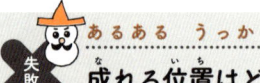

どんどん解こう！ 15

ヒント
飛車(ひしゃ)もうまく使(つか)って！

	5	4	3	2	1
一				桂	
二			桂	銀	
三	飛		銀	王	
四					
五				歩	香

持駒 なし

できたら✓チェック	チャレンジ 1	✓	チャレンジ 2	✓	チャレンジ 3	✓

どんどん解こう！ 16

ヒント
角(かく)が遠(とお)くからきいているネ

	5	4	3	2	1
一				銀	香
二				王	
三				銀	歩
四		桂			
五	角				

持駒 なし

できたら✓チェック	チャレンジ 1	✓	チャレンジ 2	✓	チャレンジ 3	✓

✕失敗 あるある うっかり

上に逃がすと失敗

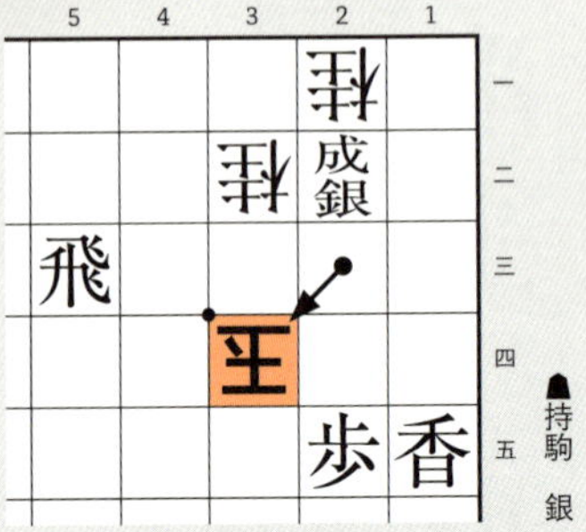

☗2二銀成の両王手は、☖3四玉と広いほうに逃げられて失敗です。

正解 ☗2四銀成

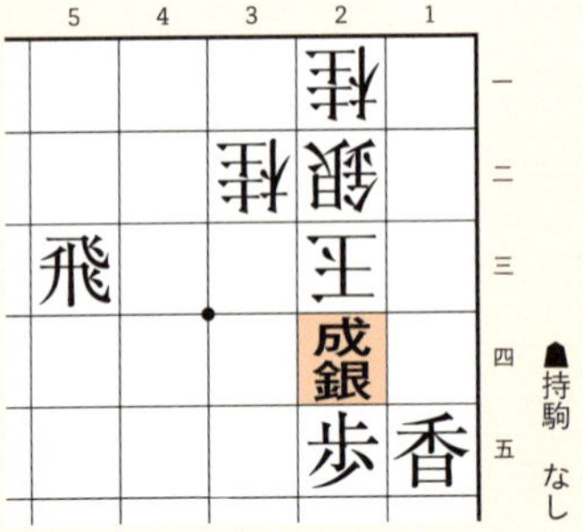

銀を成って頭金で詰みです。☖同桂としたいところですが、飛車でも王手になっていて、両方をふせげません。

✕失敗 あるある うっかり

駒を働かせよう

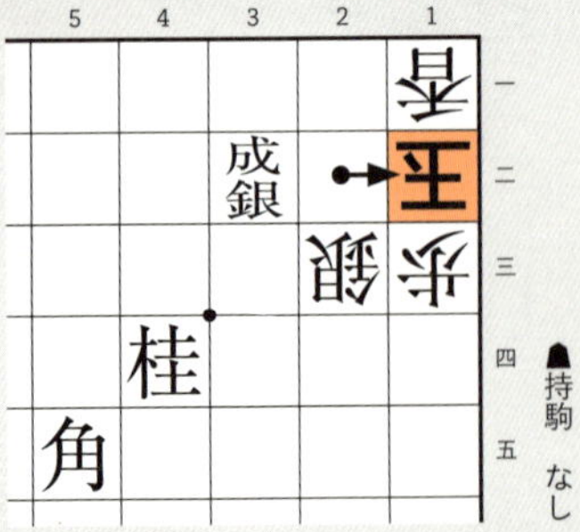

☗3二銀成は、☖1二玉と逃げられて王手が続きません。正解図と角の働きの違いを確認しましょう。

正解 ☗3二桂成

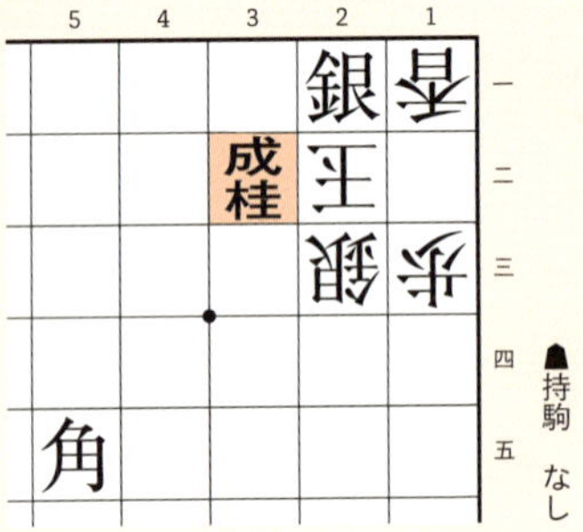

桂馬が成ったとき、5五の角も働いてきて両王手になりました。2つの王手で詰んでいます。

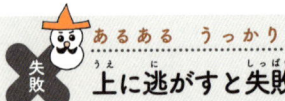

どんどん解こう！ 17

ヒント
飛車(ひしゃ)か角(かく)か、どっちを使(つか)おうか…

	5	4	3	2	1
一					v香
二		角		v王	
三				v銀	
四			飛	桂	
五					

☗持駒 なし

できたら✓チェック

チャレンジ 1		チャレンジ 2		チャレンジ 3	

どんどん解こう！ 18

ヒント
守(まも)りの飛車(ひしゃ)に要注意(ようちゅうい)！

	5	4	3	2	1
一			v飛	v桂	v香
二				v王	
三		竜			歩
四					
五					

☗持駒 桂

できたら✓チェック

チャレンジ 1		チャレンジ 2		チャレンジ 3	

あるある　うっかり

失敗

竜では届かない

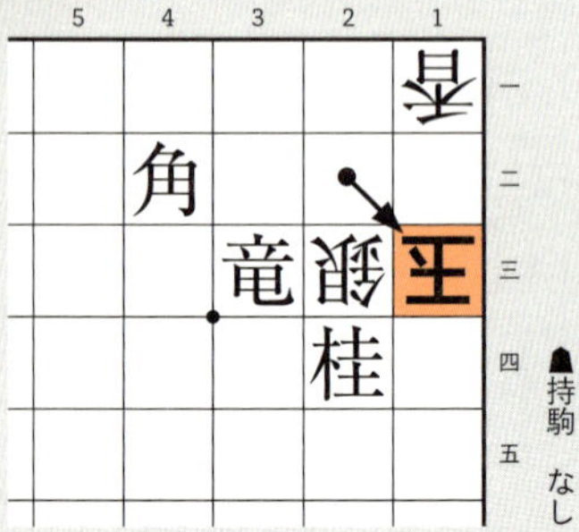

飛車を使うと、3一にも3三にも成れますが、どちらも△1三玉と逃げられてとどきません。

正解

▲3一角成

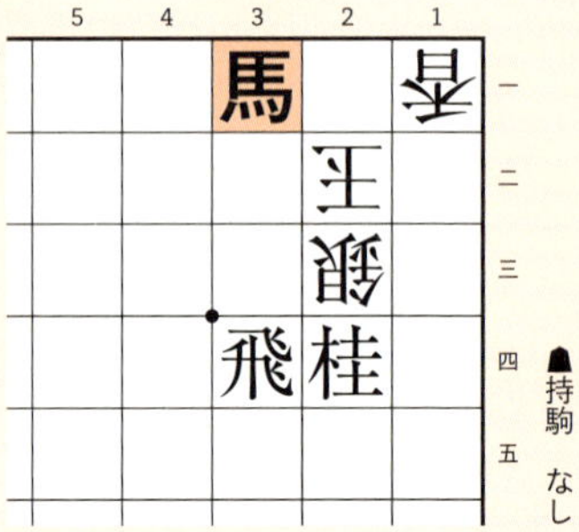

1三に逃がさないように角が成るのが正解です。2一への逃げ道もあわせてふさいでいますね。

あるある　うっかり

失敗

飛車のききに注意！

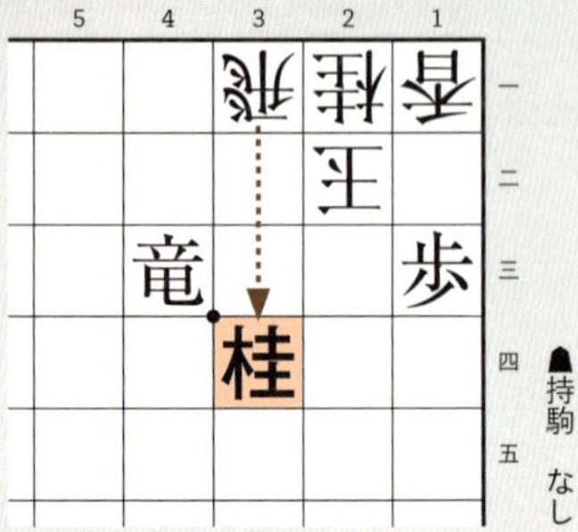

▲3四桂でもよさそうですが、飛車がきいていました！　取られてしまっては失敗です。

正解

▲1四桂

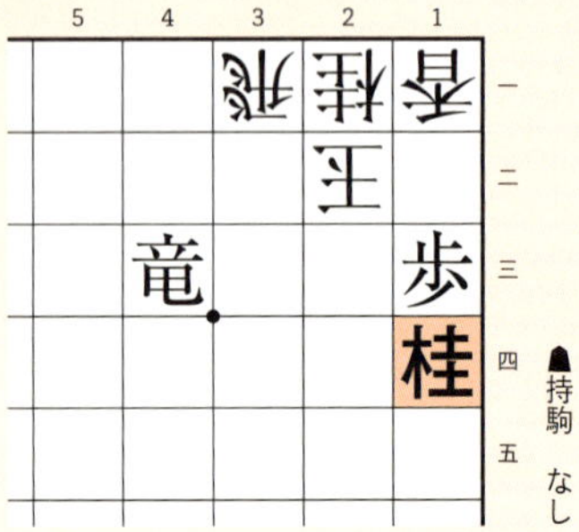

端から桂馬を打って詰みです。問題図で玉の逃げ道はないので、うまく王手をかければ詰みです。

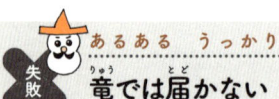

どんどん解こう! 19

ヒント
4四に逃げられちゃいそう!

	5	4	3	2	1
一			馬	桂	香
二		銀	角		
三			王		
四			歩		
五				香	

持駒 なし

できたら✓チェック

チャレンジ 1	チャレンジ 2	チャレンジ 3

どんどん解こう! 20

ヒント
飛車を取られないように

	5	4	3	2	1
一			王		
二			銀	飛	
三					
四		香	桂		
五					

持駒 なし

できたら✓チェック

チャレンジ 1	チャレンジ 2	チャレンジ 3

どんどん解こう！ 19

失敗 あるある うっかり

広いほうへ逃げられる！

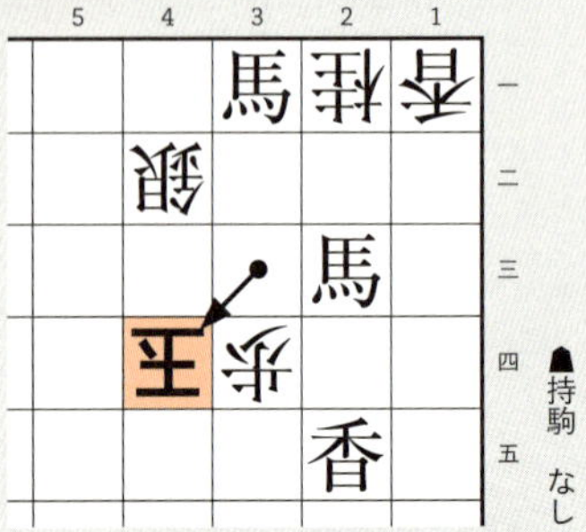

☗2三角成と馬をもうひとつつくるのは、4四に逃げられて失敗です。斜め後ろのききは考えづらいので注意です。

正解 **☗2二馬**

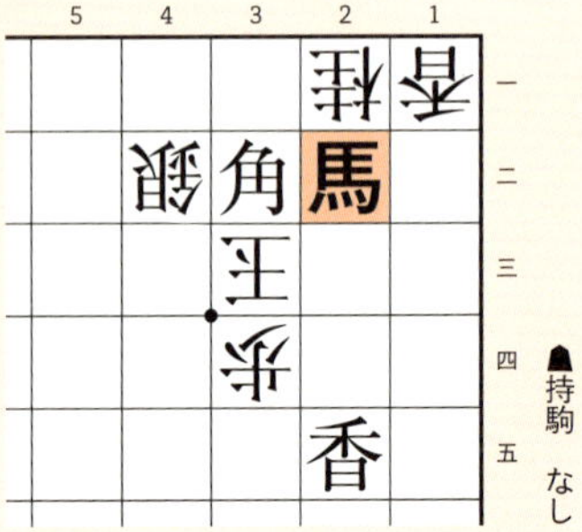

馬を引いて詰みです。4四の地点には、馬のききがあって逃げることができません。

どんどん解こう！ 20

失敗 あるある うっかり

自分の駒も守ろう！

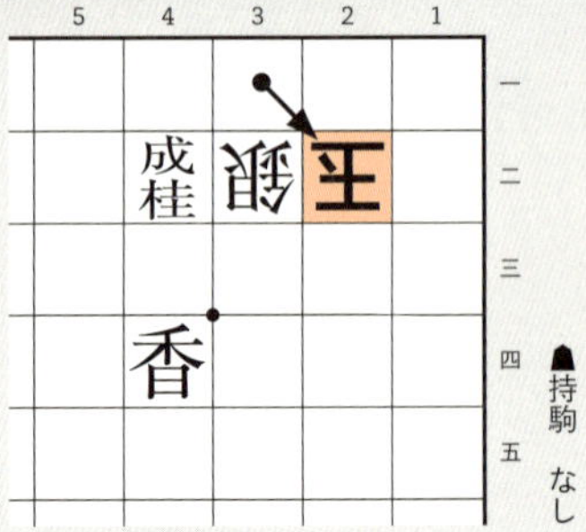

桂馬でも同じようですが、☖2二玉と飛車を取られてしまいます。玉と接する駒はほかの駒で守ってあげないといけません。

正解 **☗4二香成**

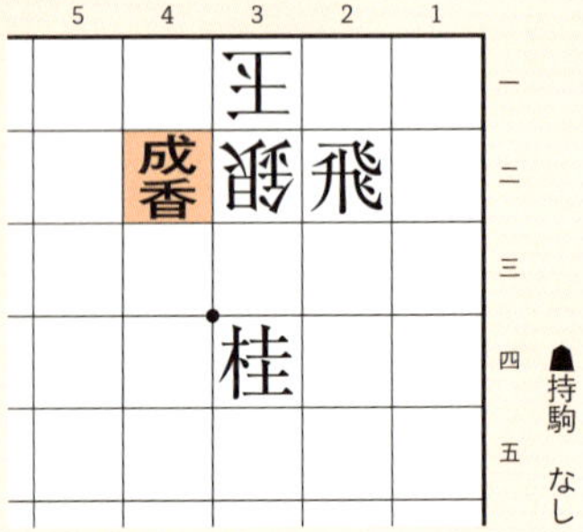

香車を成るのが正解です。これも肩金の形ですね。飛車は2一の地点の逃げ道をふさいでいます。

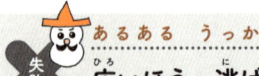

どんどん解こう！
21

ヒント
どっちに角を打とうかなぁ～

5	4	3	2	1	
			桂		一
			王		二
		飛		香	三
					四
					五

持駒 角

できたら✓チェック
チャレンジ 1 / チャレンジ 2 / チャレンジ 3

どんどん解こう！
22

ヒント
自分の玉を取られないようにネ

5	4	3	2	1	
飛					一
		王			二
					三
		歩			四
		玉	桂	飛	五

持駒 なし

できたら✓チェック
チャレンジ 1 / チャレンジ 2 / チャレンジ 3

あるある　うっかり

失敗

駒を取られないように！

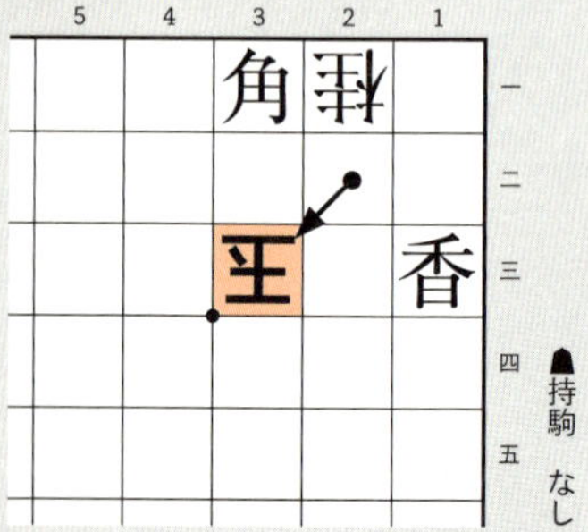

☗3一角は☖3三玉と飛車を取られて失敗です。玉の逃げ道を見るときには、駒を取る手も考えましょう。

どんどん解こう！ 21

正解

☗1一角

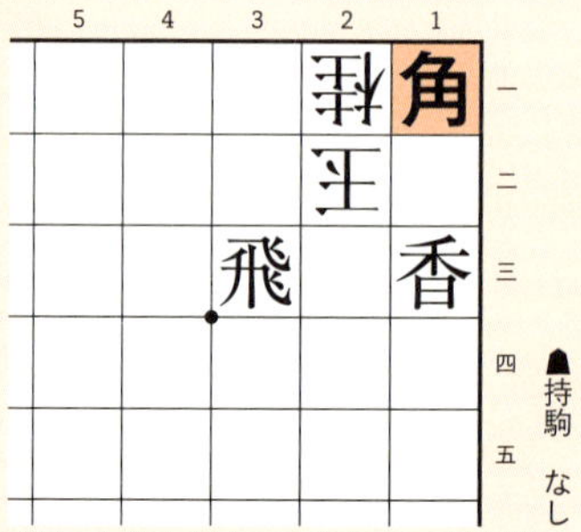

1一から角を打ち、3三の飛車に間接的にきかすのがポイントです。後手は飛車を取れません。

あるある　うっかり

失敗

玉を取られてはダメ！

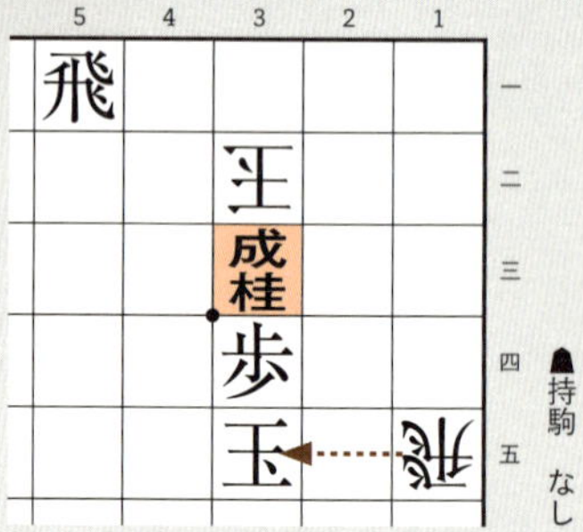

☗3三桂成でも頭金で詰み…と思えますが、すぐに自分の玉を取られるので、「**王手放置**」の反則負けです。

どんどん解こう！ 22

正解

☗3三歩成

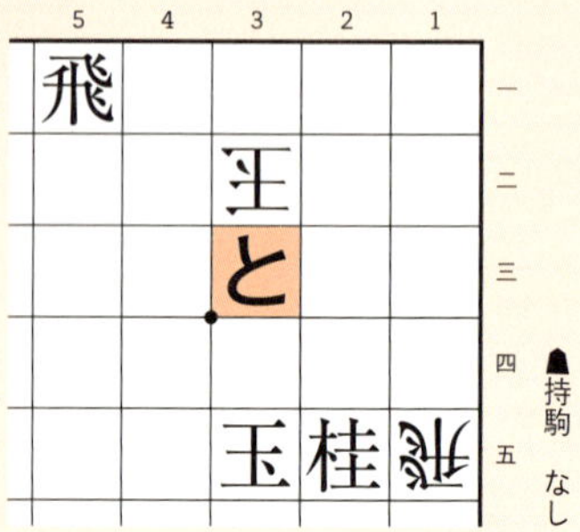

歩を成って頭金の詰みです。自分の玉がある問題を「**双玉問題**」といい、注意が必要です。

4日目 ポイント！

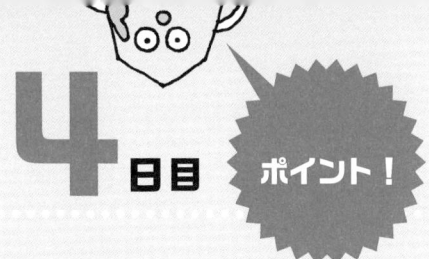

玉に接する駒にはかならず守りの駒をつけること

得点

20問以上

15問以上

10問以上

君は何問解けたかな??

玉は全方向に動けるので、玉に接している駒はすべて取られる可能性がある。これをふせぐには

▼守りの駒がついていること

▼動かしたときに守りの駒がはずれてしまわないこと

この2点に気をつけよう。

それから銀の王手や肩金の王手の形では、斜めに玉が逃げ出すことが多い。逃げ道を確認するとき「斜めは大丈夫か」という視点で見ると、「あー、逃げられた！」という思いをすることが減るゾ。

玉が逃げ出す問題が多く出たネ

ミッション
Mission!!

5日目

レベル3 問題22傑

5日目のドリルは、大駒を使う問題を多めに用意したゾ。
一間竜にはじまり、空き王手や両王手など、詰ませるために有効な大駒の使い方を覚えよう。

攻めの駒のききはどこか、守りの駒のききはどこか、王手をかける前にしっかり考えて詰ませていこう。

後半になるにつれてむずかしくなっていくと思うけど、すべての問題で正解できるように、特訓だ!!

では、スタート!

どんどん解こう！ 1

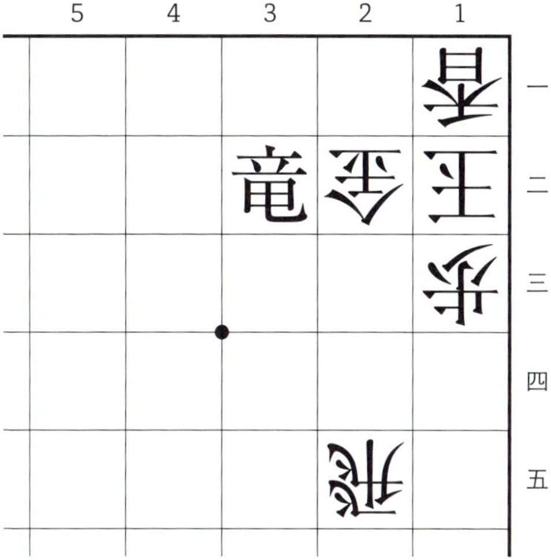

持駒　銀

ヒント
銀(ぎん)をどっちに打(う)とうかな…

できたら✓チェック	チャレンジ 1		チャレンジ 2		チャレンジ 3	

どんどん解こう！ 2

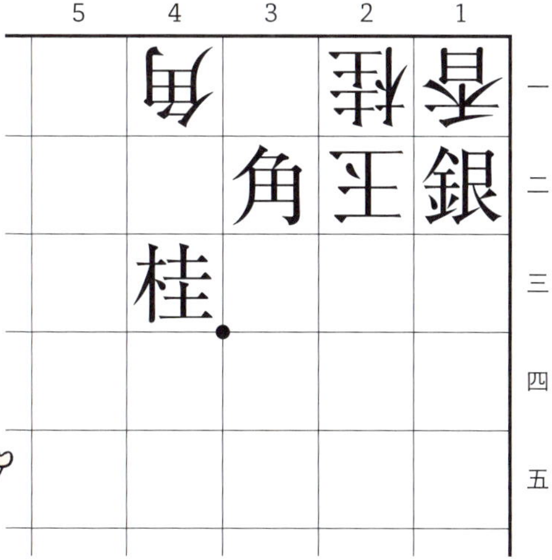

持駒　なし

ヒント
頭金(あたまきん)？ それとも馬(うま)をつくる？

できたら✓チェック	チャレンジ 1		チャレンジ 2		チャレンジ 3	

どんどん解こう！ 1

あるある　うっかり

失敗

守り駒は金だけ？？

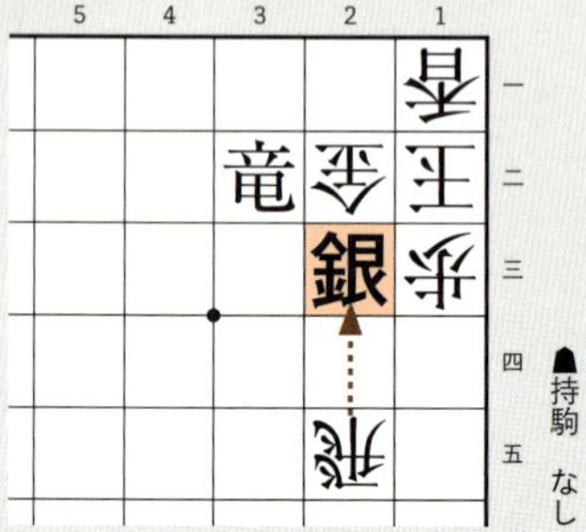

☗2三銀も同じようですが、☖同飛がありますね。飛車の遠くからの守りは見逃しがちなので注意が必要です。

正解

☗2一銀

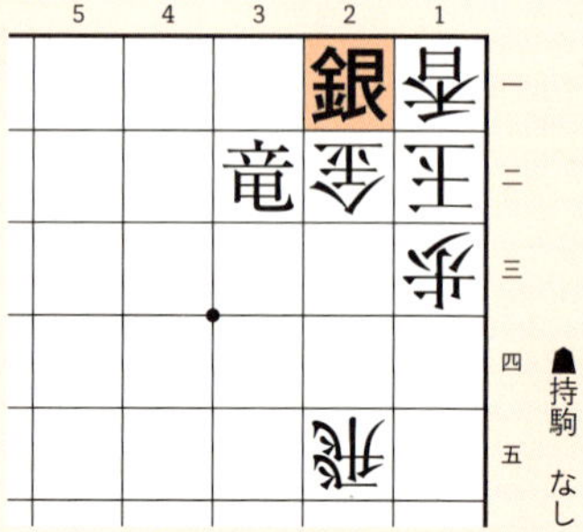

下から打つのが正解です。竜がきいていて、☖同金とはできませんね。

どんどん解こう！ 2

あるある　うっかり

失敗

角の守りに注意

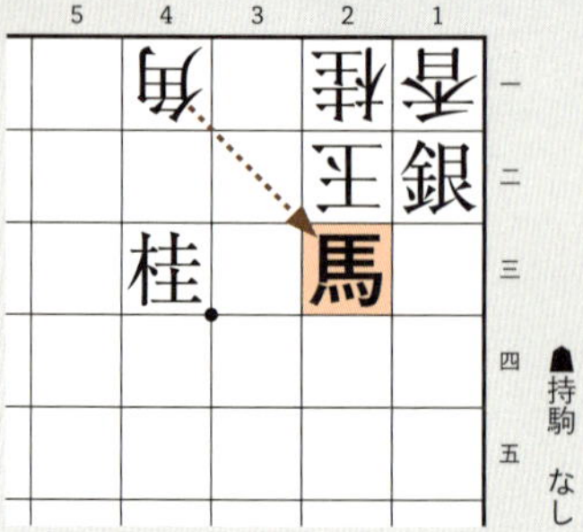

☗2三角成も同じように見えますが、4一の角の守りがあります。守り駒が活躍しないように攻めましょう。

正解

☗2三銀成

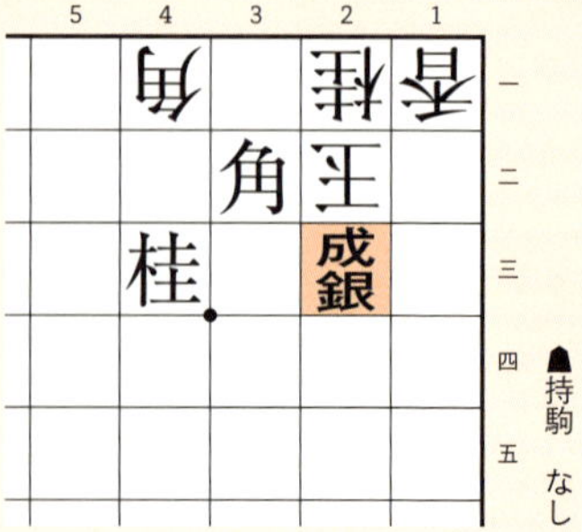

銀を成って頭金の形をつくるのが正解です。3一の地点は桂馬がきいていますね。

どんどん解こう! 3

ヒント
大駒2枚で詰ませにいくぞ!

	5	4	3	2	1	
		飛			香	一
				王		二
		角	銀		歩	三
			歩	歩		四
						五

持駒 なし

できたら✓チェック

チャレンジ 1	チャレンジ 2	チャレンジ 3

どんどん解こう! 4

ヒント
馬、飛どっちを動かす?

	5	4	3	2	1	
			金	王		一
					飛	二
			馬		飛	三
						四
						五

持駒 なし

できたら✓チェック

チャレンジ 1	チャレンジ 2	チャレンジ 3

どんどん解こう！ 3

失敗

あるある　うっかり

逃げ道をつぶそう！

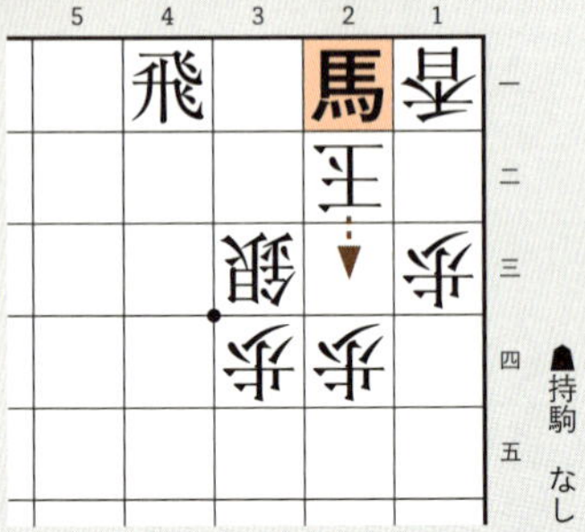

☗2一角成は、☖2三玉と逃げられて失敗します。大駒のききを最大限にいかして詰ませましょう。

正解

☗2一飛成

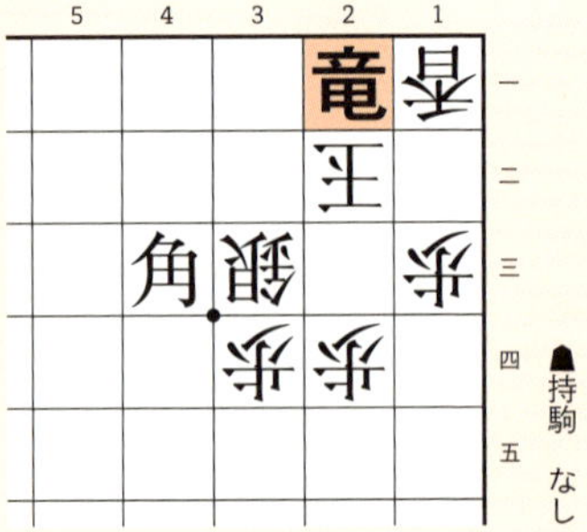

飛車が成るのが正解です。2三の地点に逃がさないことがポイントでした。

どんどん解こう！ 4

失敗

あるある　うっかり

大駒にも要注意！

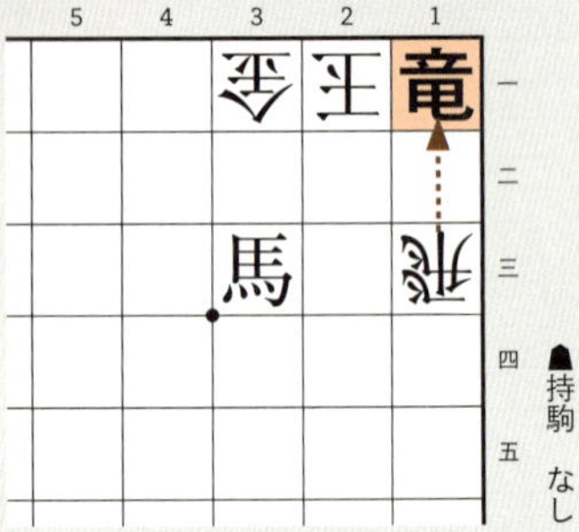

☗1一飛成もよさそうですが、☖同飛と取られて詰みません。守り駒としての大駒にも注意が必要です。

正解

☗1一馬

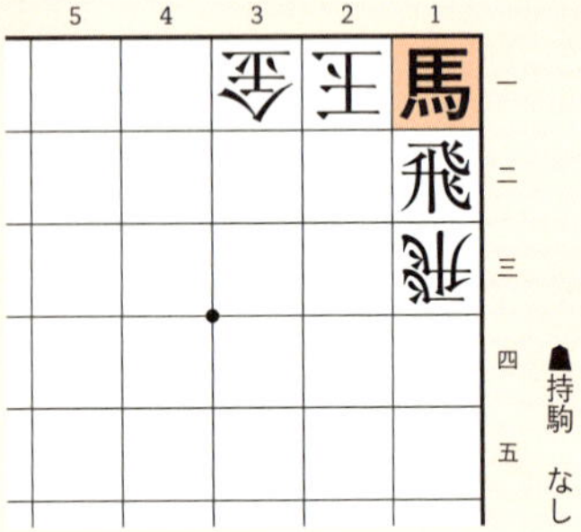

馬でも飛車でも逃げ道をふさいでいますが、馬が入るのが正解です。ほかの駒に取られませんね。

どんどん解こう！ 5

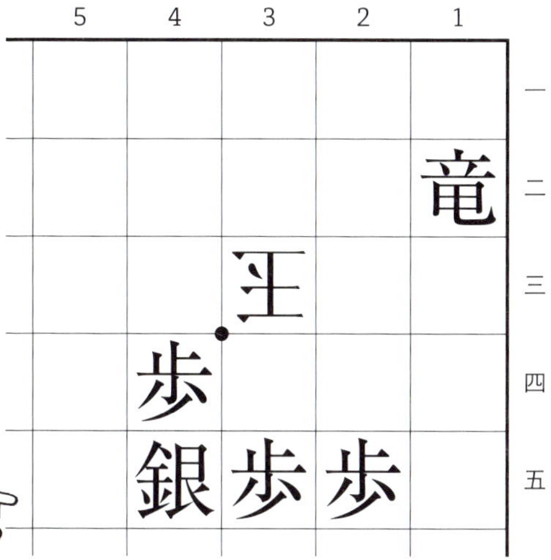

持駒 なし

ヒント どの駒で王手をかけようかな？

できたら✓チェック

チャレンジ 1		チャレンジ 2		チャレンジ 3	

どんどん解こう！ 6

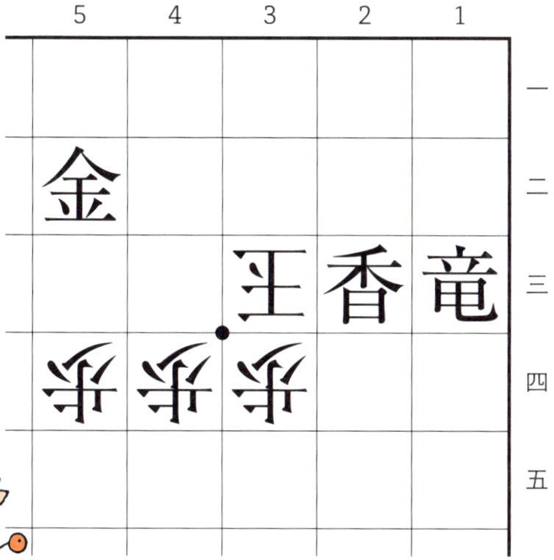

持駒 なし

ヒント 竜をうまく使って詰ませたいなぁ…

できたら✓チェック

チャレンジ 1		チャレンジ 2		チャレンジ 3	

失敗 あるある うっかり

銀のヨコのマスは逃げ道

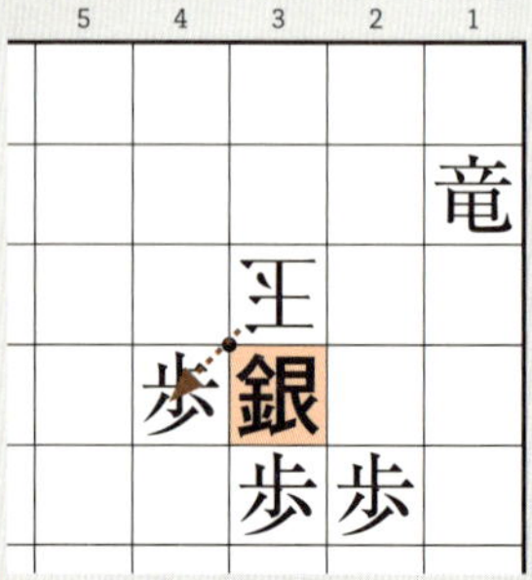

☗持駒 なし

☗3四銀には☖4四玉があります。銀のヨコに逃げられることはよくあるので、注意が必要ですね。

どんどん解こう! 5

正解 ☗3四歩

☗持駒 なし

歩で王手をするのが正解です。竜のききが強力で、玉はどこにも逃げることができません。

覚えよう 空き王手

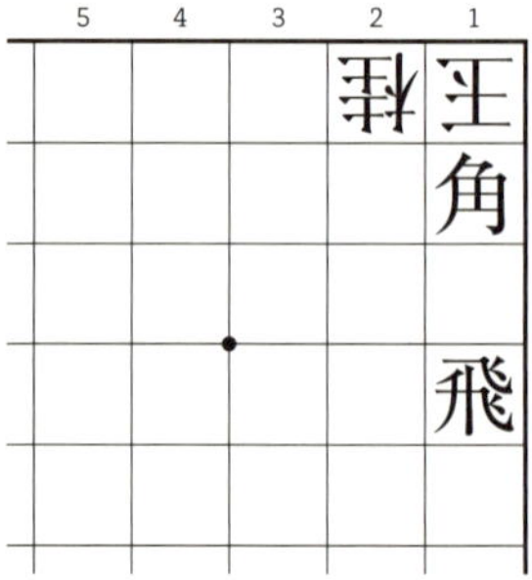

☗持駒 なし

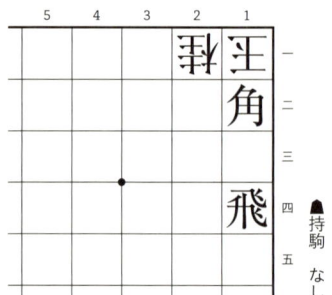

相手の玉と飛車や角、香などの飛び道具との間にある駒を動かすことで王手をかけること。この場合、角を動かすと飛車で王手となる。

どんどん解こう! 6

正解 ☗2二香成

☗持駒 なし

香を成り、2三の地点にききを足すのが正解。合駒は☗同竜なので無駄合いです。このような王手を「**空き王手**」といいます。

どんどん解こう! 7

ヒント
銀の守りに気をつけよう

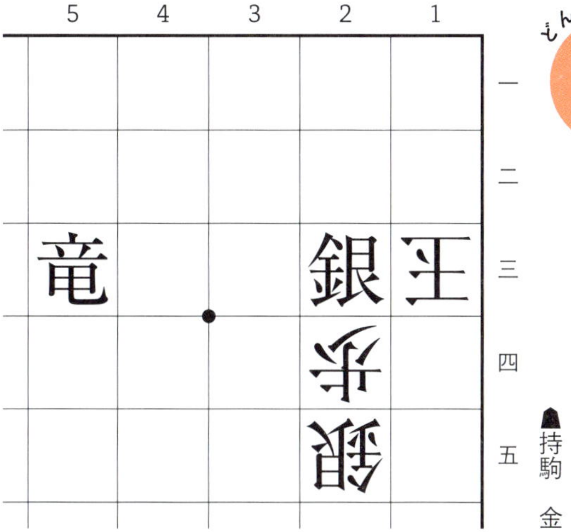

持駒 金

できたら✔チェック

チャレンジ 1		チャレンジ 2		チャレンジ 3	

どんどん解こう! 8

ヒント
香車をいかして攻めろ!

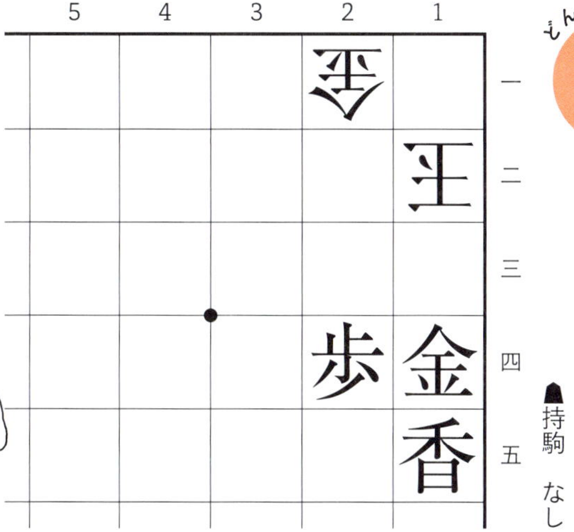

持駒 なし

できたら✔チェック

チャレンジ 1		チャレンジ 2		チャレンジ 3	

どんどん解こう！ 7

失敗 あるある うっかり

守り駒に要注意！

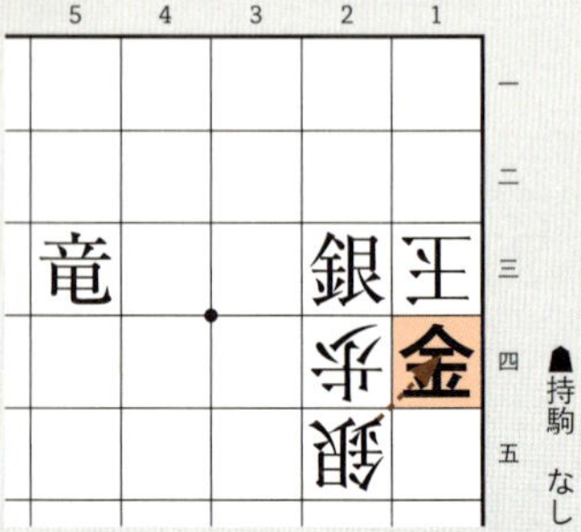

☗1四金の頭金は、☖同銀で続きません。守り駒や逃げ道をよく見て、どう詰ませるのかをそのつど考えましょう。

正解 ☗1二金

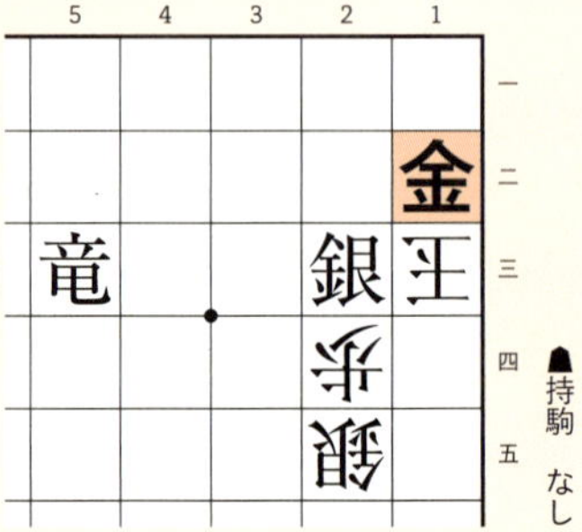

下から打つのが正解です。銀を取られてしまいそうですが、遠くから竜がきいていますね。

どんどん解こう！ 8

失敗 あるある うっかり

あと一押しが足りない

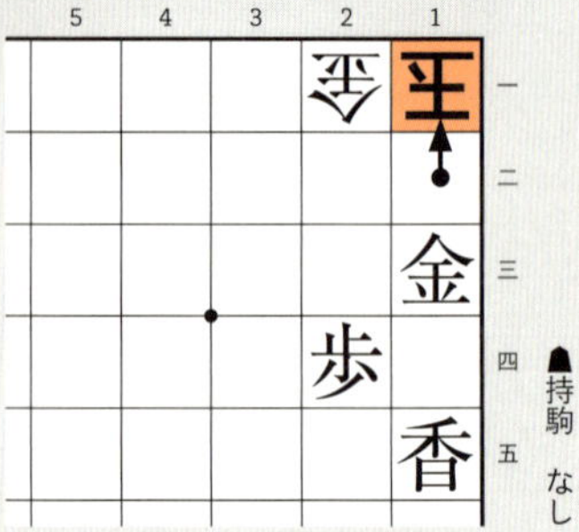

☗1三金は☖1一玉と引かれて、あと一押しが足りません。次に☗2三金と王手をしても、☖1二歩と守られてしまいます。

正解 ☗2三金

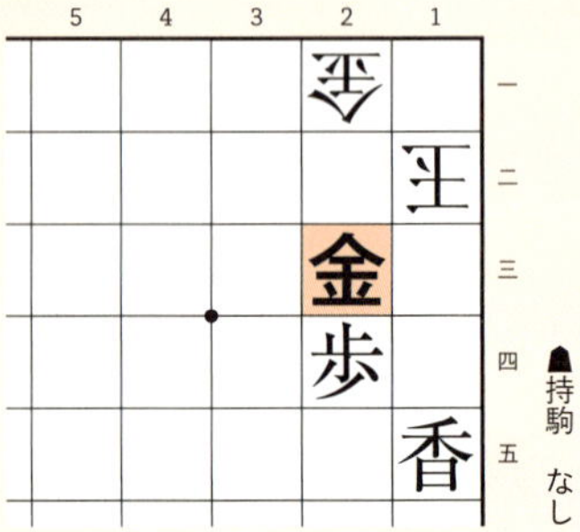

頭金ではなく、香車との両王手の☗2三金が正解です。香車が通って玉の逃げ道がありません。

どんどん解こう！ 9

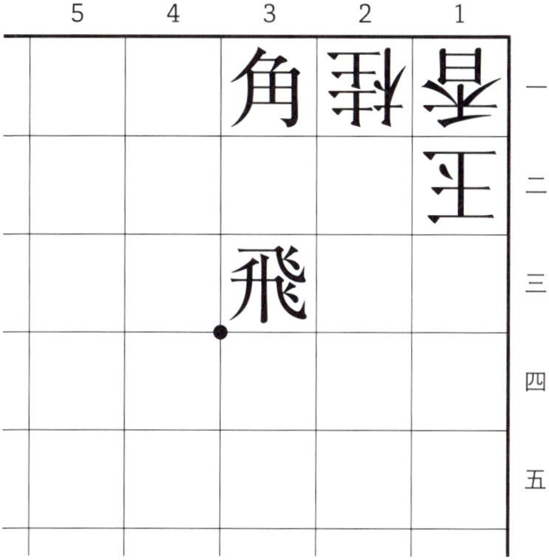

持駒 なし

ヒント：1三は桂馬（けいま）がきいてるなぁ…

できたら✓チェック

チャレンジ 1	チャレンジ 2	チャレンジ 3

どんどん解こう！ 10

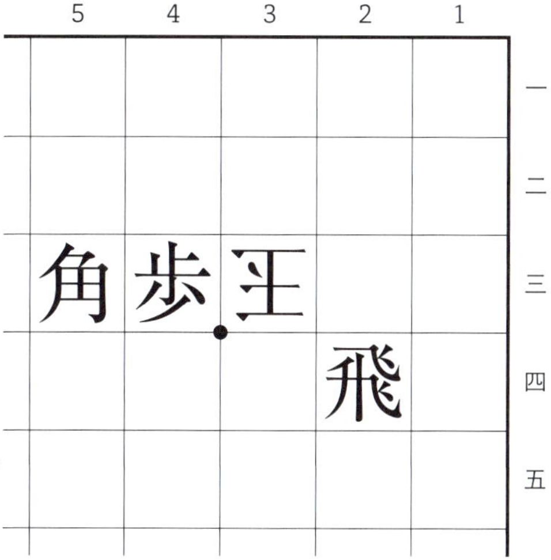

持駒 なし

ヒント：飛車（ひしゃ）を取（と）られないように

できたら✓チェック

チャレンジ 1	チャレンジ 2	チャレンジ 3

どんどん解こう！ 9

失敗

あるある　うっかり

駒を取られては失敗

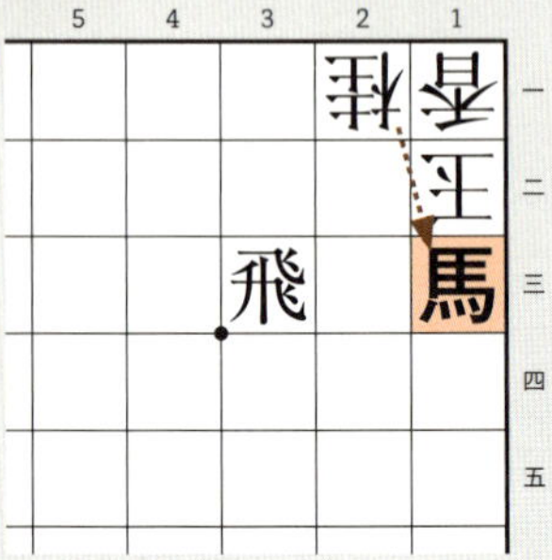

☗持駒　なし

☗1三角成は、桂馬のききがあるので失敗です。取られてしまうと、王手が続きません。

正解

☗3二飛成

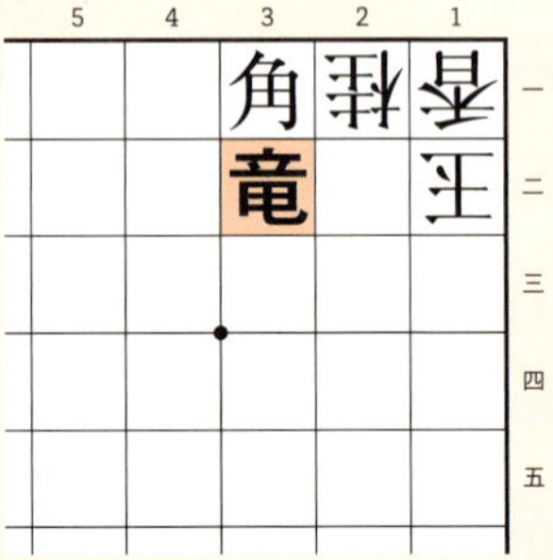

☗持駒　なし

飛車を成りました。合駒は☗同竜で「無駄合い」となるのでこれで詰みです。

どんどん解こう！ 10

失敗

あるある　うっかり

玉で駒を取られない！

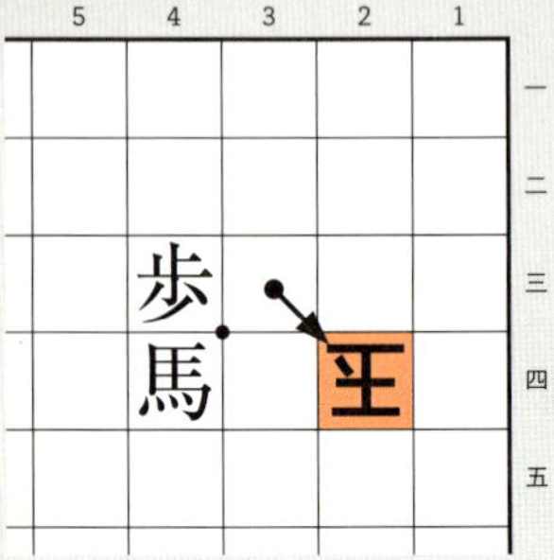

☗持駒　なし

☗4四角成は、☖2四玉と飛車を取られます。玉の動ける範囲にある駒はほかの駒で守らないと取られてしまいます。

正解

☗4二角成

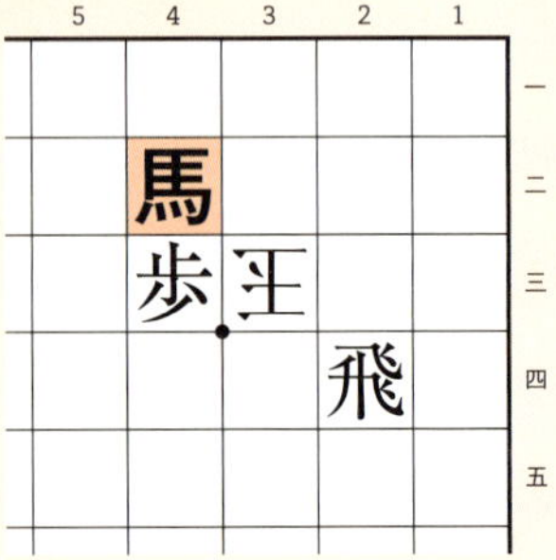

☗持駒　なし

角を4二に成ることで、2四の飛車も守りつつ詰みました。逃げ道もすべてふさがっています。

どんどん解こう！ 11

ヒント 飛車(ひしゃ)で逃(に)げ道(みち)をふさいでいるから…

	5	4	3	2	1	
		歩	玉			一
				飛		二
						三
				香		四
			桂			五

持駒 なし

できたら✓チェック

チャレンジ 1	チャレンジ 2	チャレンジ 3

どんどん解こう！ 12

ヒント 玉(ぎょく)に逃(に)げられたくないところは？

	5	4	3	2	1	
			角			一
	竜					二
			玉		銀	三
			歩			四
			角			五

持駒 なし

できたら✓チェック

チャレンジ 1	チャレンジ 2	チャレンジ 3

あるある うっかり

失敗

守りをはずさない

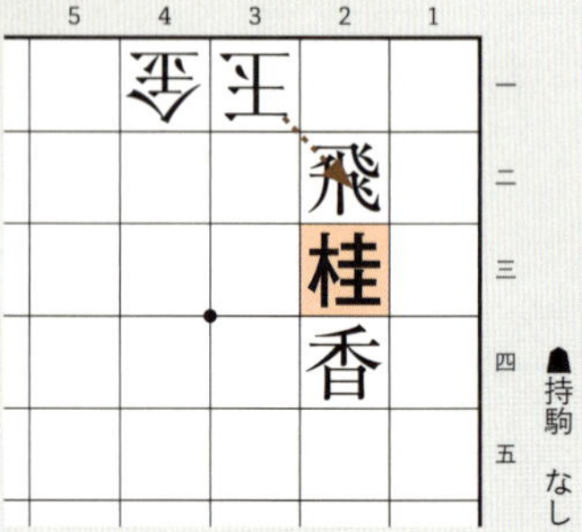

パッと見は☗2三桂不成でも同じようですが、香車の守りがはずれてしまい、飛車を取られて失敗です。

正解

☗4三桂不成

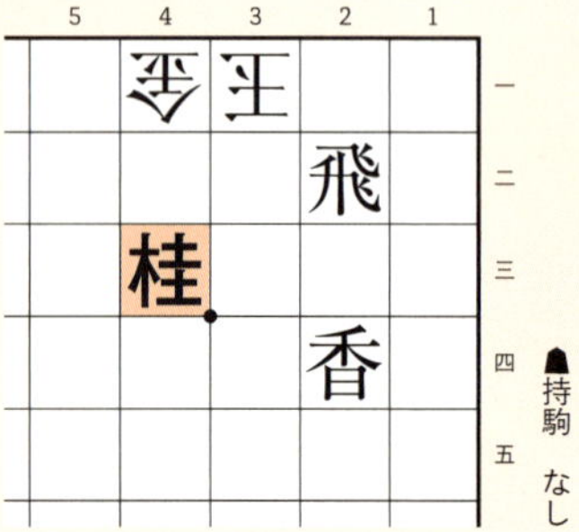

桂馬を成らずで使って王手をかけましょう。気持ちのいい詰みですね。

どんどん解こう！ 11

あるある うっかり

失敗

逃げ道をよく見て！

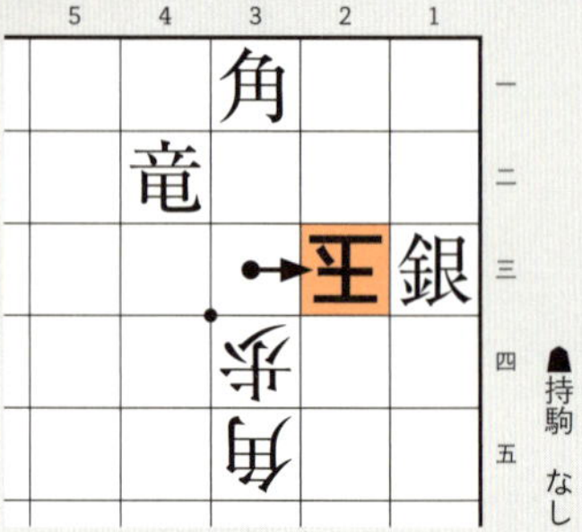

☗4二竜と攻めたくなりますが、逃げ道をふさげていません。2三→1四のルートで逃げられてしまいます。

正解

☗2二角成

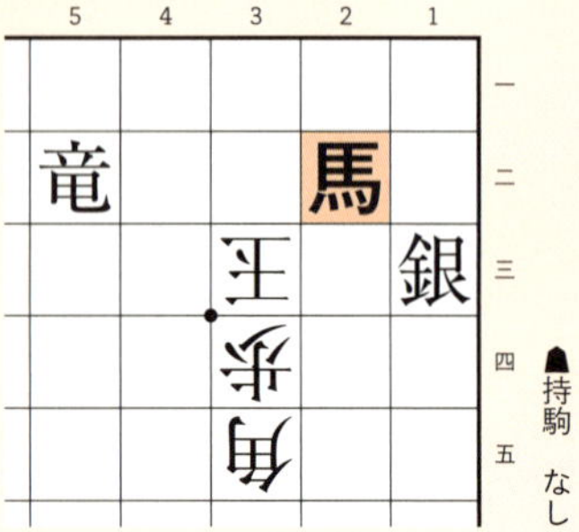

逃げ道は4四と2三の2つでした。同時にふさぐには、角を成る王手がありますね。大駒が強力に働いています。

どんどん解こう！ 12

どんどん解こう！
13

ヒント
持駒がないなら、あの一手！

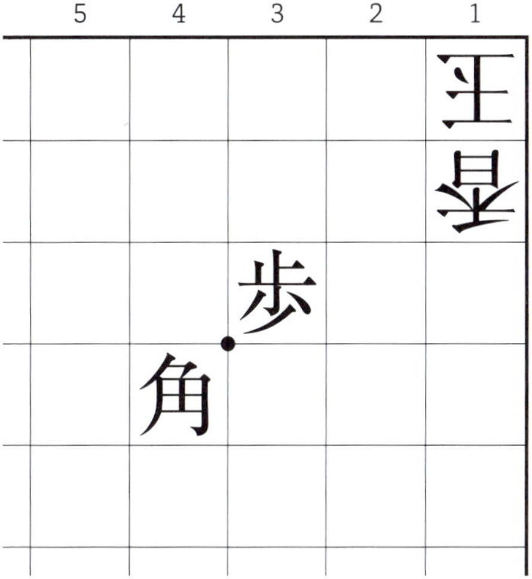

持駒 なし

できたら✓チェック
チャレンジ 1 | チャレンジ 2 | チャレンジ 3

どんどん解こう！
14

ヒント
桂の動きはもうわかるよね？

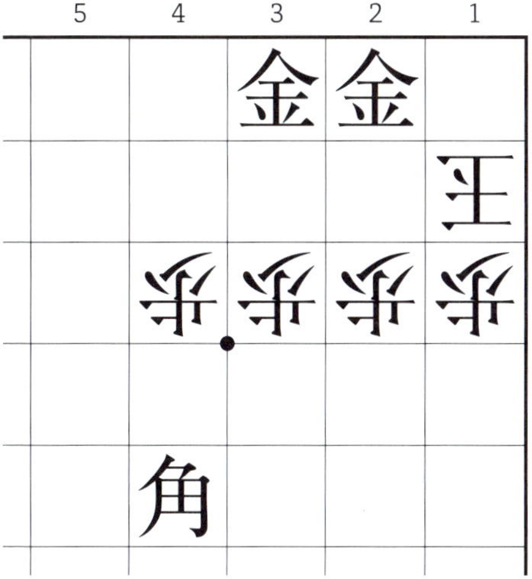

持駒 桂

できたら✓チェック
チャレンジ 1 | チャレンジ 2 | チャレンジ 3

どんどん解こう！ 13

失敗　あるある　うっかり

王手だけではダメ

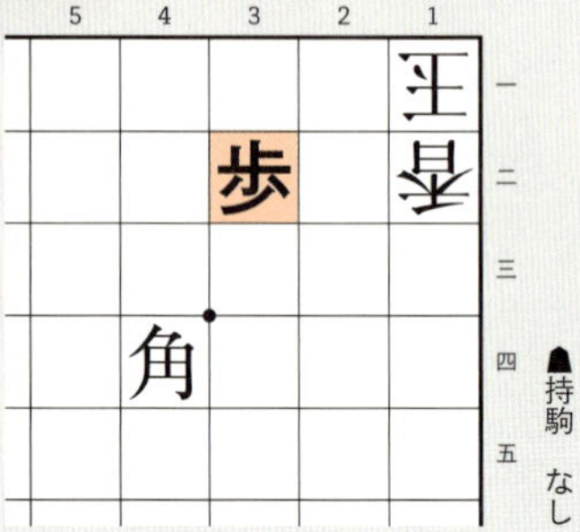

☗3二歩不成では、☖2二歩などと合駒をされて詰みません。歩はしっかり成りましょう。

正解　☗3二歩成

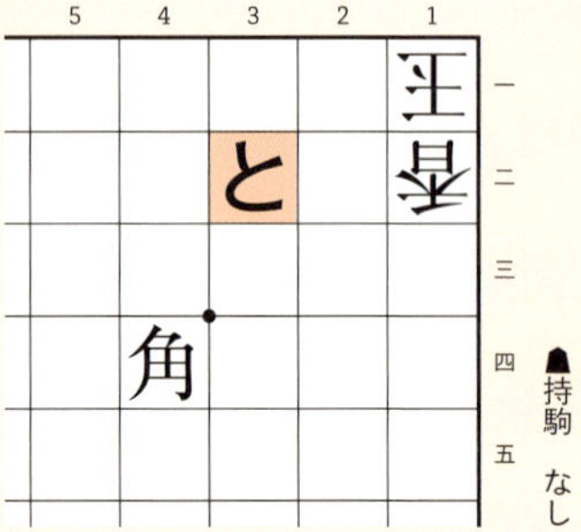

歩を成って角のききを通して王手をかけます。「無駄合い」になるので合駒はできず、これで詰み。空き王手ですね。

どんどん解こう！ 14

失敗　あるある　うっかり

無理やり王手をしない

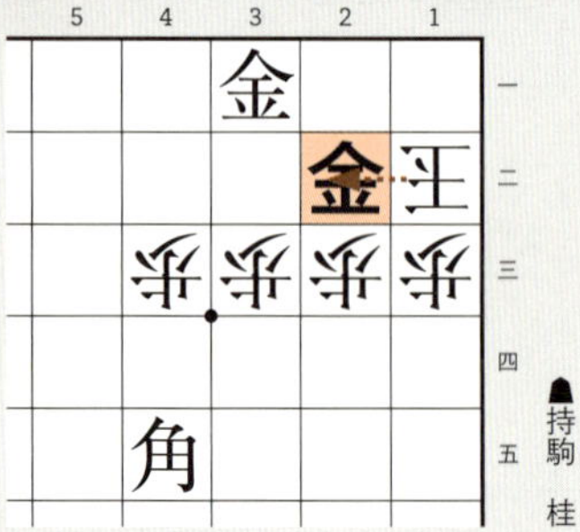

ほかの王手は☗2二金くらいですが、☖同玉と取られて失敗です。無理やり王手をしても、詰ませられません。

正解　☗2四桂

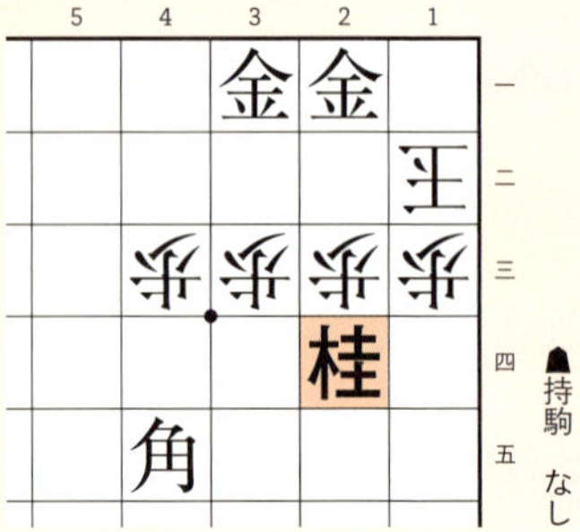

駒を飛び越える桂馬の特徴をいかして王手をかけましょう。角がきいていて、☖同歩と取ることはできません。

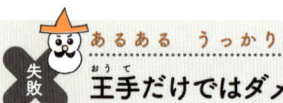

どんどん解こう！
15

ヒント
香車を取られないように！

持駒　なし

できたら✓チェック

チャレンジ 1		チャレンジ 2		チャレンジ 3	

どんどん解こう！
16

ヒント
自分の玉も危ないゾ

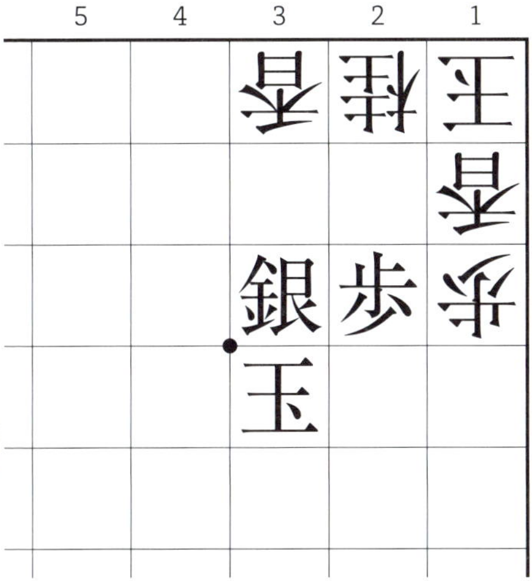

持駒　なし

できたら✓チェック

チャレンジ 1		チャレンジ 2		チャレンジ 3	

あるある　うっかり

失敗

駒がひとつ足りない

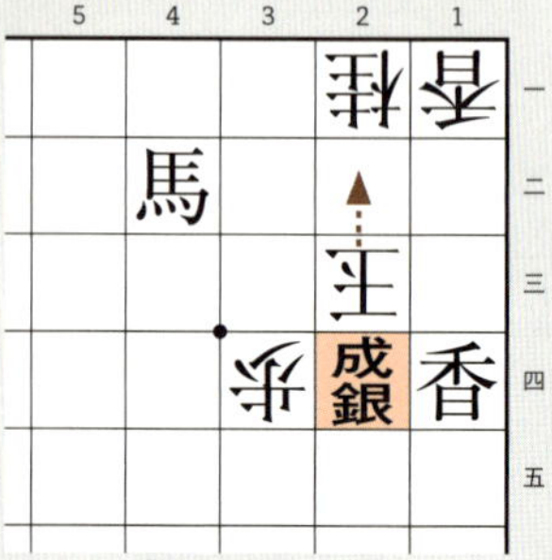

☗持駒　なし

☗2四銀成と頭金をつくるのは、☖2二玉で続きません。銀が動いたことで、逃げ道ができてしまいました。

どんどん解こう！ 15

正解

☗3二馬

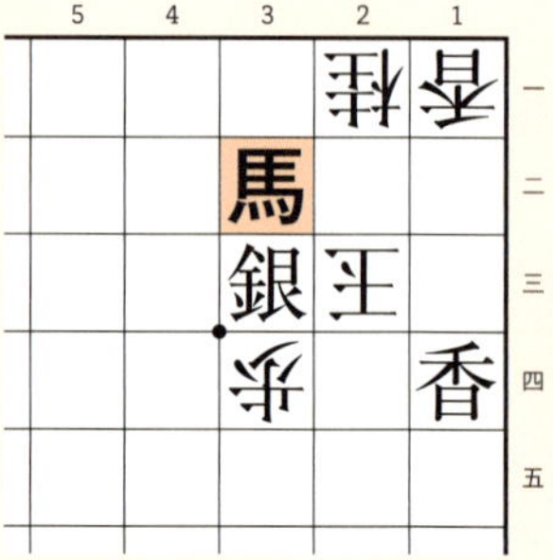

☗持駒　なし

馬をひとつ寄って詰みです。1四の香車は馬のききで守ってあげることができますね。

あるある　うっかり

失敗

銀でも詰み？

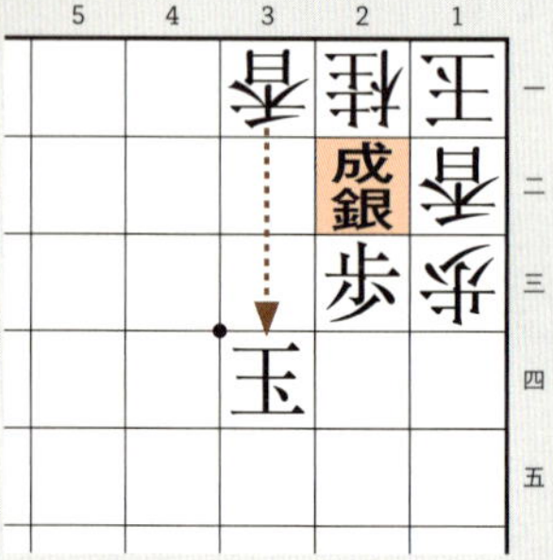

☗持駒　なし

銀を動かすとその瞬間に☖3四香と玉を取られてしまいます。玉が取られてしまう手は反則なので、これは失敗です。

どんどん解こう！ 16

正解

☗2二歩成

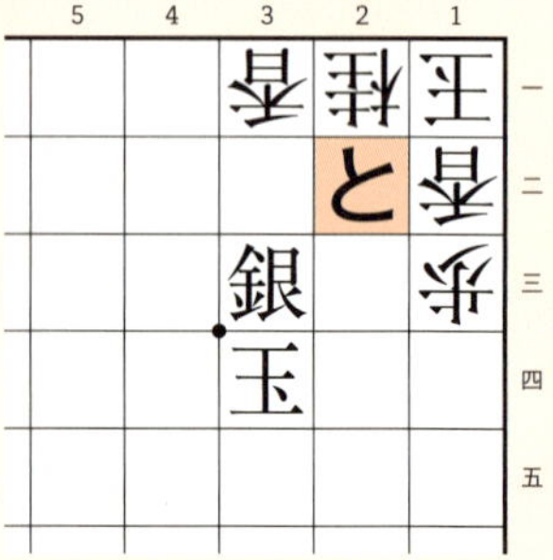

☗持駒　なし

シンプルに歩を成って詰みです。相手の玉に逃げ道はありません。落ち着いて考えれば解けますね。

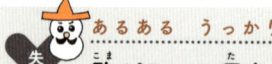

どんどん解こう！

17

ヒント
飛車（ひしゃ）を取（と）られないようにっと…

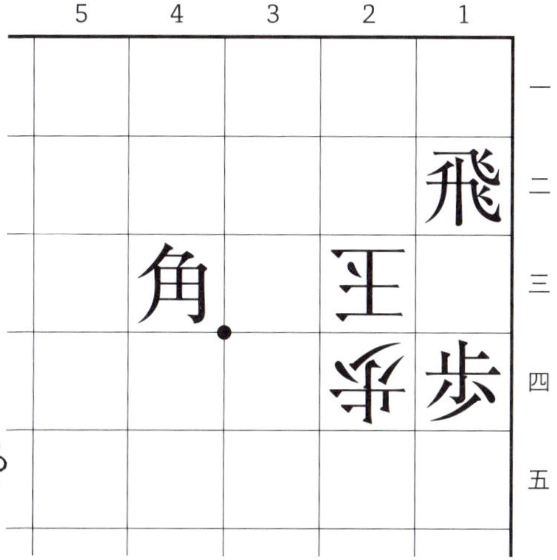

持駒 なし

できたら ✓ チェック

チャレンジ 1		チャレンジ 2		チャレンジ 3	

どんどん解こう！

18

ヒント
上（うえ）に逃（に）がさないためには？

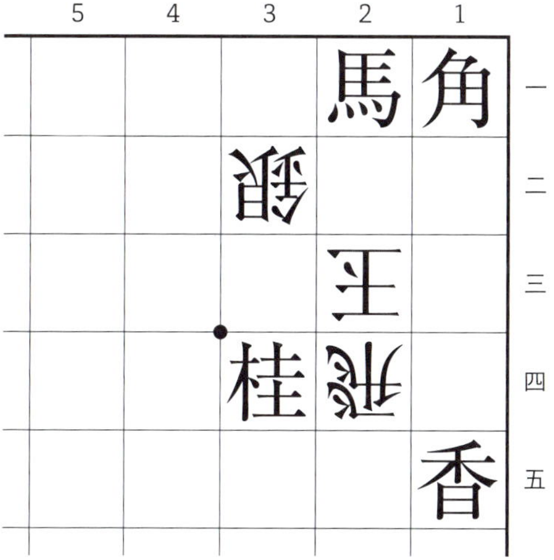

持駒 なし

できたら ✓ チェック

チャレンジ 1		チャレンジ 2		チャレンジ 3	

どんどん解こう！ 17

あるある うっかり

失敗

逃げ道を増やさない！

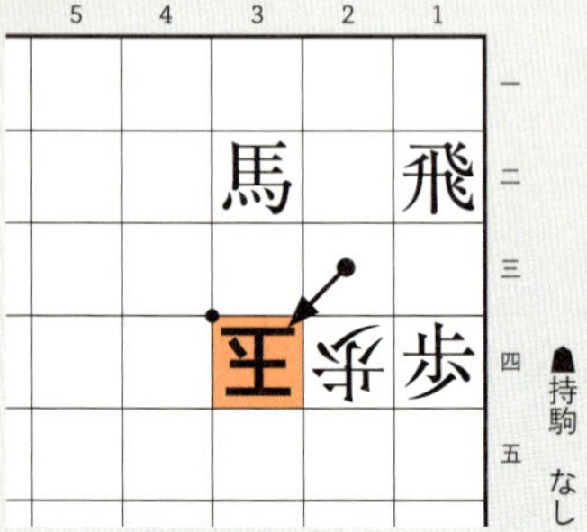

☗3二角成は、☖3四玉と逃げられます。この図で角は逃げ道をふさぐ駒なので、動かすと失敗します。

正解

☗1三飛成

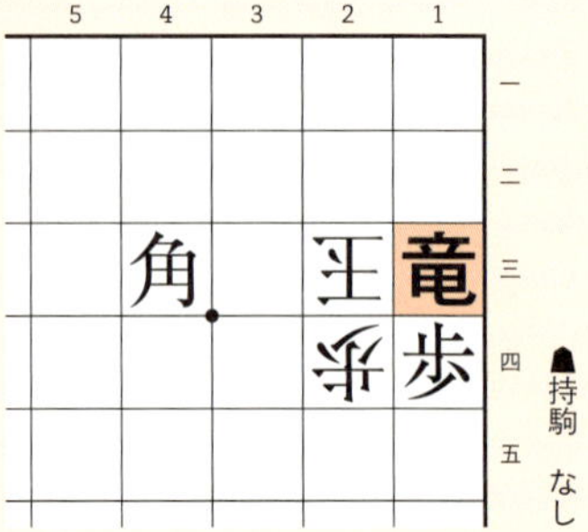

竜をつくって3三の逃げ道をふさぐ王手をかけて詰みました。駒がしっかり連携していますね。

どんどん解こう！ 18

あるある うっかり

失敗

ほかの攻めは逃げられる

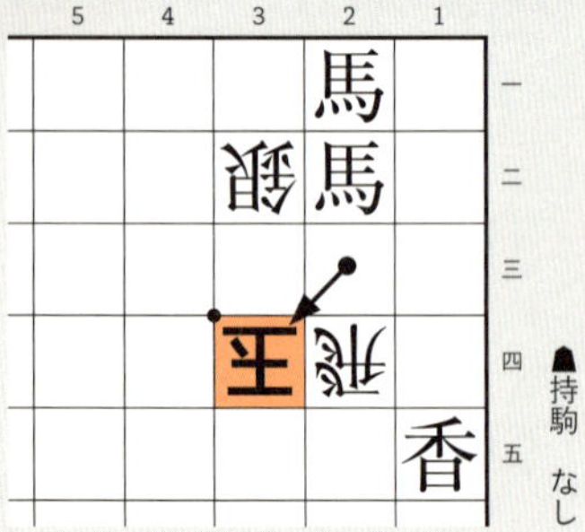

☗2二角成と2枚目の馬をつくるのは、☖3四玉と上に逃げられて失敗です。

正解

☗1二馬

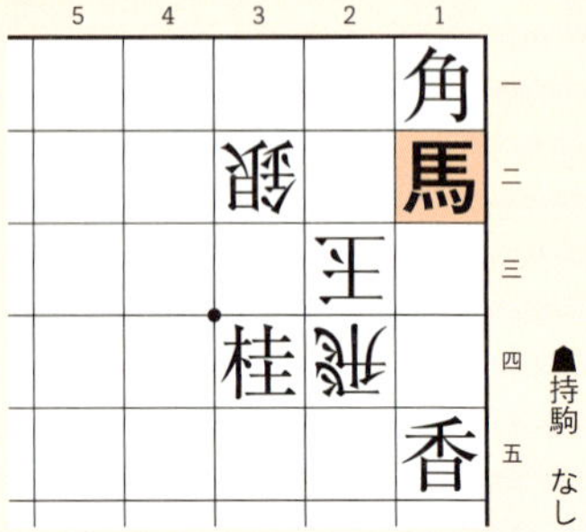

下から斜めにきかせる、馬の王手が正解でした。角と馬の斜めのききが上への脱出をふせいでいますね。

どんどん解こう！ 19

ヒント
馬（うま）をつくるか？ 金（きん）か…

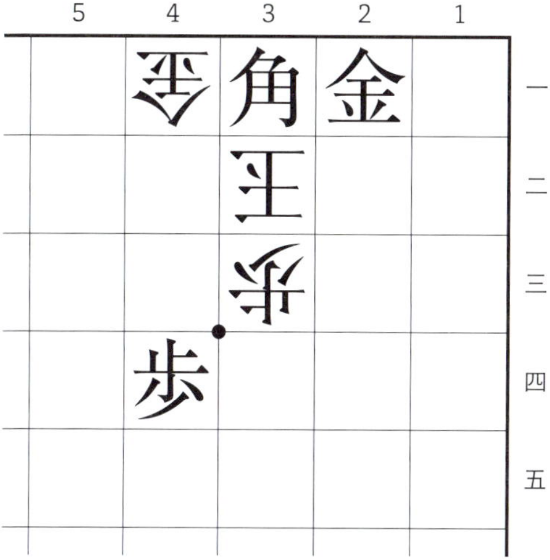

持駒 なし

できたら✓チェック

チャレンジ 1	チャレンジ 2	チャレンジ 3

どんどん解こう！ 20

ヒント
2四の歩（ふ）が取（と）られちゃいそうだ！

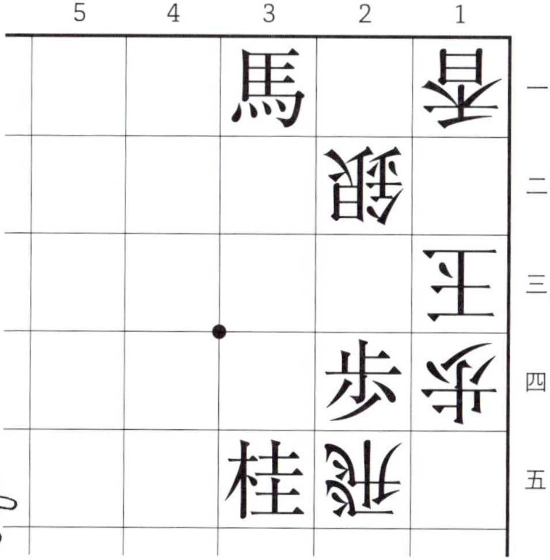

持駒 なし

できたら✓チェック

チャレンジ 1	チャレンジ 2	チャレンジ 3

どんどん解こう！ 19

失敗 あるある うっかり

新たな逃げ道が！

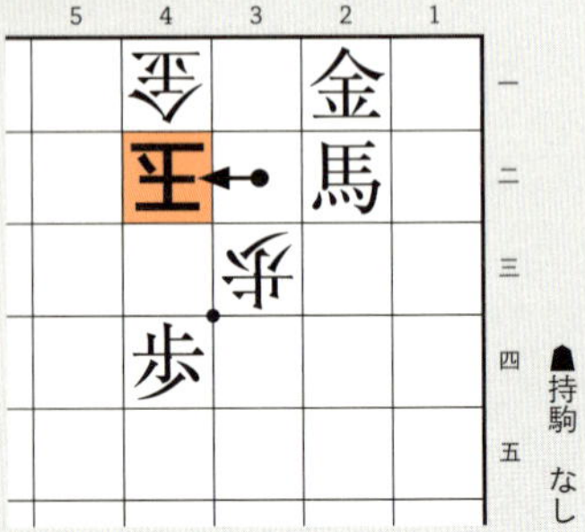

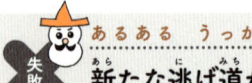

☗2二角成は☖4二玉と逃げられます。馬をつくるのは強力ですが、玉を逃がしてしまってはいけません。

正解

☗2二金

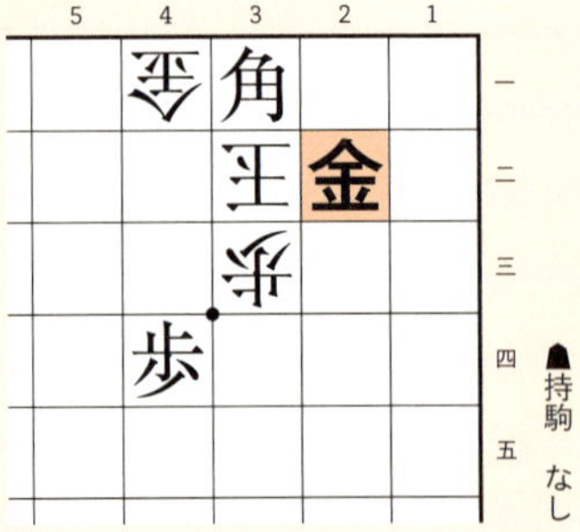

金をひとつ引くと、逃げ道がふさがって詰みです。角は、4二に逃がさないための駒でした。

どんどん解こう！ 20

失敗 あるある うっかり

飛車の守りに要注意

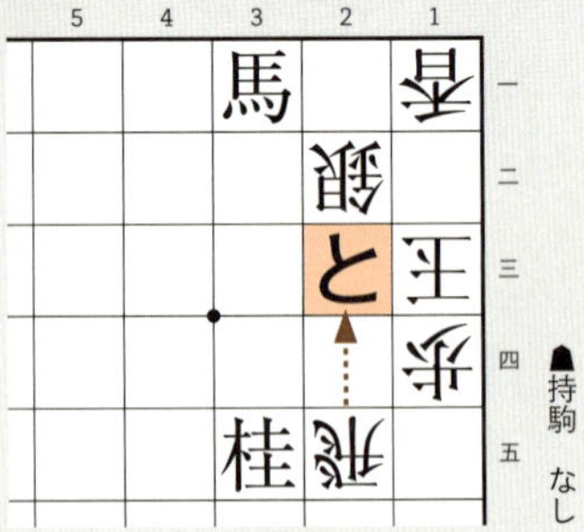

☗2三歩成は☖同飛があります。飛車は遠くからでも守りに働いてくるので、見逃さないよう注意しましょう。

正解

☗2三桂成

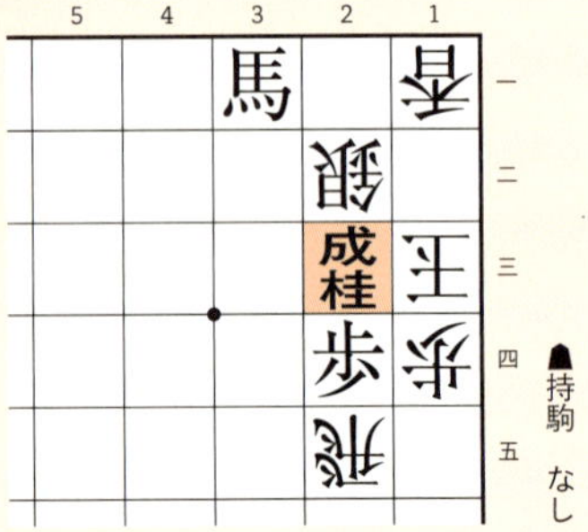

成って王手をしつつ、2四の歩を取られないように詰ませました。3一の馬があり、☖同銀とはできません。

どんどん解こう！ 21

ヒント
4四の飛車に注意だね

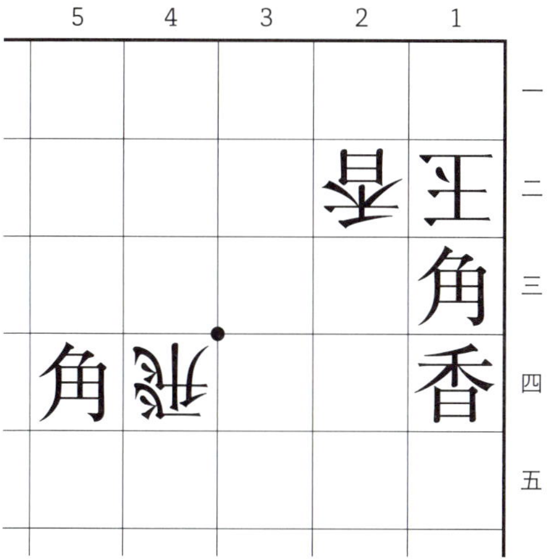

持駒　なし

できたら✓チェック

チャレンジ 1	チャレンジ 2	チャレンジ 3

どんどん解こう！ 22

ヒント
香車を攻めに参加させるには…

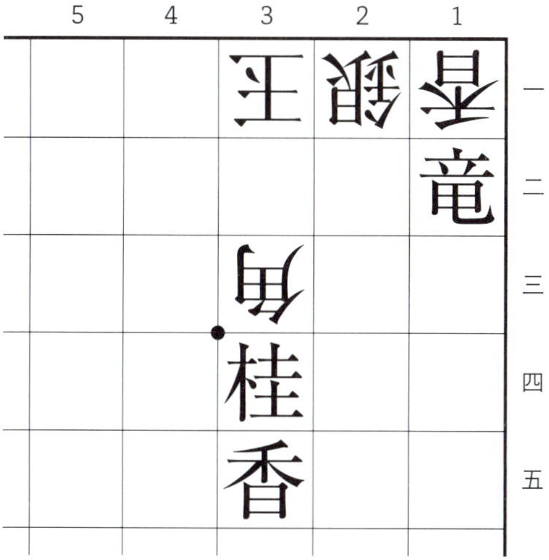

持駒　なし

できたら✓チェック

チャレンジ 1	チャレンジ 2	チャレンジ 3

どんどん解こう！ 21

失敗 あるある うっかり

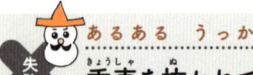

香車を抜かれてしまう！

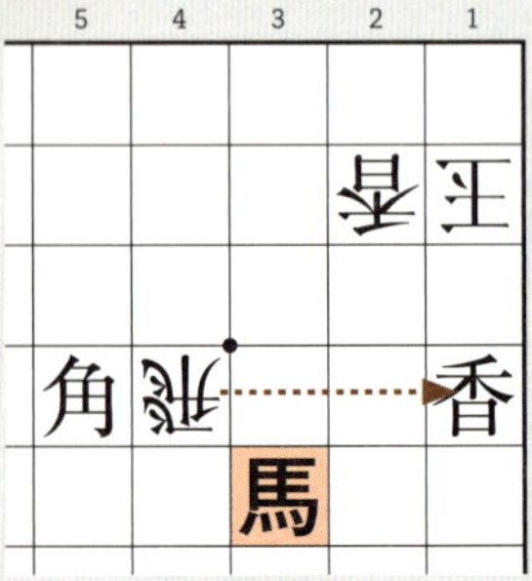

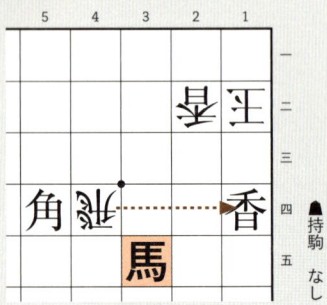

たとえば☗3五角成は、☖1四飛と香車を抜かれて失敗です。大駒のききには注意です。

正解

☗2四角成

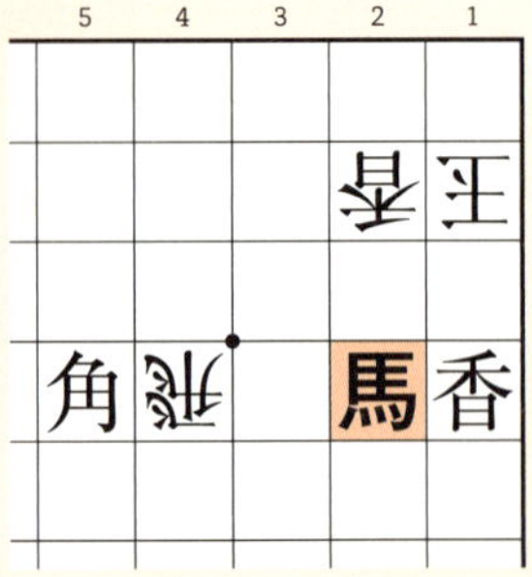

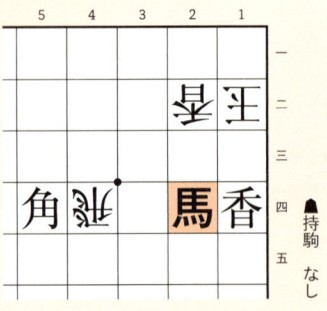

角を2四で成るのが正解です。香車の王手で、合駒もきかないのでこれで詰みです。

どんどん解こう！ 22

失敗 あるある うっかり

駒を取られないように

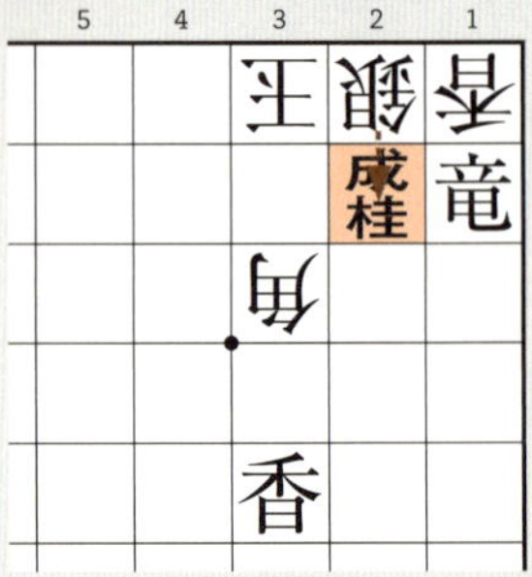

☗2二桂成は、☖同銀と取られてしまいます。王手は続きますが、4・5筋方向に逃げられて詰みません。

正解

☗4二桂成

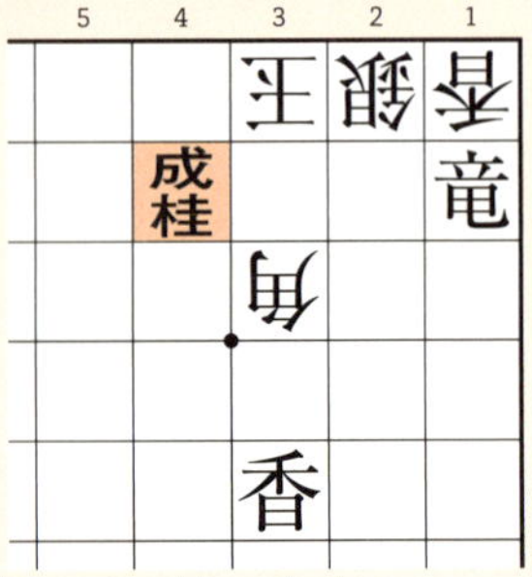

☖同角と取られそうですが、香で間接的に玉をにらんでいるので、取れません。肩金の詰みですね。

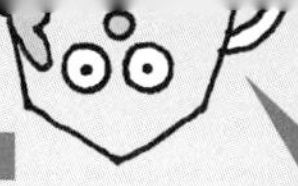

5日目 ポイント！

大駒のききで ほかの攻め駒を守ってあげる

得点 20問以上 15問以上 10問以上

竜や馬のききの範囲は広いので、ほかの攻め駒を守ることができるんだ。

4日目のポイントでは、玉が駒を取って逃げるということがあったけど、とくに玉は斜めに逃げ出したいことが多い。角・馬を斜めに使って、攻め駒を守るように使えると、より一段と詰ませることができるはず。

また、攻めの大駒と相手の玉の間にある守り駒は、動くことができない。その守り駒を狙うというのも、詰みにはとっても有効だよ。その一番の例が一間竜というわけだ。

竜や馬が出てくる問題が多かったネ

ミッション
Mission!!

6日目

レベルMAX 問題20傑

いよいよこのドリルも最高潮！　MAXレベルまでやってきたね～。昨日よりさらにレベルが上がっているヨ。

MAXだけあって、少しわかりづらいような手の問題も多く用意した！　だから最初にチャレンジするときには、なかなか解けないかもしれない。
でも、そういうときこそ、こたえをよく読んでしっかり理解しておいてネ。
このレベルの問題がすべて解けるようになれば、1手詰めはもう卒業していいような問題ばかりだからサ。

では、スタート！

どんどん解こう！ 1

ヒント
頭金（あたまきん）か、肩金（かたきん）か…もしくは？

5	4	3	2	1	
	銀	王			一
				竜	二
					三
					四
					五

持駒　金

できたら✓チェック

チャレンジ 1	チャレンジ 2	チャレンジ 3

どんどん解こう！ 2

ヒント
囲（かこ）いのスキをつこう！

5	4	3	2	1	
	金	王	桂	香	一
		銀			二
			歩		三
		桂			四
					五

持駒　角

できたら✓チェック

チャレンジ 1	チャレンジ 2	チャレンジ 3

どんどん解こう！ 1

あるあるうっかり

失敗

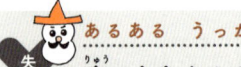

竜のききをふさぐと失敗

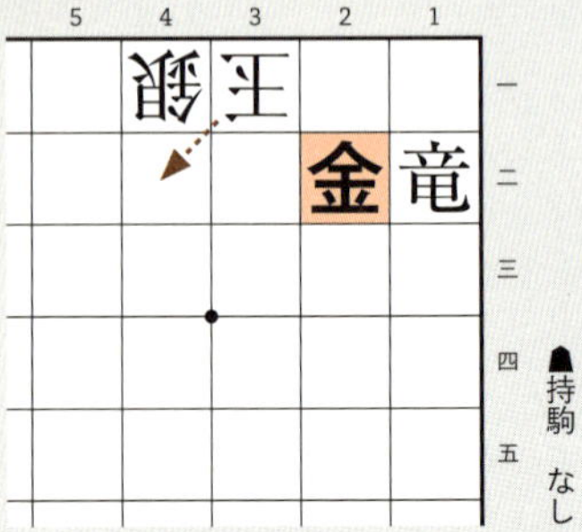

☗2二金と打てば銀には取られませんが、竜のききが止まって☖4二玉の道ができてしまいます。

正解

☗2一金

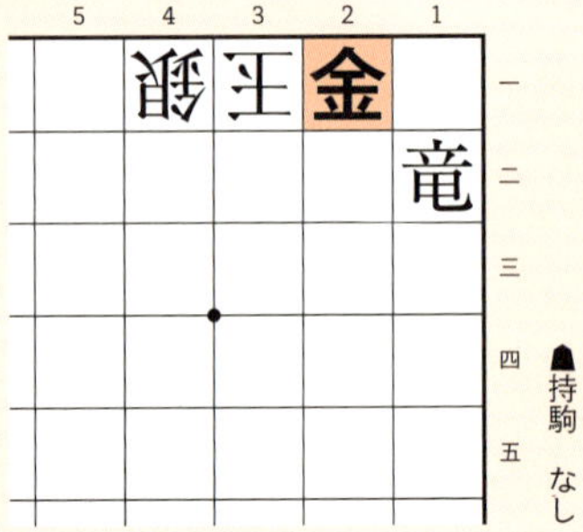

腹から打つのが正解でした。竜の二段目のききを通しておけば、玉の逃げ道はありません。

どんどん解こう！ 2

あるあるうっかり

失敗

合駒には要注意

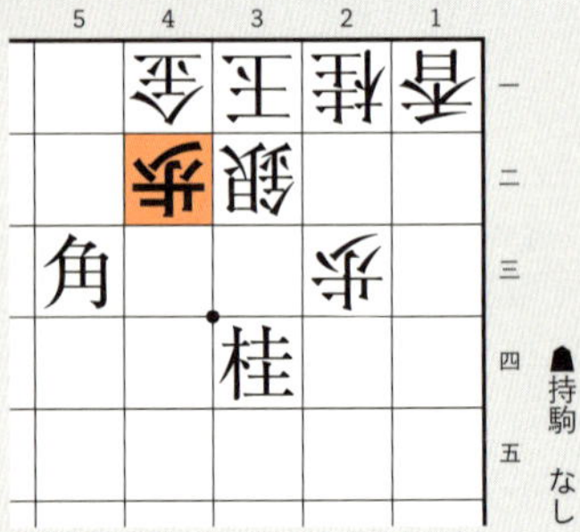

☗5三角と打つと、合駒されて失敗です。大駒は遠くからでもききますが、合駒を考える必要があります。

正解

☗2二角

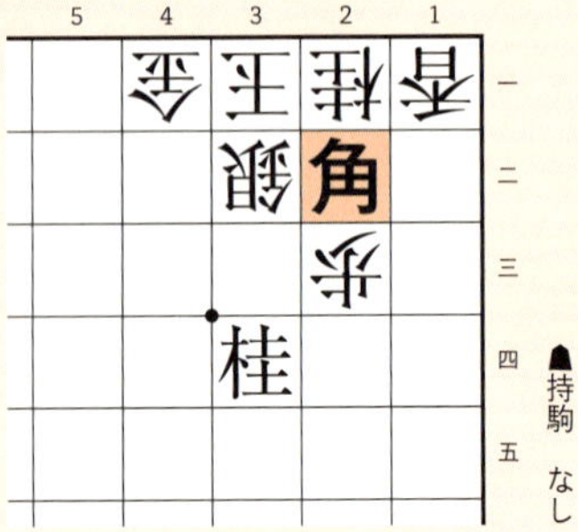

桂馬のききが逃げ道をふさいでいます。相手の囲い（美濃囲い）を崩すのに、桂馬を使うとよいという一例の詰みです。

どんどん解こう！ 3

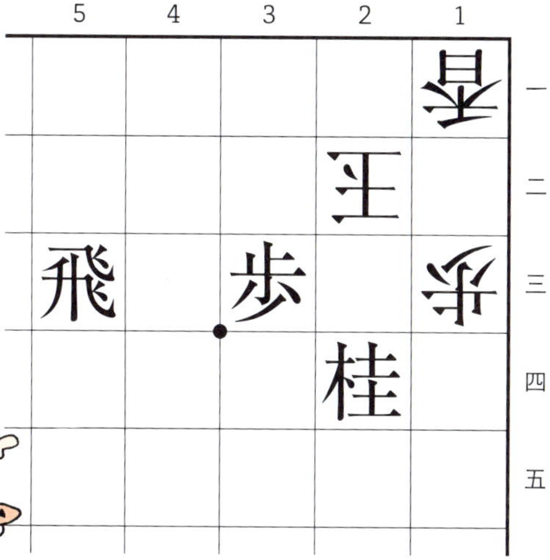

持駒 なし

ヒント
2三に逃げられちゃいそうなんだ

できたら✓チェック	チャレンジ 1	チャレンジ 2	チャレンジ 3

どんどん解こう！ 4

持駒 金

ヒント
守り駒のききを見抜け！

できたら✓チェック	チャレンジ 1	チャレンジ 2	チャレンジ 3

どんどん解こう！ 3

失敗

あるある うっかり

上に逃げられるとダメ！

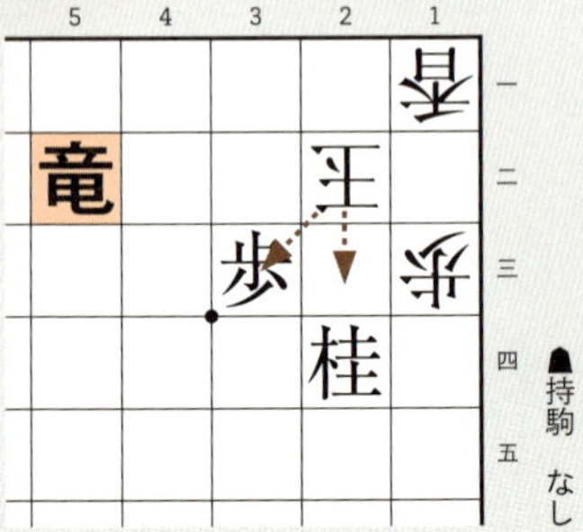

☗5二飛成と攻め駒を増やしたくなりますが、☖2三玉や☖3三玉で詰みません。

正解

☗3二歩成

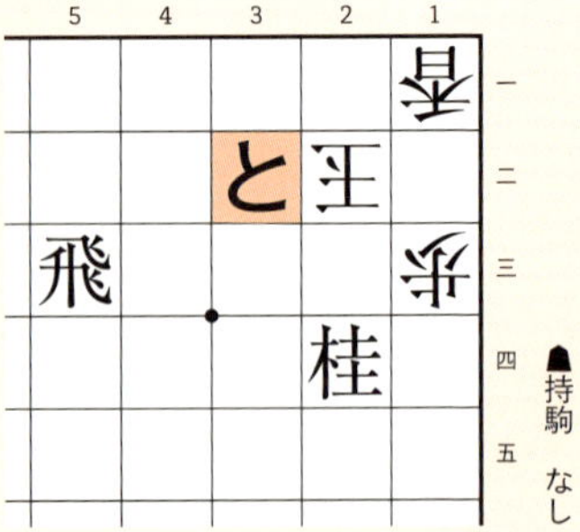

歩を成ると、飛車のききが通って2三の地点をふさぎました。1二には桂馬のききがありますね。

どんどん解こう！ 4

失敗

あるある うっかり

駒を取られると失敗

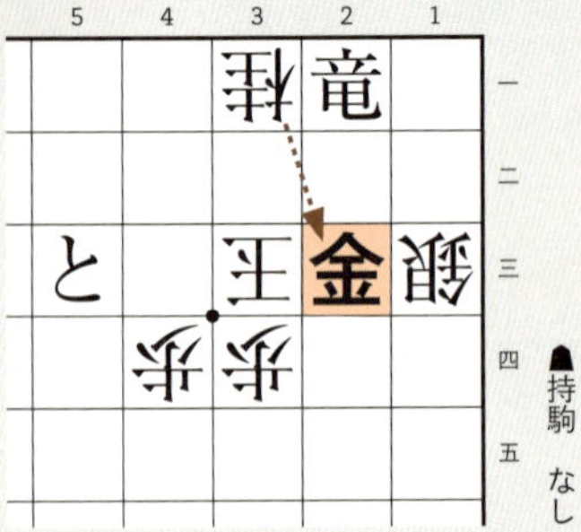

☗2三金は☖同桂、☗2四金は☖同銀、があります。守り駒には触れずに攻めるのが正解でした。

正解

☗3二金

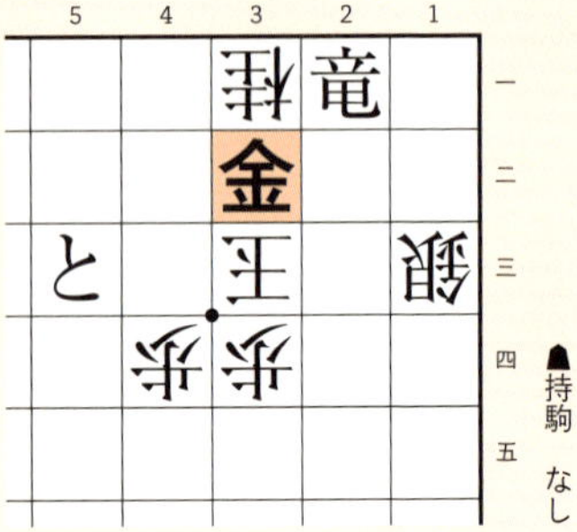

下から金を打つのが正解。2筋は竜のききがあるので、玉の逃げ道ははじめからありませんでした。

どんどん解こう！
5

ヒント
角(かく)がいいラインできいているから…

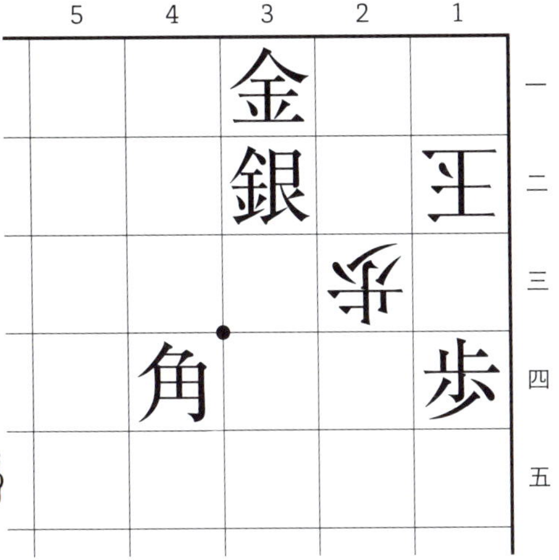

☗持駒 なし

できたら✓チェック

チャレンジ 1		チャレンジ 2		チャレンジ 3	

どんどん解こう！
6

ヒント
桂馬(けいま)の打(う)ち場所(ばしょ)はどっちだろ？

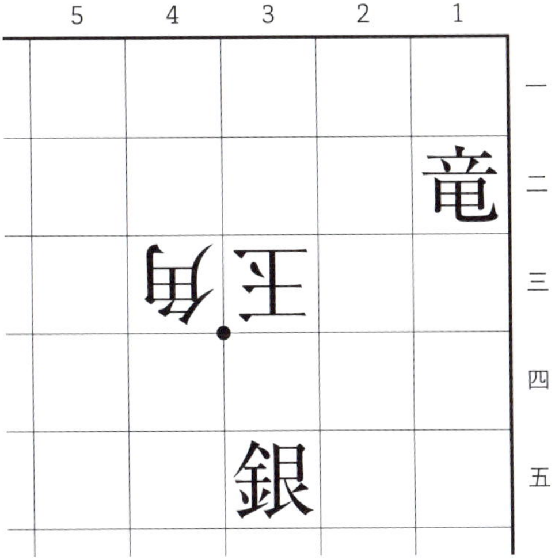

☗持駒 桂

できたら✓チェック

チャレンジ 1		チャレンジ 2		チャレンジ 3	

どんどん解こう！ 5

あるある　うっかり

失敗

角が成ってもダメ

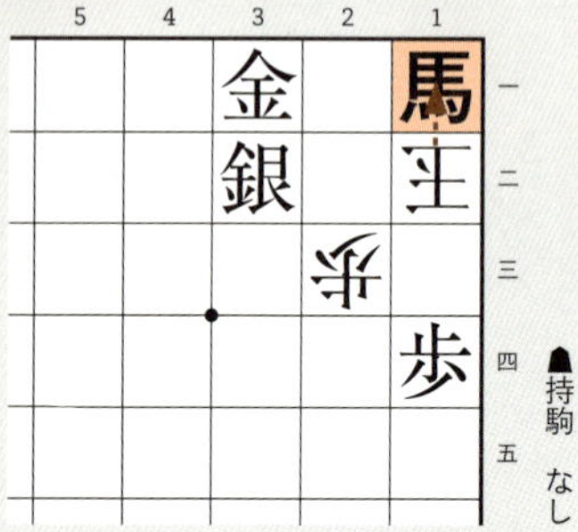

ほかの王手は角を成るぐらいですが、☖同玉で続きません。もう一押しに見えても、案外詰まないものです。

正解

☗2一銀不成

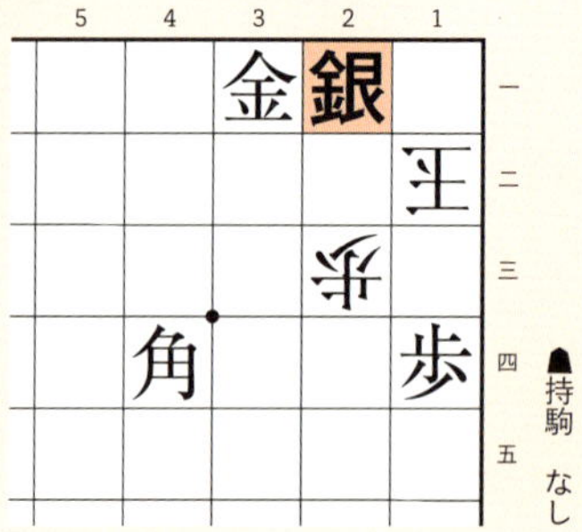

銀の斜めのききをいかした攻めがありました。角の斜めのラインが通っているのでこれで詰みです。

どんどん解こう！ 6

あるある　うっかり

失敗

守り駒のききに注意！

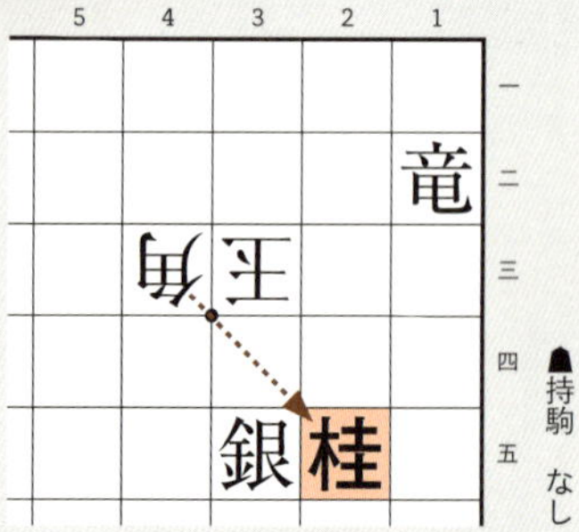

☗2五桂と打つのは、☖同角で失敗です。王手の場所が2か所の場合、パッと飛びつかず、よく考えましょう。

正解

☗4五桂

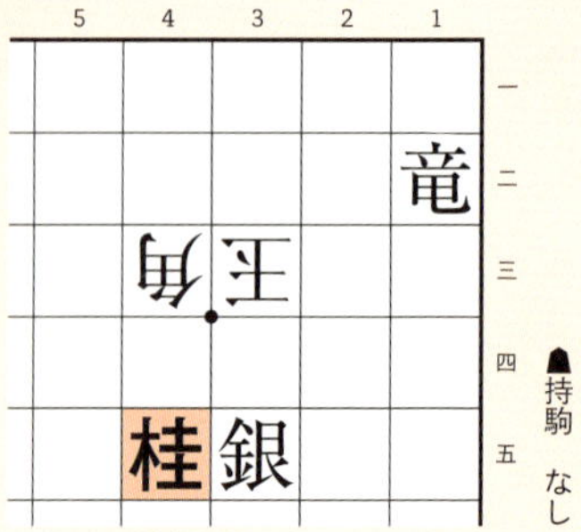

4五から打つのが正解です。上は銀、下は竜で逃げ道をふさいでいて、これで詰みです。

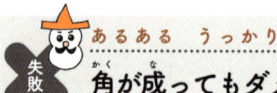

どんどん解こう！ 7

ヒント
逃げ道は2三の地点だけか…

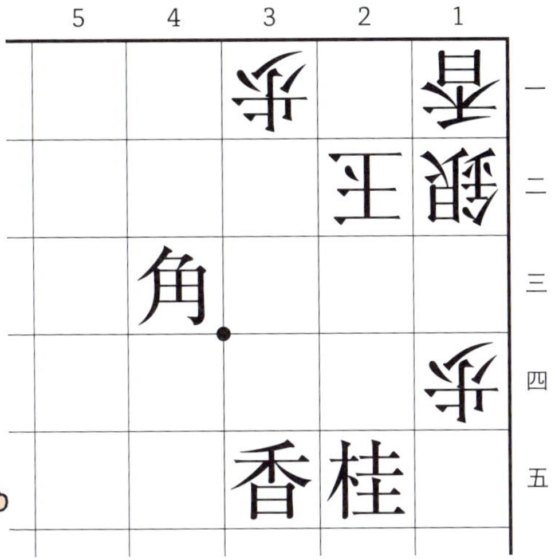

▲持駒 なし

できたら✓チェック　チャレンジ 1　チャレンジ 2　チャレンジ 3

どんどん解こう！ 8

ヒント
一間竜！ 相手の銀は動けないゾ

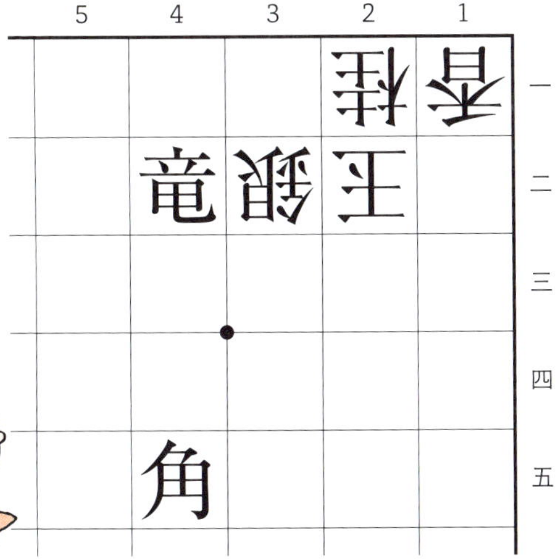

▲持駒 金

できたら✓チェック　チャレンジ 1　チャレンジ 2　チャレンジ 3

どんどん解こう！ 7

あるある うっかり

失敗

桂馬の反対側のきき

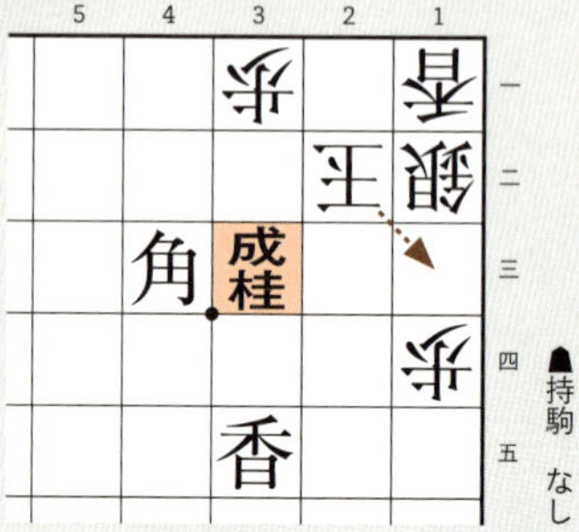

☗3三桂成は、☖1三玉で失敗です。桂馬を成るときには、反対側のききがなくなることに気をつけましょう。

正解

☗3三香成

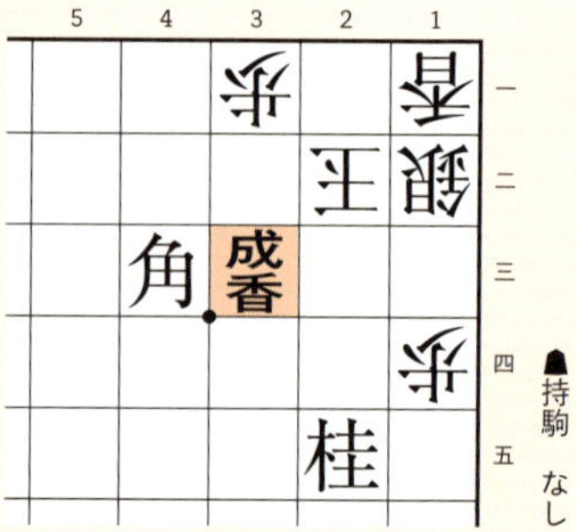

香車が成るのが正解です。角・桂が玉の逃げ道をふさいでいることに注目しましょう。

どんどん解こう！ 8

あるある うっかり

失敗

桂馬に要注意！

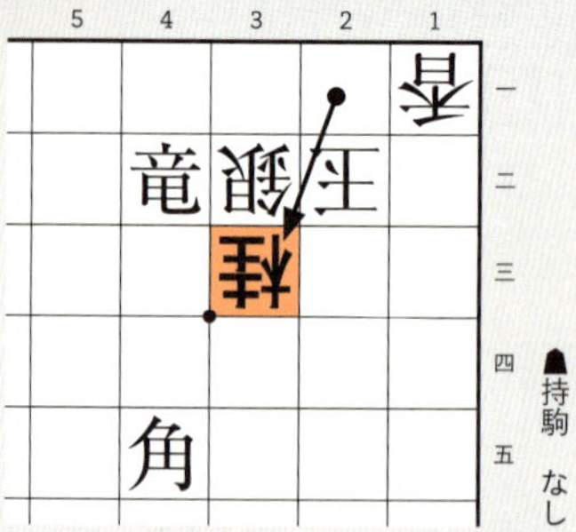

一間竜だからと☗3三金とするのは、☖同桂と取られて失敗です。守り駒のききは、つねに確認しましょう。

正解

☗2三金

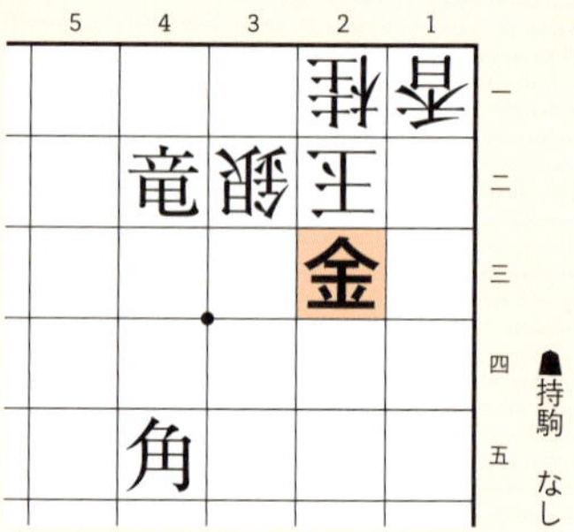

頭に金を打って詰みです。銀が動くと竜がきくので、この金を取ることはできません。

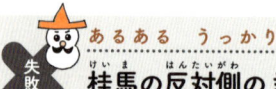

どんどん解こう！

9

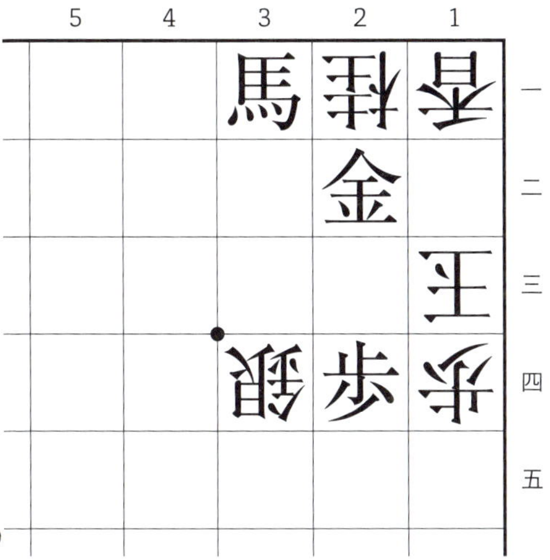

持駒　なし

ヒント
馬をいかすためには？

できたら✓チェック

チャレンジ 1	チャレンジ 2	チャレンジ 3

どんどん解こう！

10

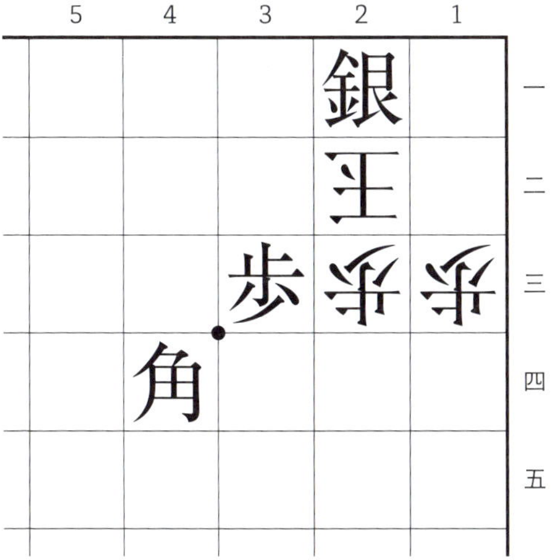

持駒　なし

ヒント
1一に逃げられちゃいそう…

できたら✓チェック

チャレンジ 1	チャレンジ 2	チャレンジ 3

どんどん解こう！ 9

失敗　あるある うっかり
両王手と比べてみよう

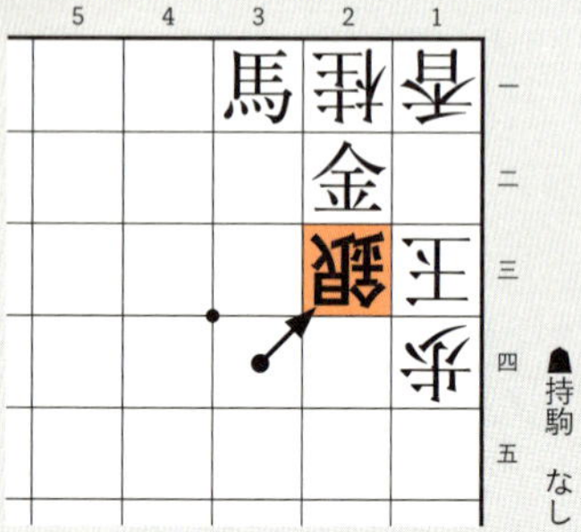

☗2三歩成では、☖同銀があります。正解図の両王手と比べて違いを理解しておきましょう。

正解　☗2三金

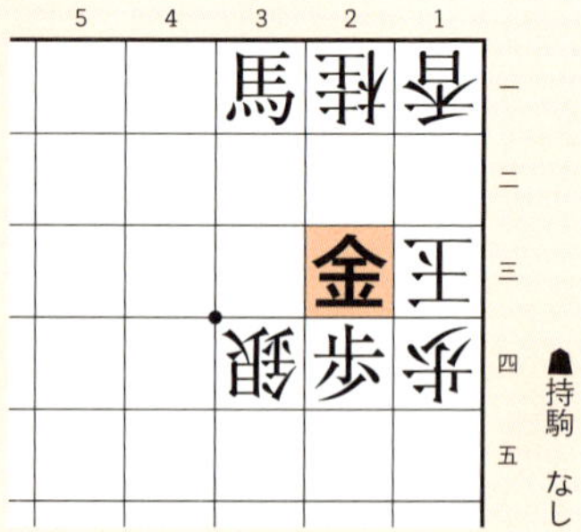

金を引いて詰みです。馬のききもあるので、両王手ですね。玉の逃げ道はありません。

どんどん解こう！ 10

失敗　あるある うっかり
角がきかないと失敗

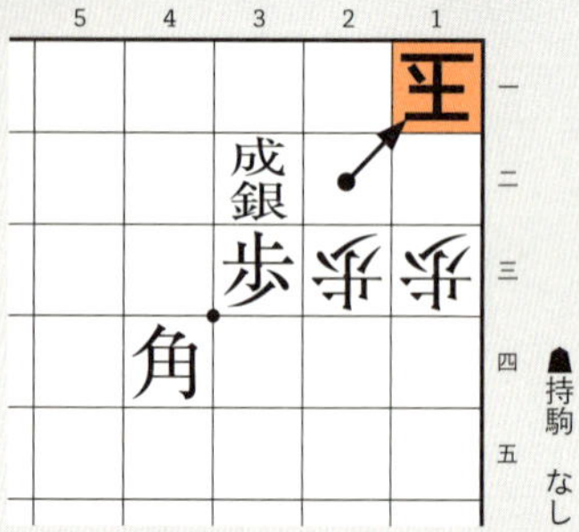

☗3二銀成では、角が働きません。☖1一玉と逃げられてしまってはこれに続く手がありません。

正解　☗3二歩成

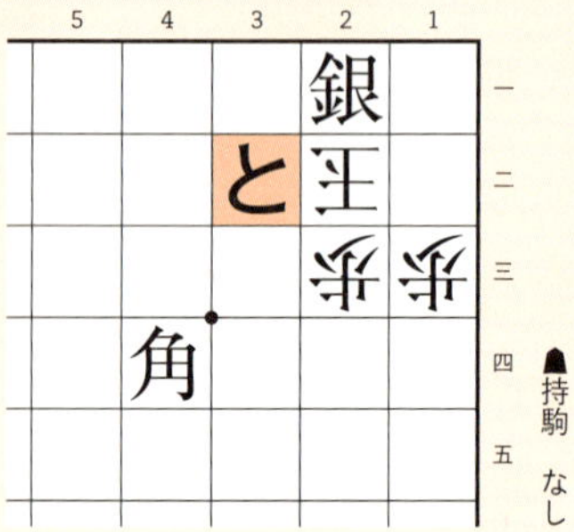

歩が成ると、角のききで１一の逃げ道をふさいでいることに注目！　両王手で詰みですね。

どんどん解こう！ 11

ヒント
桂馬（けいま）はどこにきいているかな…？

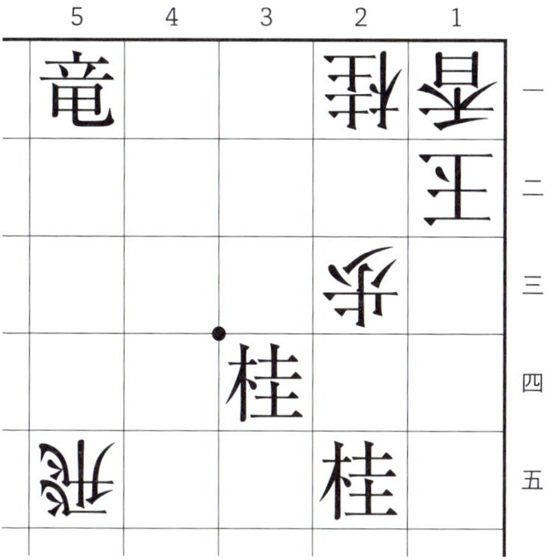

持駒 なし

できたら✓チェック

チャレンジ 1	チャレンジ 2	チャレンジ 3

どんどん解こう！ 12

ヒント
上（うえ）に逃（に）がさないためには…

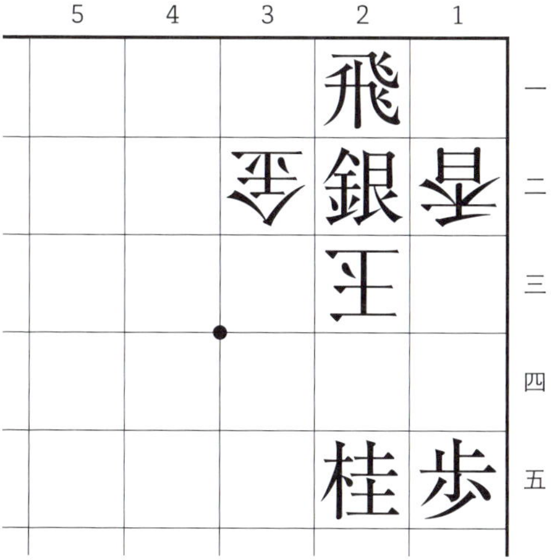

持駒 なし

できたら✓チェック

チャレンジ 1	チャレンジ 2	チャレンジ 3

どんどん解こう！ 11

✕ 失敗 あるある うっかり

大駒の守りに注意

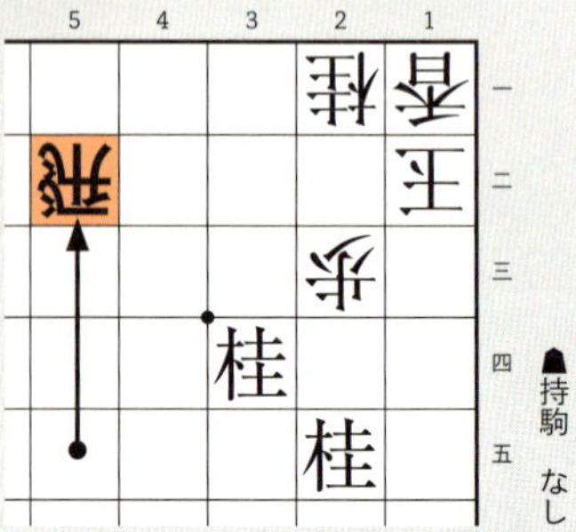

☗5二竜は☖同飛と取られます！ 盤面を広く見て、大駒のききには十分注意しましょう。

正解

☗4二竜

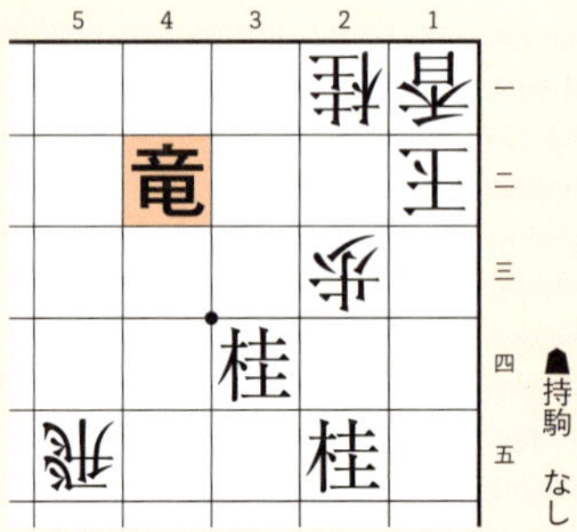

竜で遠くから玉を狙って詰みです。2二には桂馬もきいているので合駒はできません。

どんどん解こう！ 12

✕ 失敗 あるある うっかり

両王手も逃げられると失敗

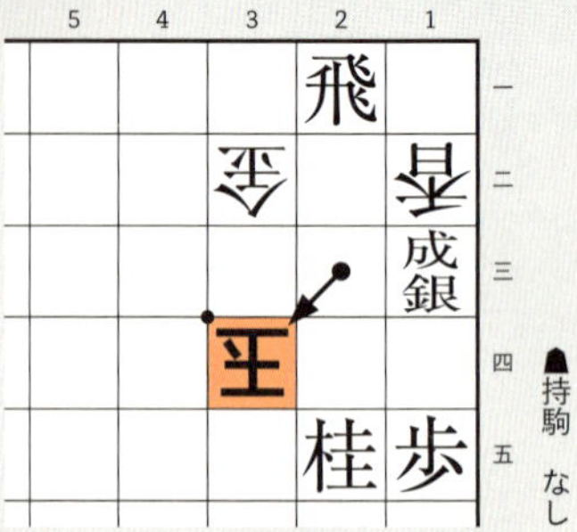

☗1三銀成も両王手ですが、☖3四玉と上に逃げられて失敗です。基本は逃げ道をふさぐことですね。

正解

☗3三銀成

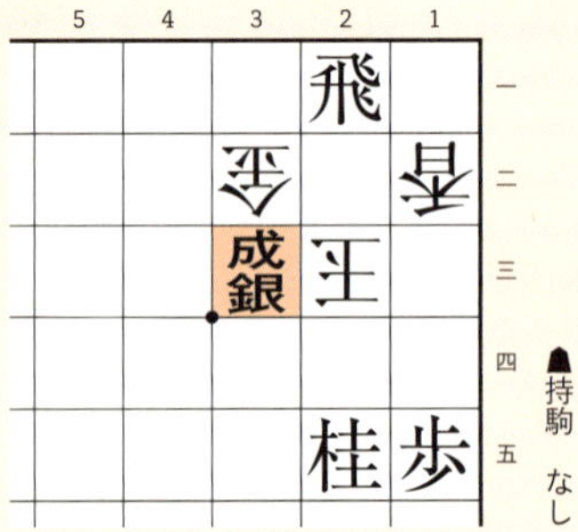

成銀と飛車で両王手となり、詰みです。飛車が2四まで逃がさない、いい働きをしています。

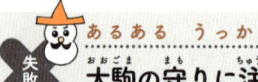

どんどん解こう！ 13

ヒント
王手できる駒はかぎられてるよね

	5	4	3	2	1	
					香	一
	飛	角				二
					王	三
						四
				歩		五

持駒 なし

できたら✓チェック

チャレンジ 1	チャレンジ 2	チャレンジ 3

どんどん解こう！ 14

ヒント
大駒の守りに触れないようにっと

	5	4	3	2	1	
				王		一
		竜				二
	角			桂	歩	三
			角		飛	四
						五

持駒 なし

できたら✓チェック

チャレンジ 1	チャレンジ 2	チャレンジ 3

どんどん解こう! 13

失敗 あるある うっかり

上にも逃がさない

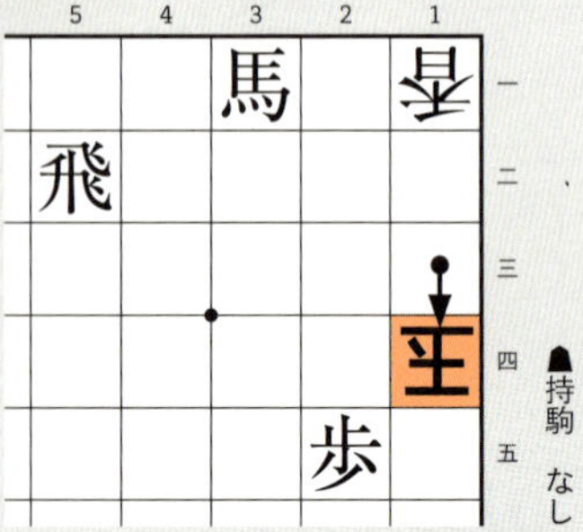

☗3一角成も王手ですが、☖1四玉と上に逃げられてしまいます。こうなってしまっては詰みません。

正解

☗2四角成

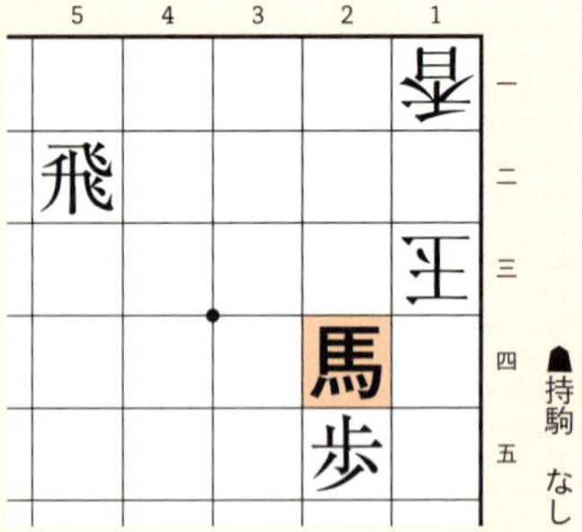

角が成ると、飛車のききが通って逃げ道をふさぐ駒になりました。指す前に気づけましたか？

どんどん解こう! 14

失敗 あるある うっかり

大駒の守備範囲は…

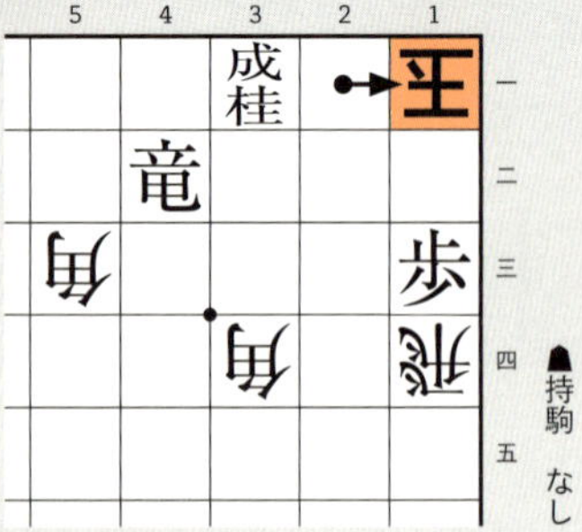

☗3一桂成は☖1一玉で、1二に角がきいてきます。また、☗1二歩成は☖同飛でいずれも詰みません。

正解

☗1二竜

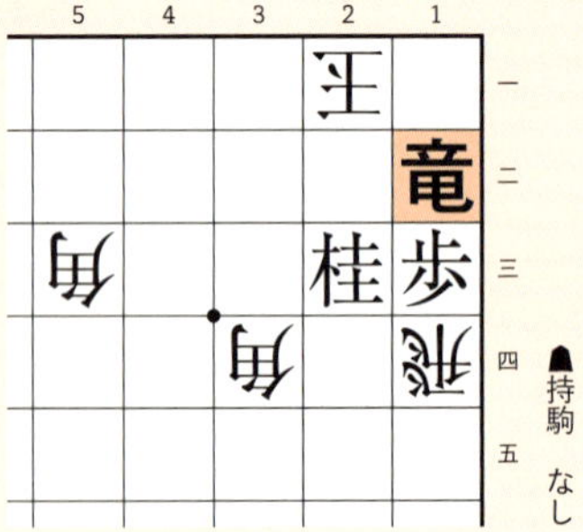

☗1二竜が正解でした。桂馬がきいているので、☖3一玉とはできません。

どんどん解こう！ 15

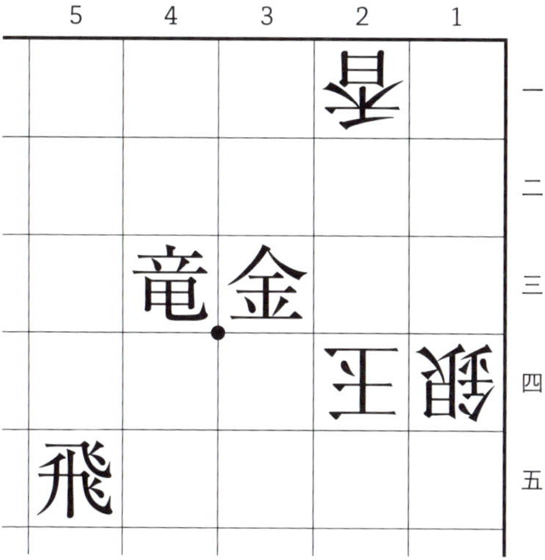

持駒 なし

ヒント
竜か金か、それが問題だ…

できたら✓チェック

チャレンジ 1	チャレンジ 2	チャレンジ 3

どんどん解こう！ 16

持駒 なし

ヒント
1五に逃がしちゃダメだよな

できたら✓チェック

チャレンジ 1	チャレンジ 2	チャレンジ 3

どんどん解こう！ 15

あるある うっかり

失敗

守り駒が働かないように

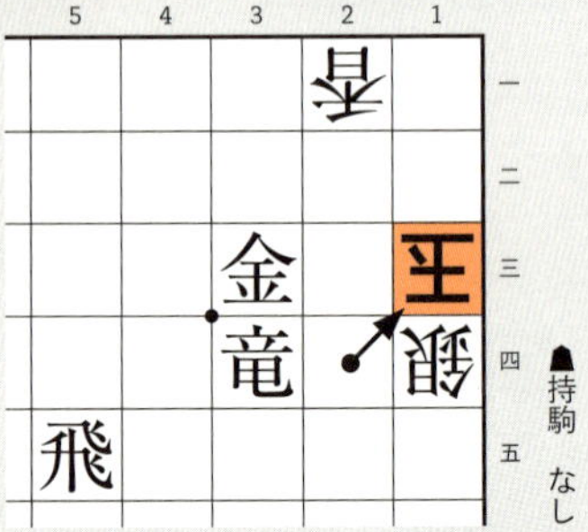

☗3四竜は☖1三玉で、香車がよく働くようになって詰みません。飛車2枚でも、簡単には詰みません。

正解

☗3四金

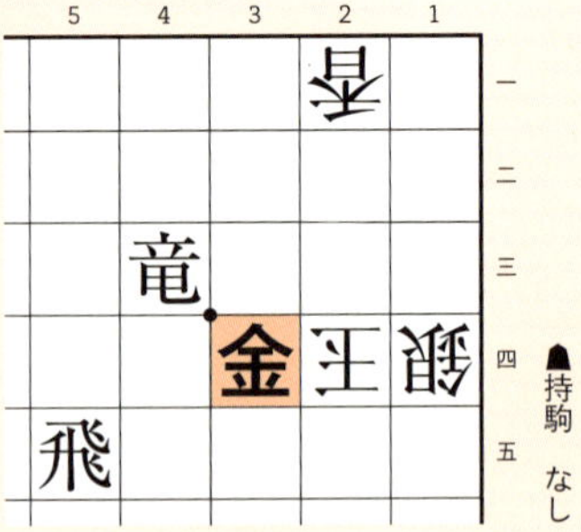

金を引いて詰みです。1三の逃げ道は竜のききでふさぐことができました。

どんどん解こう！ 16

あるある うっかり

失敗

飛車の守備範囲は？

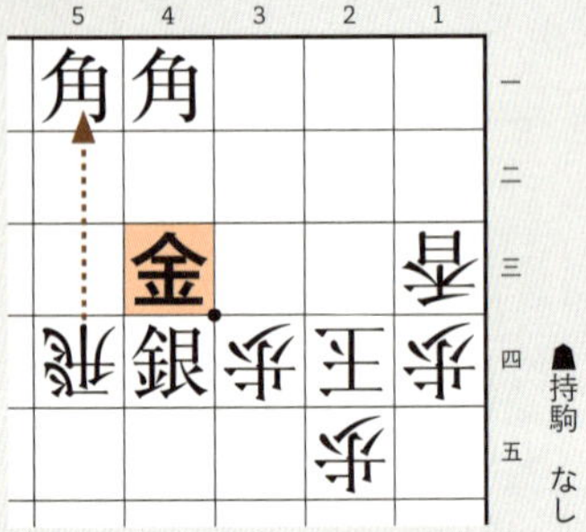

☗4三金でも同じに見えますが、☖5一飛と角を取られて失敗です。飛車の守備範囲に注意しましょう。

正解

☗5二金

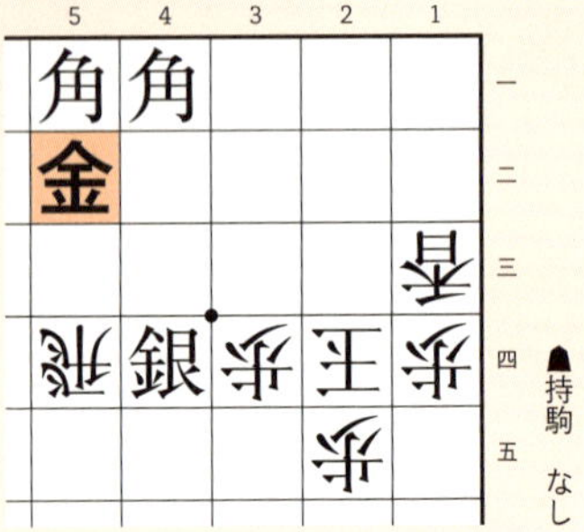

金を動かして角の空き王手で詰みです。1五まできいていますし、合駒はききません。

どんどん解こう! 17

ヒント 逃げ(に)られると困(こま)る場所(ばしょ)は…

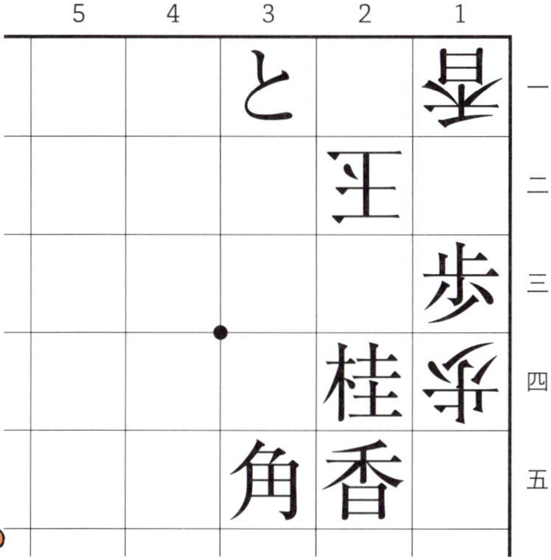

持駒 なし

できたら✓チェック

チャレンジ 1	チャレンジ 2	チャレンジ 3

どんどん解こう! 18

ヒント 桂馬(けいま)でいくか、歩(ふ)でいくか…

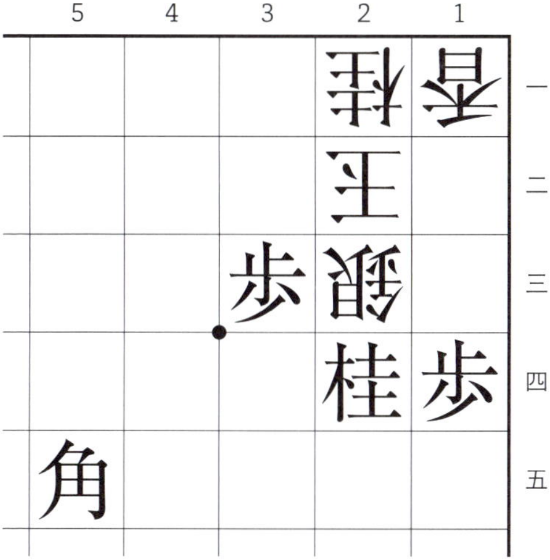

持駒 なし

できたら✓チェック

チャレンジ 1	チャレンジ 2	チャレンジ 3

どんどん解こう！ 17

失敗 あるある うっかり

上に逃がさない

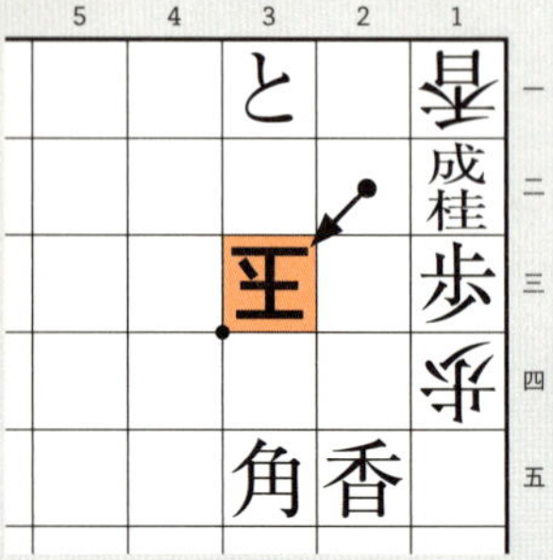

☗持駒 なし

☗1二桂成も両王手ですが、☖3三玉と上に逃げられます。3三に逃がさないことがポイントです。

正解

☗3二桂成

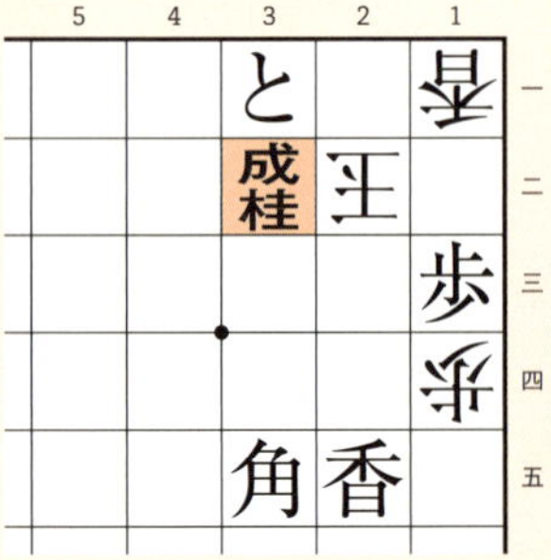

☗持駒 なし

桂馬と香車で両王手をかけて詰みです。1三の歩は角が守っています。

どんどん解こう！ 18

失敗 あるある うっかり

玉の逃げ道をあけない

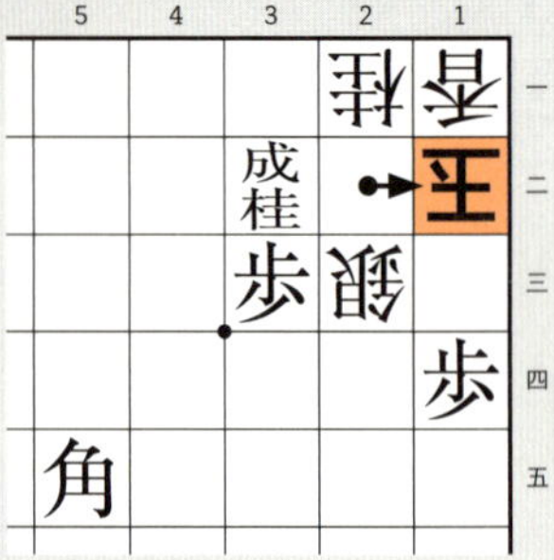

☗持駒 なし

☗3二桂成は、ふさいでいた1二への逃げ道があいてしまいます。角も働かないのでこれでは詰みません。

正解

☗3二歩成

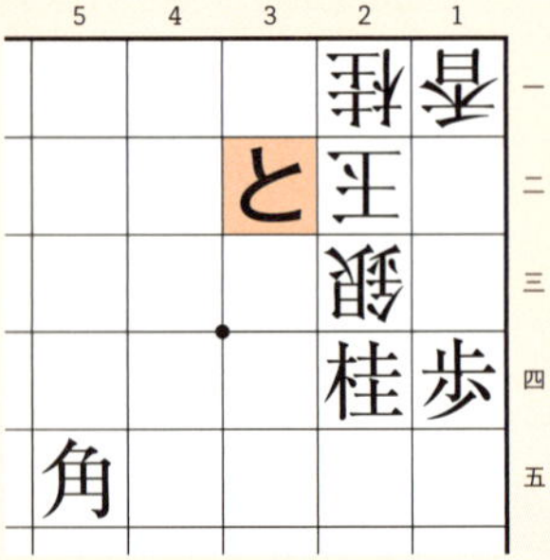

☗持駒 なし

歩が成ることで、5五の角でも王手になることに注目です。1二には、桂馬のききがあるので逃げられません。

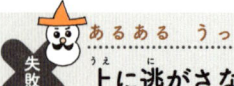

どんどん解こう！ 19

ヒント
香車も働かせるには…

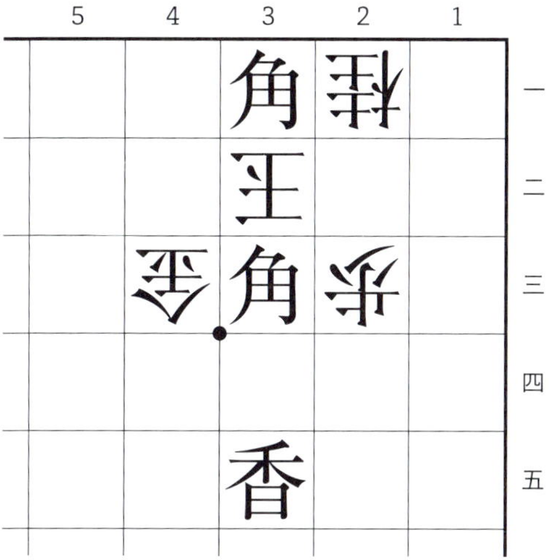

持駒 なし

できたら✓チェック

チャレンジ 1		チャレンジ 2		チャレンジ 3	

どんどん解こう！ 20

ヒント
難問！ 飛車はどこに成る？

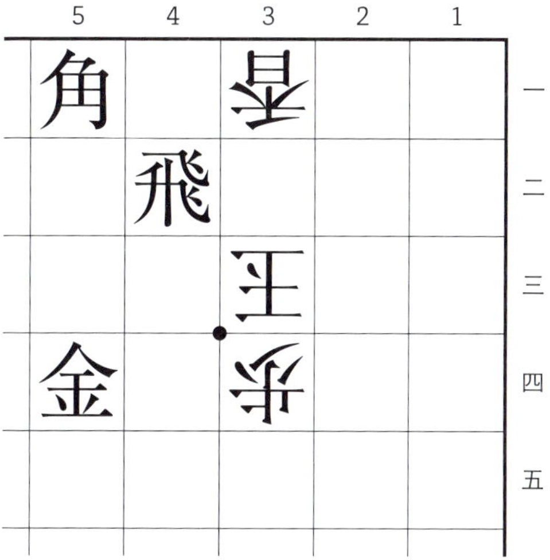

持駒 なし

できたら✓チェック

チャレンジ 1		チャレンジ 2		チャレンジ 3	

どんどん解こう！ 19

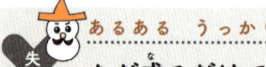

✕失敗 あるある うっかり
ただ成るだけではダメ

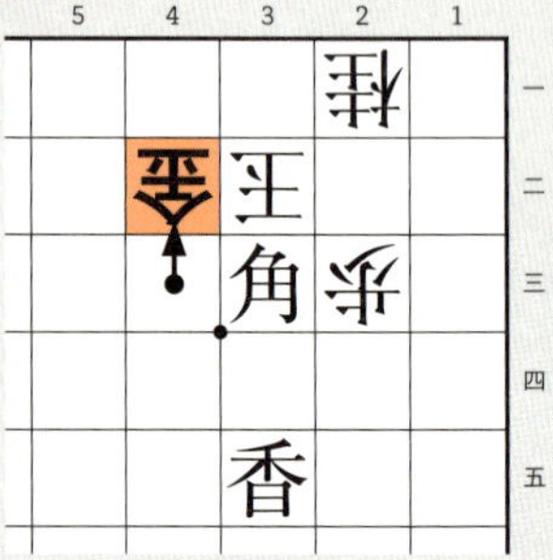

☗持駒 なし

☗4二角引成では、☖同金と取られてしまいます。多くの駒で玉に迫ることが重要です。

正解 ☗4二角上成

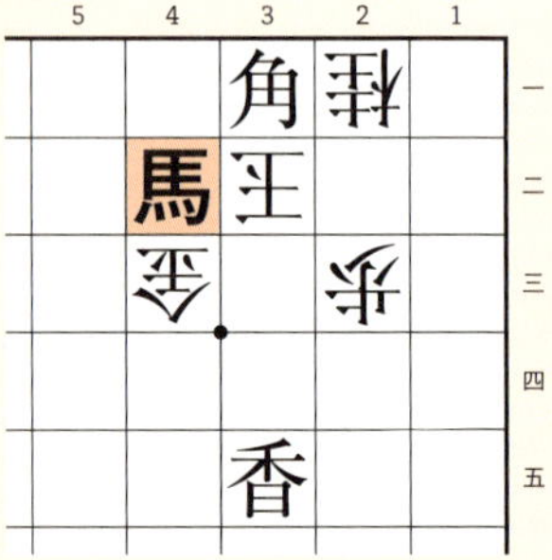

☗持駒 なし

3三の角を成って詰みです。香車もきいて両王手になっていて、逃げ道もすべてふさがっていますね。

どんどん解こう！ 20

✕失敗 あるある うっかり
両王手でも逃げられる

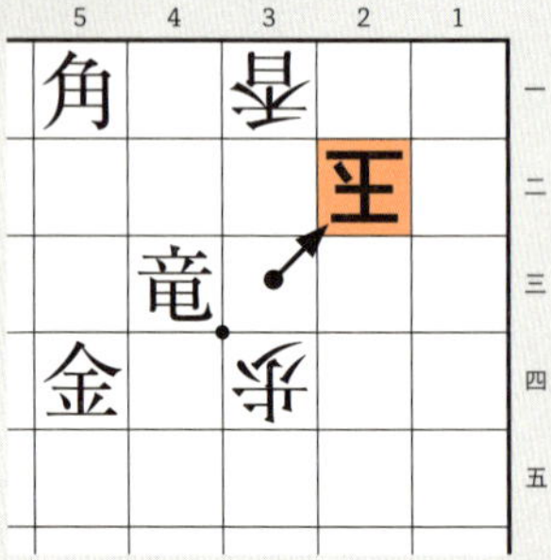

☗持駒 なし

☗4三飛成も考えたいですが、☖2二玉と逃げられると次の王手がありません。逃げ道をしっかりふさぎましょう。

正解 ☗1二飛成

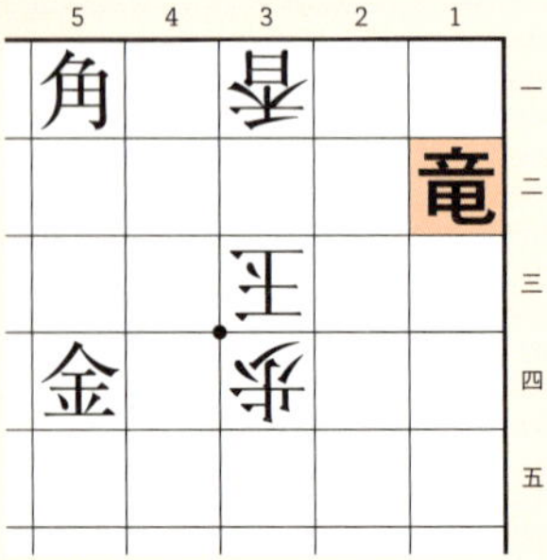

☗持駒 なし

見えづらいですが、すべての逃げ道をふさぐにはここしかありません。4二の合駒は「無駄合い」になります。

6日目 ポイント！

空き王手の駒を取られないように！

得点 17問以上 14問以上 10問以上

飛車・角・香の空き王手の問題が多く出てきたね。空き王手は気持ちいいけど、次の2つの注意点がある！

- **合駒をされる可能性があること**
- **王手をかける駒を取られてしまうこと**

とくに、相手の飛車や角が守りにきいているときには、駒を取られないか、気をつけよう。

空き王手が両王手になっている場合、2つの王手を回避するには玉を動かすしかないので、合駒は気にしなくて大丈夫だ。

ここまでの問題が解ければ、1手詰めは卒業といってもいいヨ。
明日はいよいよ実戦問題。これまでの学習の成果を十分に発揮してくれよな！

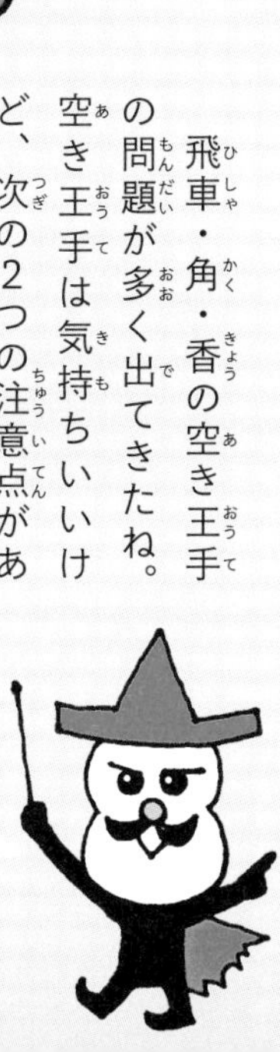

ミッション
Mission!!

7日目

実戦問題　20傑

何問できるか挑戦！

今日は最終日、いよいよ実戦問題だ〜！！

今まで解いてきたような問題を中心に、さまざまなレベルの問題を用意しているよ。

これまでの問題を解いてきた君なら、がんばれば絶対解ける！

とにかく20問、一気に解いてみて、最後に何問正解できたのか確認してみよう。

では、スタート！

どんどん解こう！
1

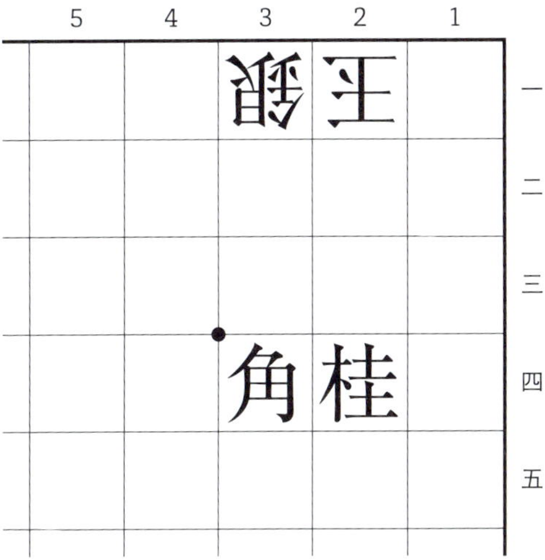

持駒 なし

基本の詰み形だよ！

できたら✓チェック

チャレンジ 1	チャレンジ 2	チャレンジ 3

どんどん解こう！
2

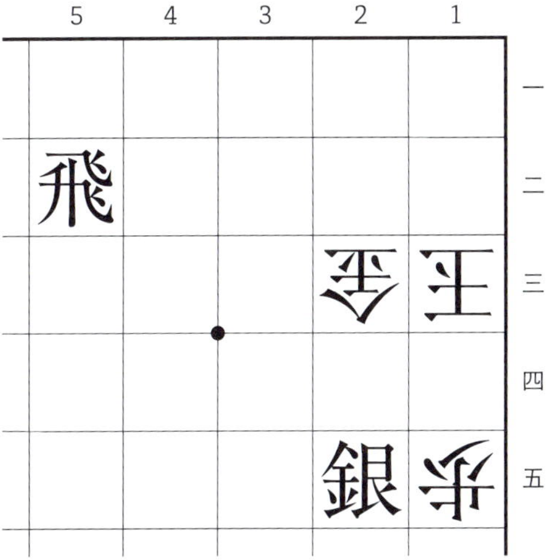

持駒 金

金の使い道は…？

できたら✓チェック

チャレンジ 1	チャレンジ 2	チャレンジ 3

※こたえは197ページを見てね！

どんどん解こう！ 3

5	4	3	2	1	
				香	一
		桂			二
			銀	王	三
		馬			四
					五

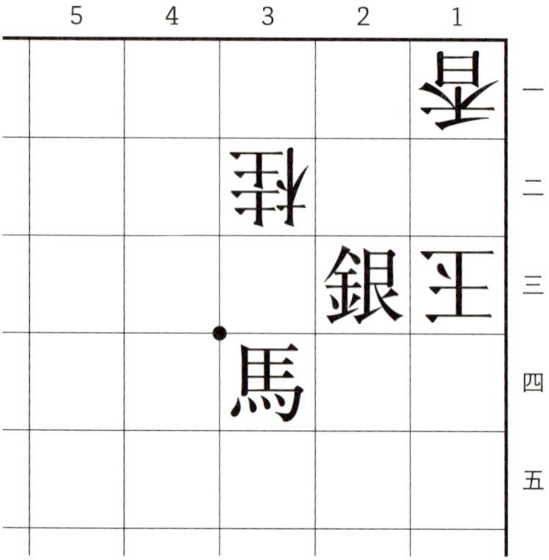

☗持駒　桂

できたら✓チェック	チャレンジ 1	✓	チャレンジ 2	✓	チャレンジ 3	✓

どんどん解こう！ 4

5	4	3	2	1	
		銀			一
				香	二
			銀	王	三
					四
				歩	五

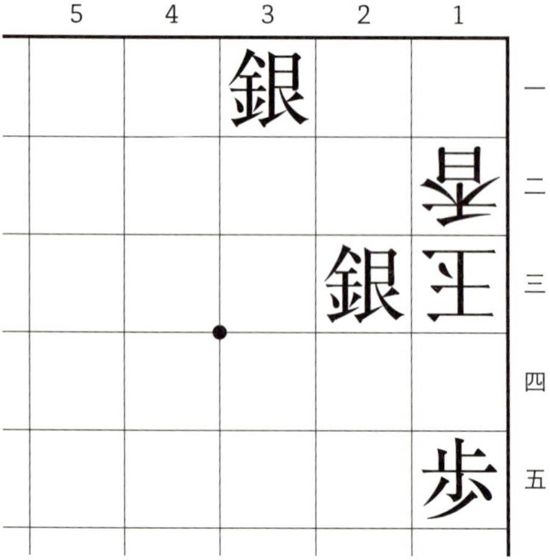

☗持駒　なし

できたら✓チェック	チャレンジ 1	✓	チャレンジ 2	✓	チャレンジ 3	✓

※こたえは198ページを見てね！

どんどん解こう！ 5

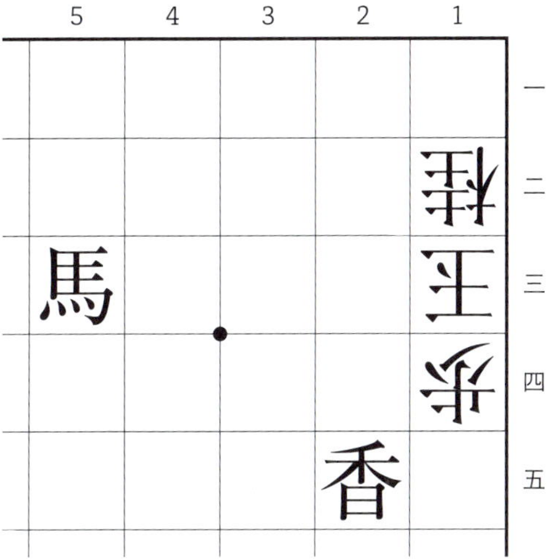

▲持駒　なし

どっちで王手（おうて）しても詰（つ）みそうだけどネ

できたら✓チェック

チャレンジ 1	チャレンジ 2	チャレンジ 3

どんどん解こう！ 6

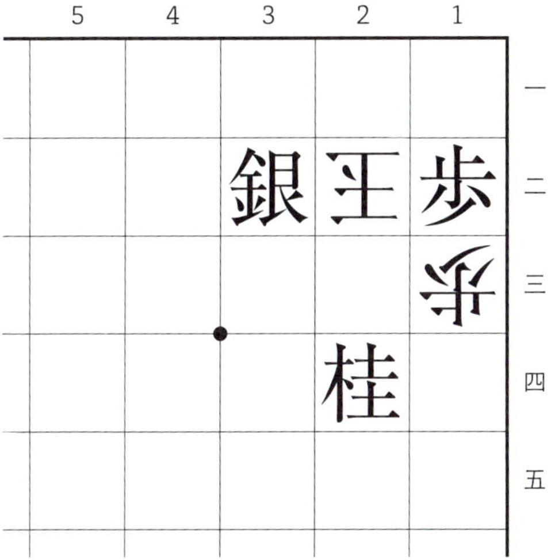

▲持駒　角

角（かく）の打（う）ち場所（ばしょ）は？

できたら✓チェック

チャレンジ 1	チャレンジ 2	チャレンジ 3

※こたえは199ページを見てね！

どんどん解こう！ 7

5	4	3	2	1	
		王			一
		金			二
		桂	歩		三
					四
					五

持駒 飛

逃げ道をふさぐには？

できたら✓チェック | チャレンジ 1 | チャレンジ 2 | チャレンジ 3

どんどん解こう！ 8

5	4	3	2	1	
			桂	香	一
			王		二
		銀			三
角			桂	歩	四
					五

持駒 なし

逃げ道は3一と2三の2か所だヨ

できたら✓チェック | チャレンジ 1 | チャレンジ 2 | チャレンジ 3

※こたえは200ページを見てね！

どんどん解こう！ 9

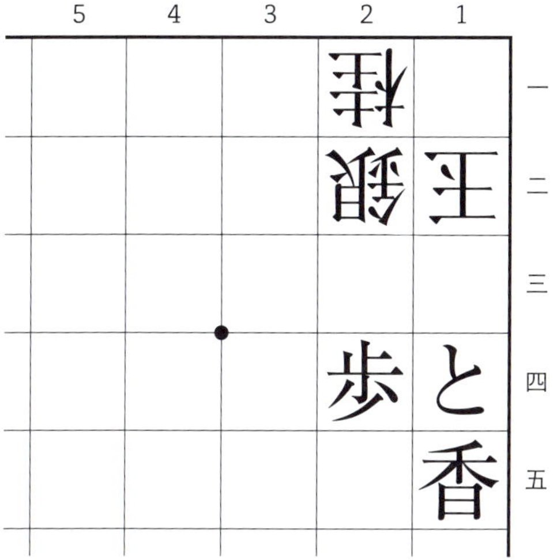

1一に逃げられないようにしなきゃ！

持駒 なし

できたら✓チェック	チャレンジ 1	チャレンジ 2	チャレンジ 3

どんどん解こう！ 10

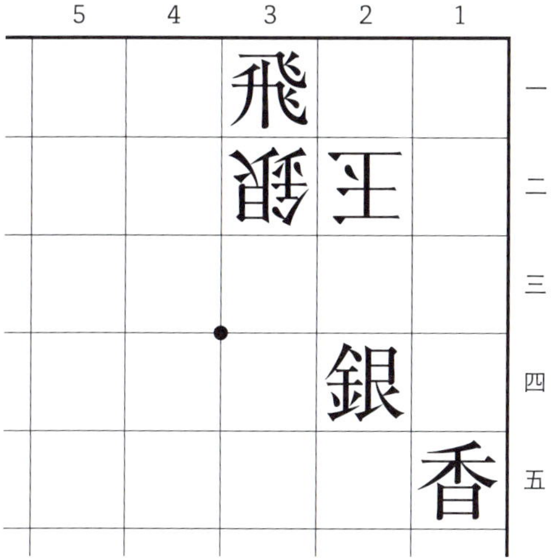

駒を最大限に活躍させるためには…？

持駒 なし

できたら✓チェック	チャレンジ 1	チャレンジ 2	チャレンジ 3

※こたえは201ページを見てね！

どんどん解こう！

11

飛車(ひしゃ)を取(と)られないように！

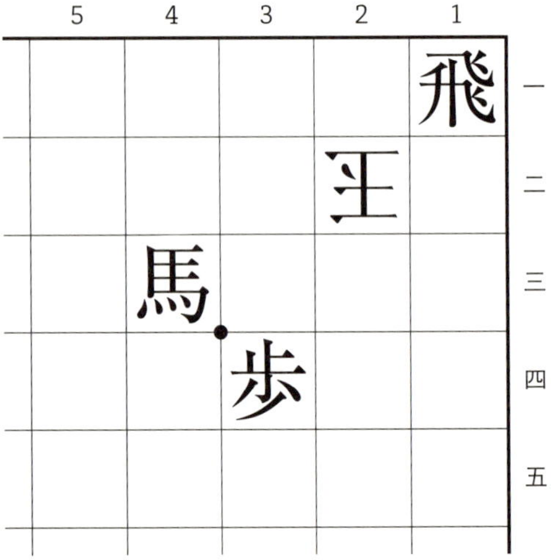

☗持駒 なし

できたら✓チェック	チャレンジ 1	チャレンジ 2	チャレンジ 3

どんどん解こう！

12

大駒(おおごま)のききに注意(ちゅうい)だね

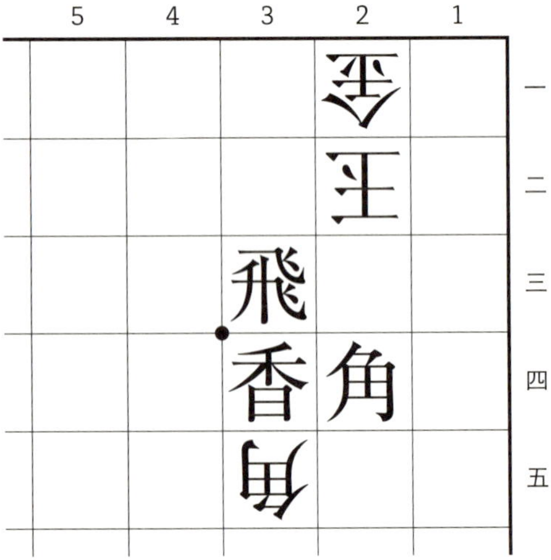

☗持駒 なし

できたら✓チェック	チャレンジ 1	チャレンジ 2	チャレンジ 3

※こたえは202ページを見てね！

どんどん解こう! 13

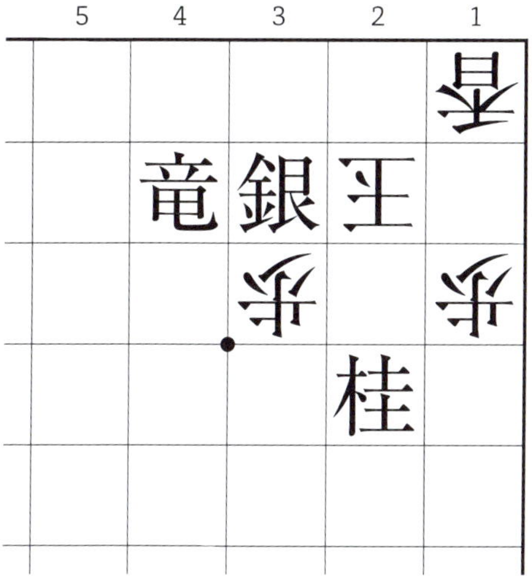

持駒 なし

できたら✓チェック	チャレンジ 1	チャレンジ 2	チャレンジ 3

どんどん解こう! 14

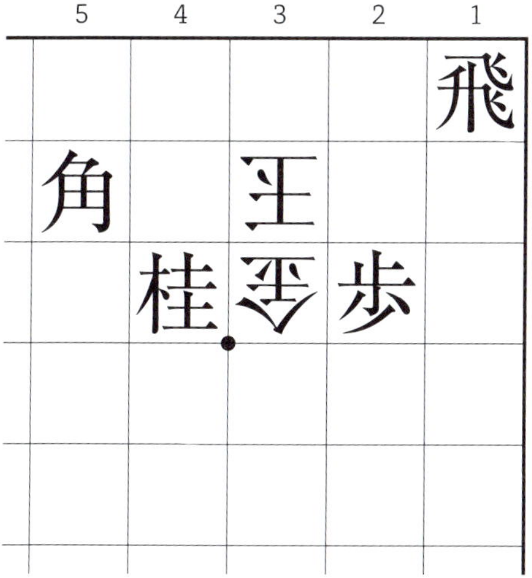

持駒 なし

できたら✓チェック	チャレンジ 1	チャレンジ 2	チャレンジ 3

※こたえは203ページを見てね!

どんどん解こう!
15

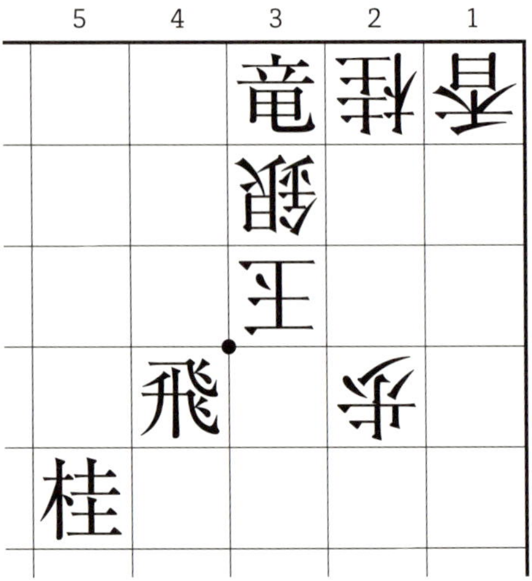

2三に逃がさないためには…

持駒 なし

できたら✓チェック | チャレンジ 1 | チャレンジ 2 | チャレンジ 3

どんどん解こう!
16

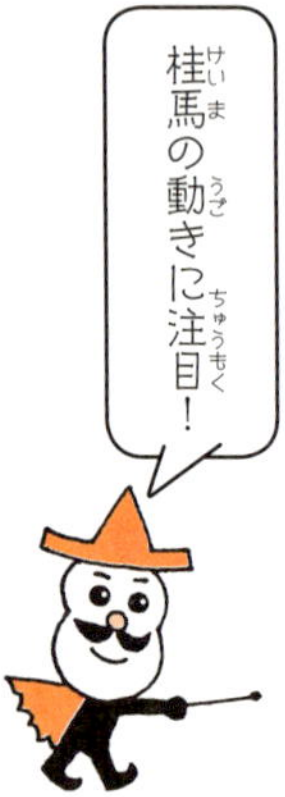

桂馬の動きに注目!

持駒 なし

できたら✓チェック | チャレンジ 1 | チャレンジ 2 | チャレンジ 3

※こたえは204ページを見てね!

どんどん解こう! 17

角(かく)の守(まも)りに要注意(ようちゅうい)!

持駒　なし

できたら✓チェック

チャレンジ 1	チャレンジ 2	チャレンジ 3

どんどん解こう! 18

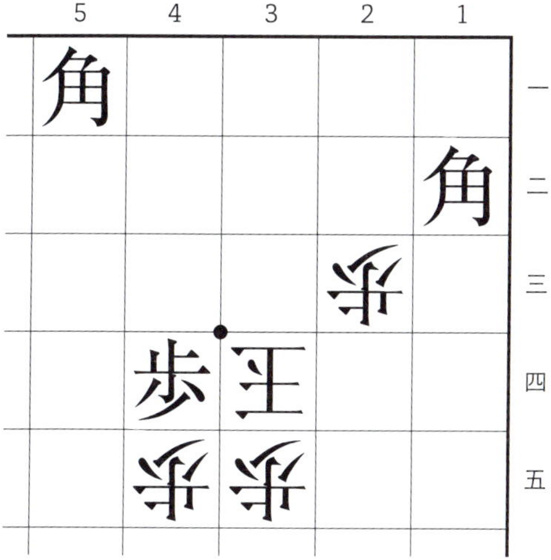

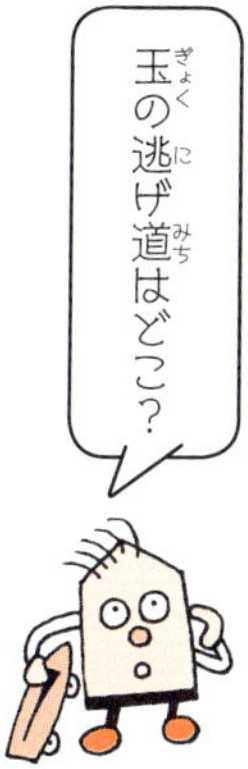

玉(ぎょく)の逃(に)げ道(みち)はどこ?

持駒　飛

できたら✓チェック

チャレンジ 1	チャレンジ 2	チャレンジ 3

※こたえは205ページを見てね!

どんどん解こう！ 19

自分の玉を取られないように！

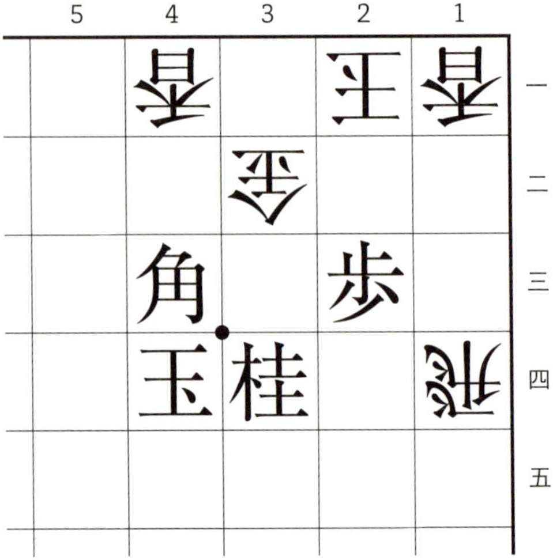

持駒 なし

できたら✓チェック

チャレンジ 1	チャレンジ 2	チャレンジ 3
✓	✓	✓

どんどん解こう！ 20

逃がしたくない場所はどこだろう？

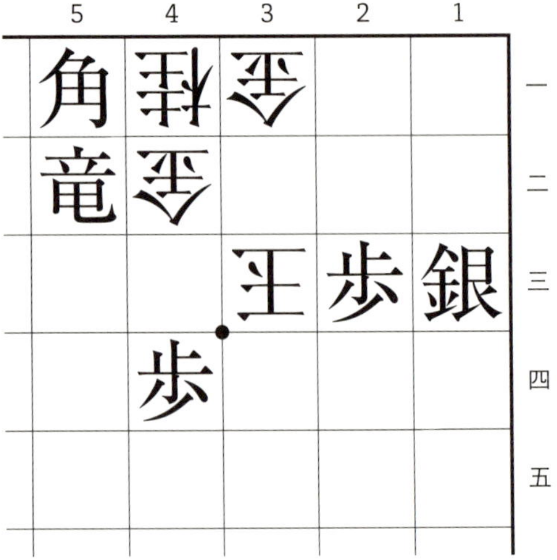

持駒 なし

できたら✓チェック

チャレンジ 1	チャレンジ 2	チャレンジ 3
✓	✓	✓

※こたえは206ページを見てね！

実戦問題のこたえ

どんどん解こう！ 1

あるある　うっかり

失敗　逃げ道はどこ？

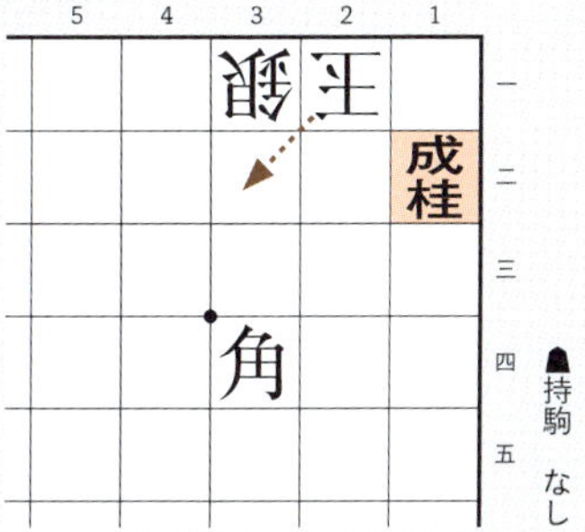

☗1二桂成も肩金の形にはなりますが、☖3二玉と逃げられてしまいます。玉の逃げ道を確認しましょう。

正解　☗1二角成

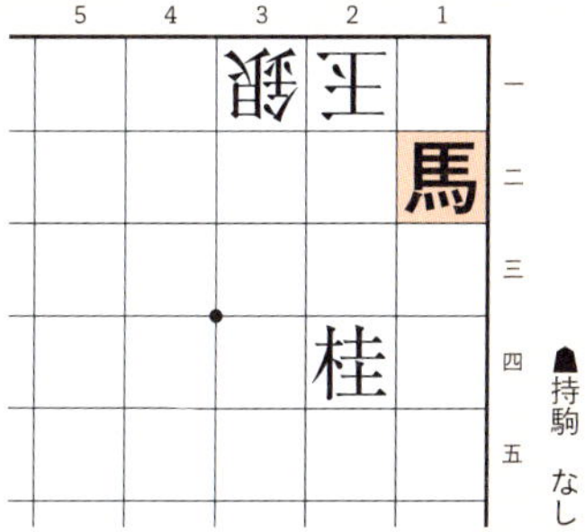

角が成って肩金の形をつくって詰みです。桂馬で逃げ道をふさいでいますね。

どんどん解こう！ 2

あるある　うっかり

失敗　駒を取られては失敗！

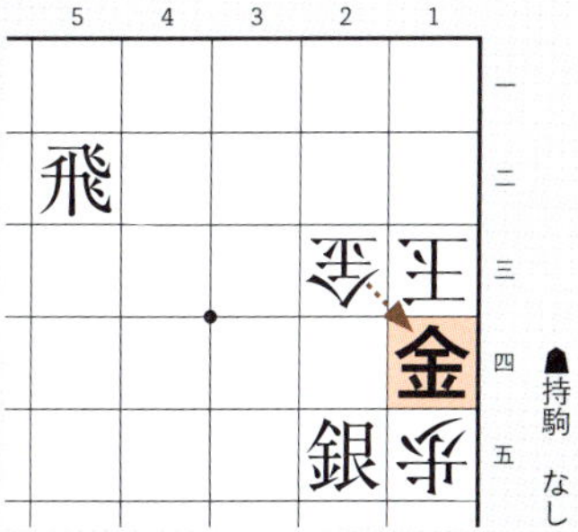

☗1四金は☖同金と取られてしまいますね。相手の守り駒のききを確認して、そのききには触れないようにします。

正解　☗1二金

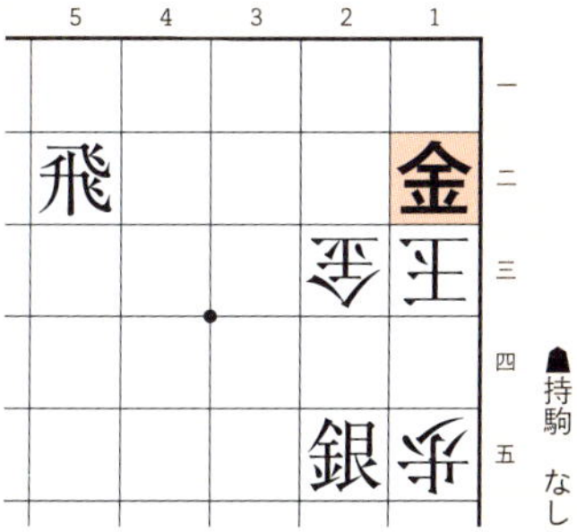

下から金を打つ尻金が正解です。守り駒のスキを突いた王手を考えていきましょう。

どんどん解こう！ 3

失敗 あるある うっかり

守り駒に取られてはダメ

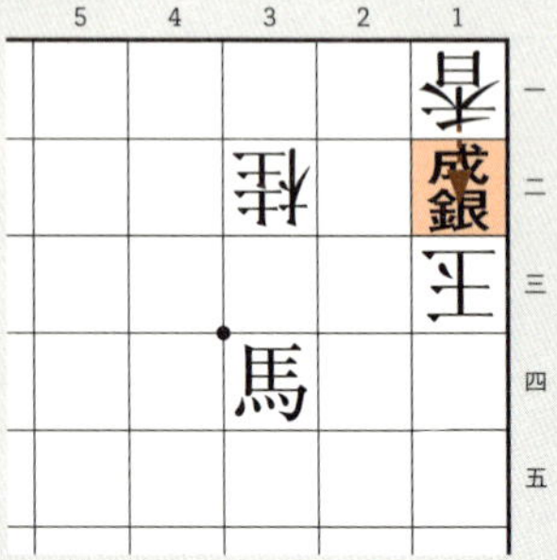

☗持駒 桂

☗1二銀成は☖同香と取られて後が続きません。守り駒に取られてしまう王手は失敗です。

正解

☗2五桂

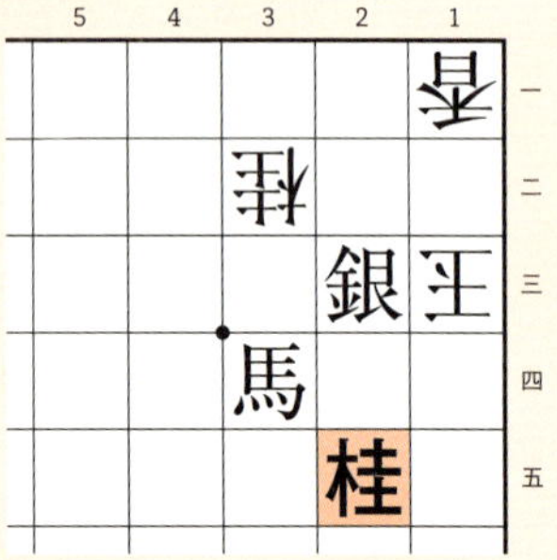

☗持駒 なし

桂馬で王手をかけて詰みです。問題図で、すでに玉の逃げ道がありませんので、王手をかければ大丈夫です。

どんどん解こう！ 4

失敗 あるある うっかり

攻め駒は守ってあげよう

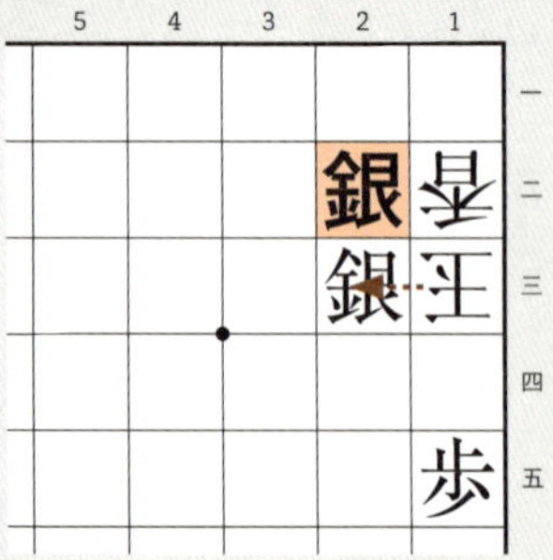

☗持駒 なし

☗2二銀引不成は、☖2三玉と取られて失敗です。玉に接する駒は、守ってあげる駒がないと取られてしまいます。

正解

☗1四銀成

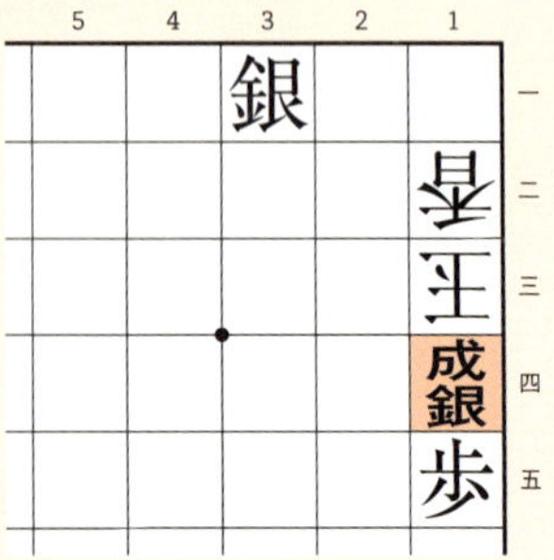

☗持駒 なし

銀を成って頭金の形をつくるのが正解でした。2二の地点は、3一の銀のききがあって逃げられませんね。

あるある うっかり

失敗 合駒が効果的かどうか

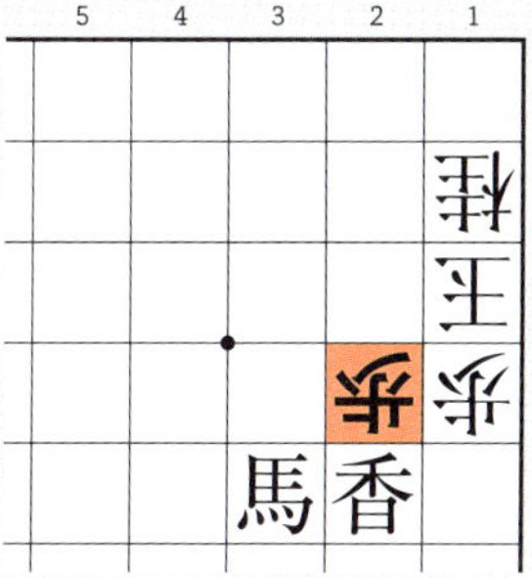

☗持駒 なし

☗3五馬は、☖2四歩と合駒されて詰みません。大駒で王手するときには、合駒の受けを考えましょう。

正解 ☗3一馬

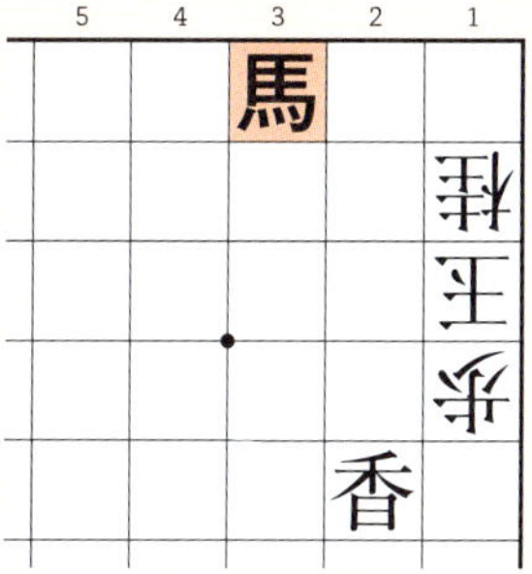

☗持駒 なし

3一に入って、玉の下から王手するのが正解です。☖2二歩の合駒は☗同馬で詰みなので、「無駄合い」です。

あるある うっかり

失敗 合駒に注意！

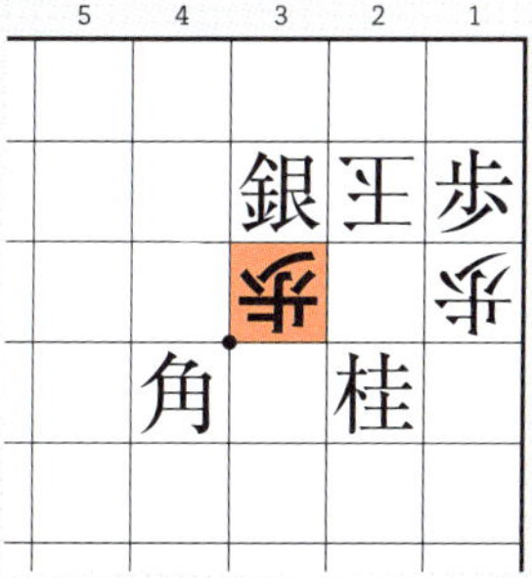

☗持駒 なし

☗4四角も3三に逃がさない王手ですが、☖3三歩などと合駒されて詰みません。

正解 ☗1一角

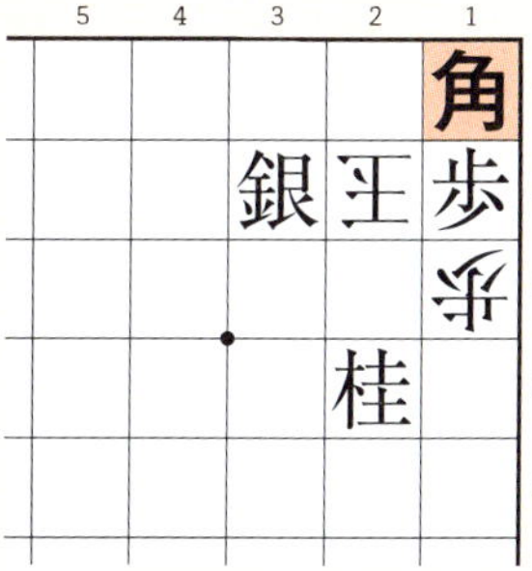

☗持駒 なし

3三の地点に逃がさないように、1一から打つのが正解です。ほかの逃げ道は銀がふさいでいますね。

どんどん解こう！ 7

失敗 あるある うっかり 合駒だけじゃない！

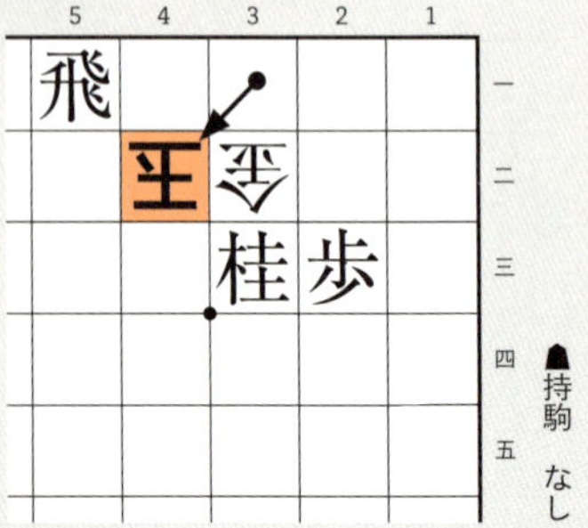

☗5一飛に合駒なら取ればよいですが、☖4二玉と逃げられます。次に☗4一飛成は☖3三玉と上に逃げられます。

正解 ☗4一飛

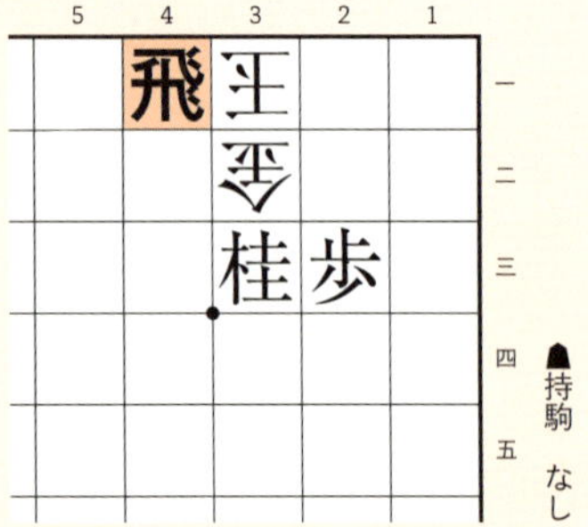

玉に接近させて打つ王手が正解です。4二に逃げられないように王手をかけることが大切です。

どんどん解こう！ 8

失敗 あるある うっかり 逃げ道が残ると失敗

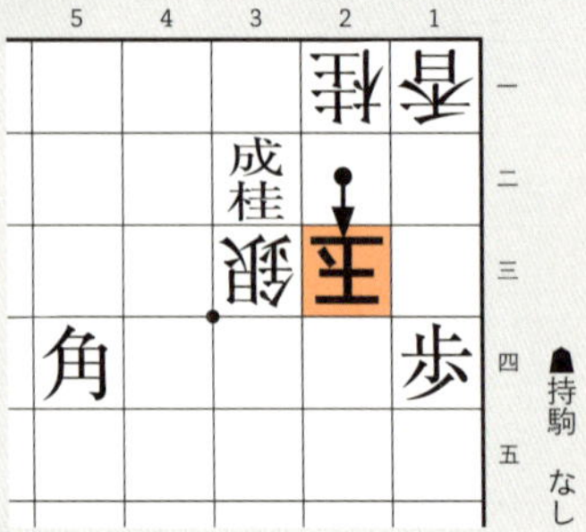

☗3二桂成は、☖2三玉の逃げ道が残っていて詰みません。成桂も金と同じで強力ですが、馬はそれ以上です。

正解 ☗3二角成

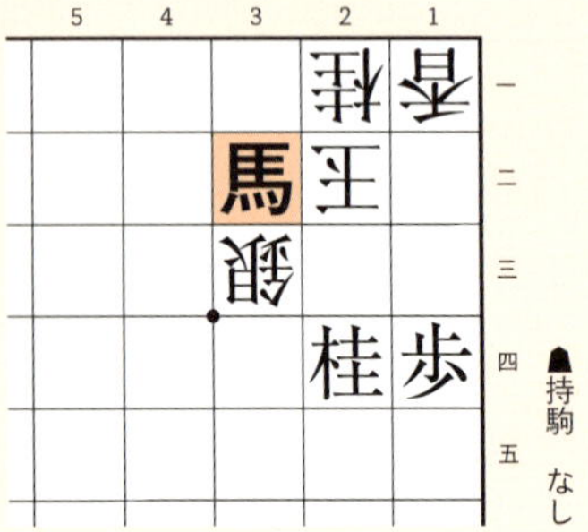

大駒が成ると全方向にきくので、玉の逃げ道をふさぎながら王手することができます。

どんどん解こう！ 9

あるある うっかり

失敗

チャンスは一瞬だけ

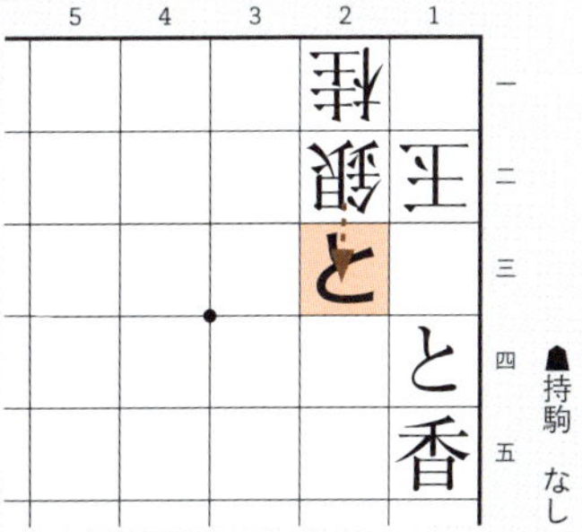

☗2三歩成は☖同銀と取られて、チャンスを逃してしまいます。詰ませるときに確実に詰ませましょう。

正解

☗2三と

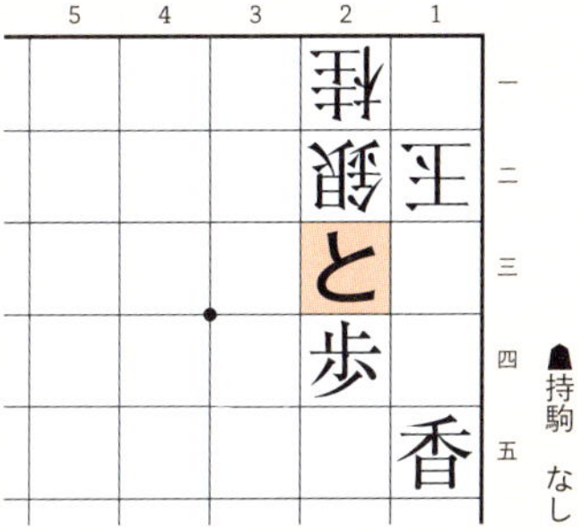

香車のききを通しながら両王手をかけて詰みです。2つの王手に同時に対処する方法がありません。

どんどん解こう！ 10

あるある うっかり

失敗

玉と接する駒には…

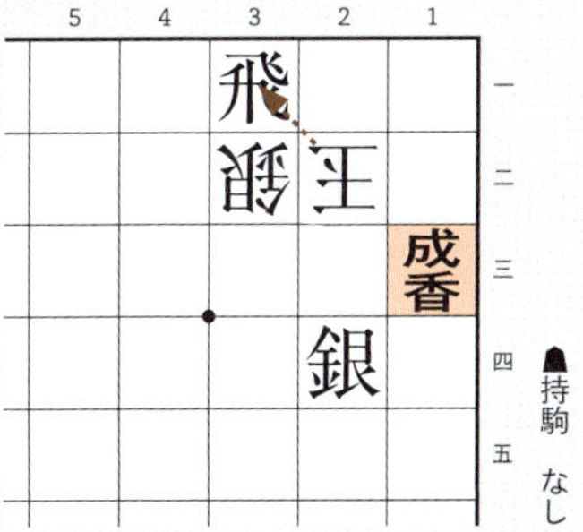

☗1三香成は、☖3一玉と飛車を取られてしまいます。玉に接する駒は、守ってくれる駒があるか確認しましょう。

正解

☗1一飛成

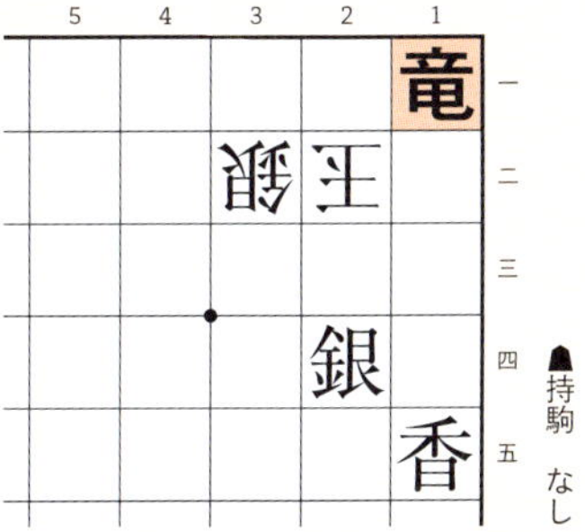

飛車が成って詰みです。香車と飛車がよく連携していますね。上の逃げ道は銀がしっかりふさいでいます。

どんどん解こう！ 11

失敗 あるある うっかり

飛車が動くと逃げ道が

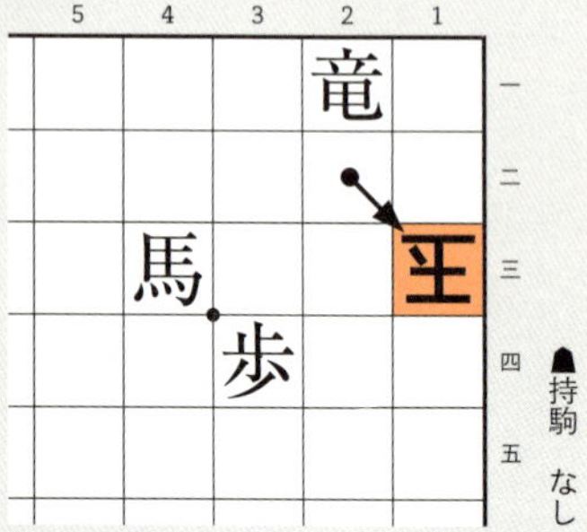

☗2一飛成と角のききに飛車を動かすと、竜は守られますが、☖1三玉と新たな逃げ道ができてしまいます。

正解

☗3三馬

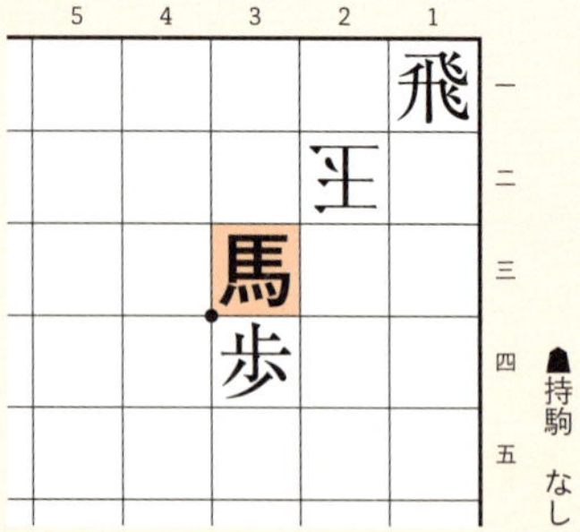

馬のききで間接的に飛車を守ってあげましょう。大駒２枚がよく働いていて詰みです。

どんどん解こう！ 12

失敗 あるある うっかり

大駒は守りにも働く

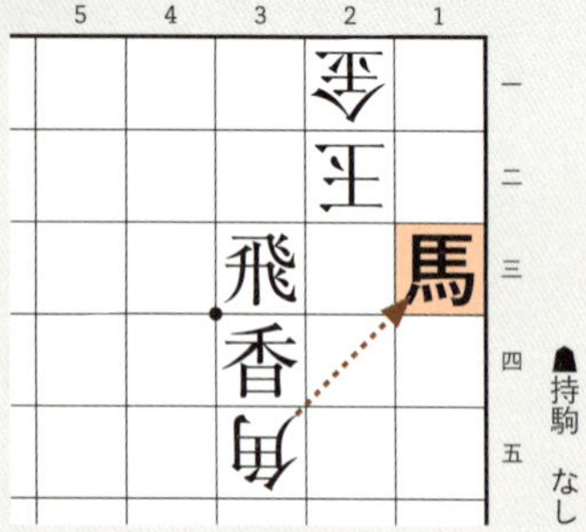

☗1三角成は☖同角があります。守り駒としての大駒のききを見逃さないように十分注意してください。

正解

☗1三飛成

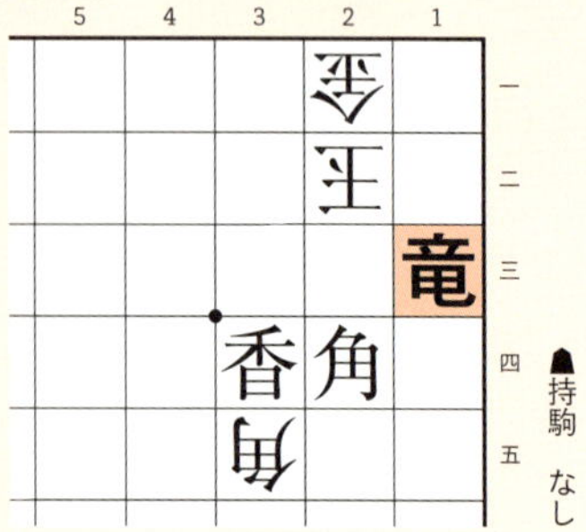

竜をつくって1一の地点に逃がさないように王手をかけて詰みです。3筋は香車のききがありますね。

どんどん解こう！ 13

失敗 あるある うっかり

新たな逃げ道が…

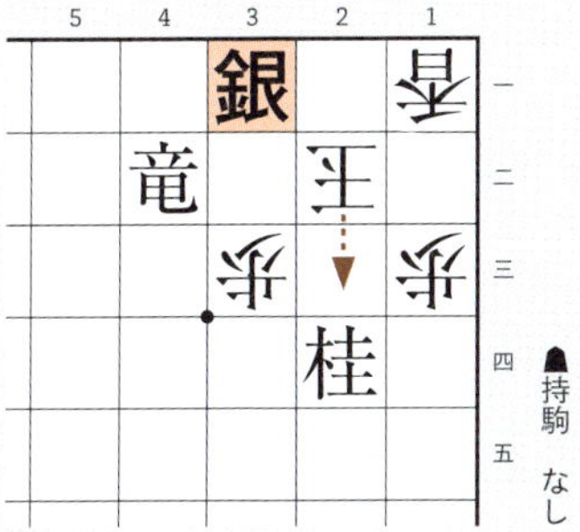

☗3一銀の両王手は、☖2三玉と逃げられます。銀は2三の地点をふさいでいる、大事な駒なのでした。

正解 ☗3一竜

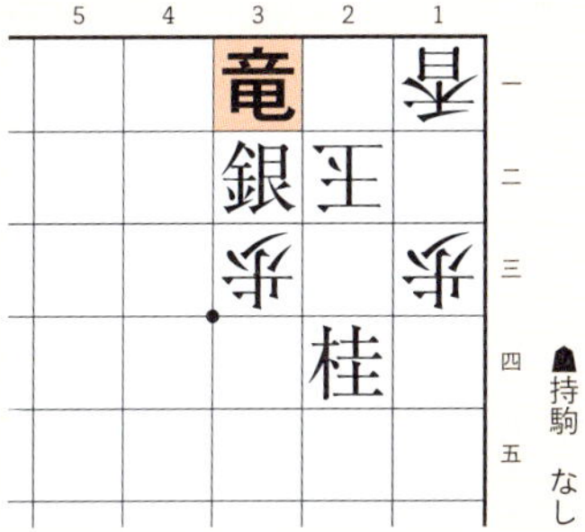

竜が玉と同じ二段目にいるので、両王手や空き王手が見えます。しかし、じっと竜で王手をかけて詰みです。

どんどん解こう！ 14

失敗 あるある うっかり

玉は全方向に動けるゾ

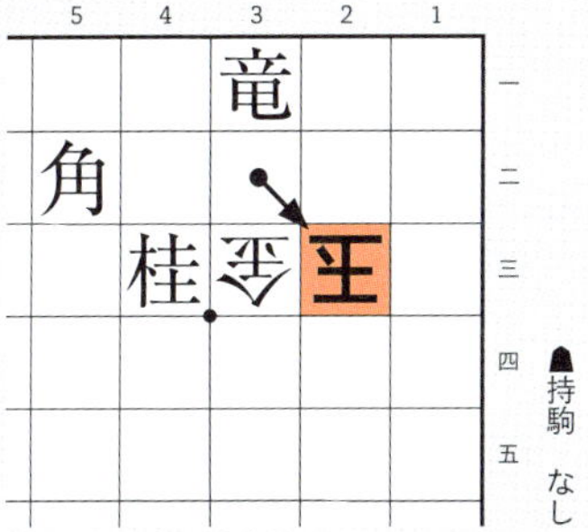

☗3一飛成は☖2三玉、☗4一角成は☖4三玉と駒を取られて逃げられます。玉の動ける全方向に注意です。

正解 ☗1二飛成

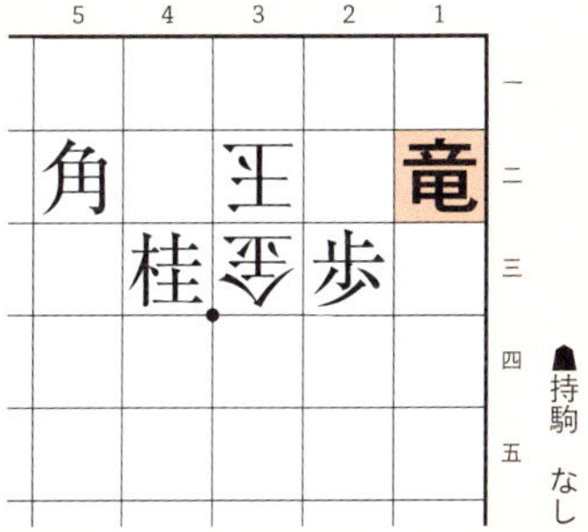

歩を守りながら竜をつくって王手をかけて詰みです。合駒はききませんし、逃げ道もありませんね。

どんどん解こう！ 15

失敗 あるある うっかり
玉は広いほうに逃げる

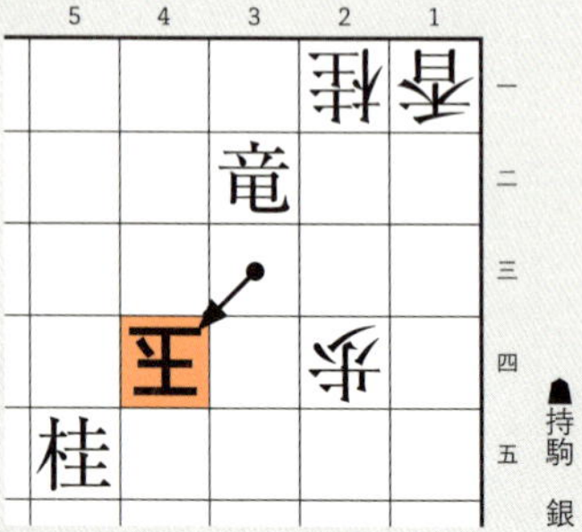

☗3二竜と迫る手段もありそうですが、☖4四玉と飛車を取られるうえ、広いほうに逃げられてうまくいきません。

正解
☗4三飛成

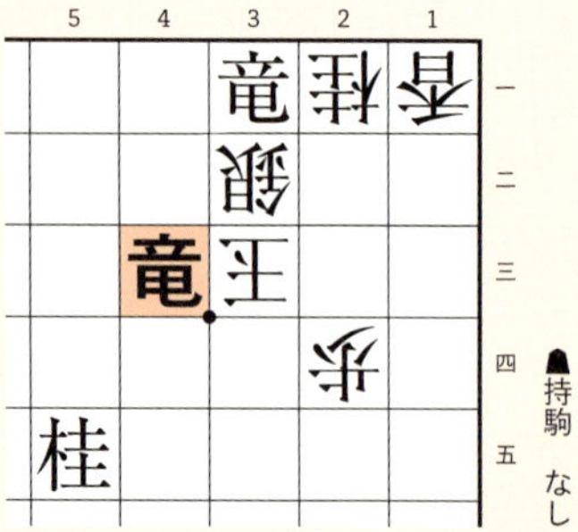

一間竜のききがあるので☖同銀とできません。飛車を成れば、2三の地点に逃げられなくなります。

どんどん解こう！ 16

失敗 あるある うっかり
竜を取られないように！

同じように☗4二桂成も空き王手ですが、☖2四飛と竜を取られて失敗です。大駒の守り駒はとくに注意です。

正解
☗2二桂成

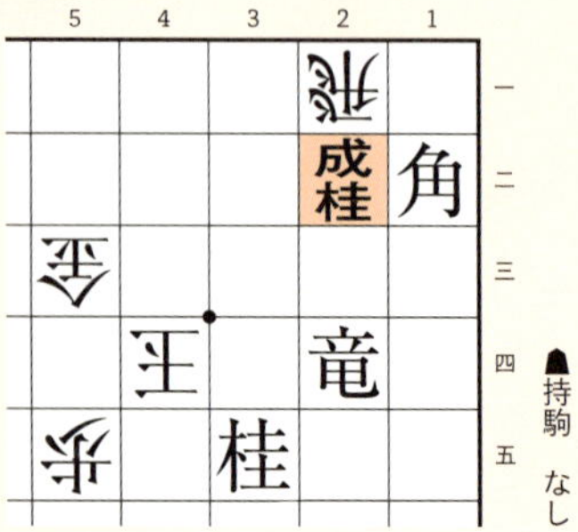

桂馬を動かして空き王手、主役の駒は竜でした。５四まできさが通って詰みです。合駒もききません。

どんどん解こう！ 17

失敗 あるある うっかり

両王手は取られて失敗

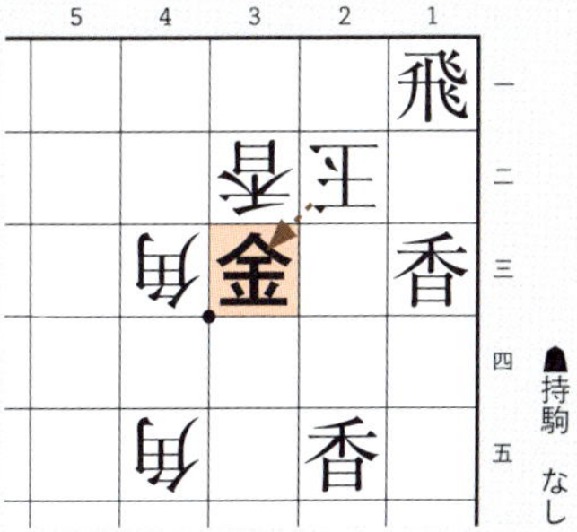

☗3三金は両王手ですが、☖同玉とされて失敗です。両王手は強力ですが、駒を取られてはいけません。

正解 ☗3四金

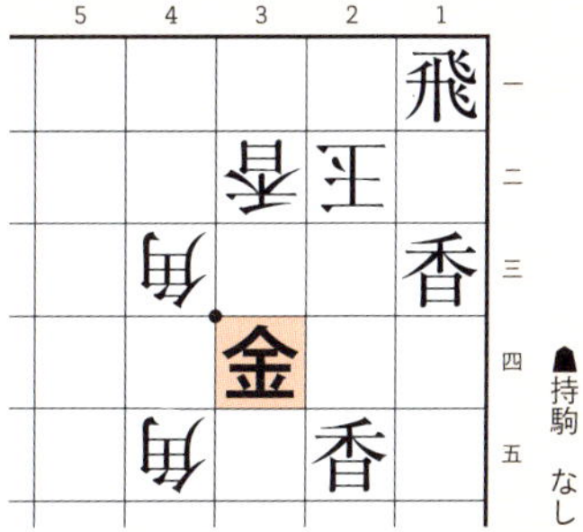

角のききをふさぎつつ、香車で空き王手をかけて詰みです。合駒はききません。

どんどん解こう！ 18

失敗 あるある うっかり

上にも逃げ道が…

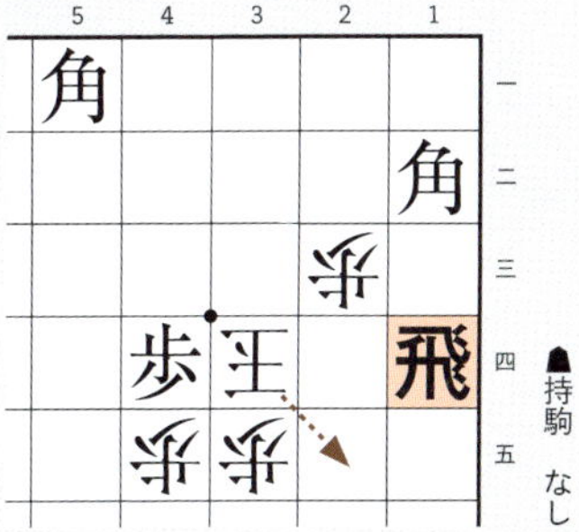

☗1四飛に、相手が合駒すれば取って詰みですが、☖2五玉と上がられると詰まなくなります。

正解 ☗2四飛

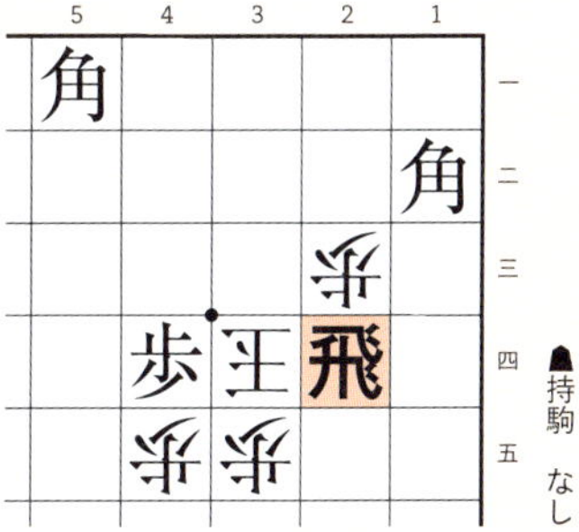

4四の歩が取られそうな状態です。☗2四飛と王手をかけて詰みです。角がきいていて、☖同歩はできません。

どんどん解こう！ 19

失敗 あるある うっかり

反則負けに注意！

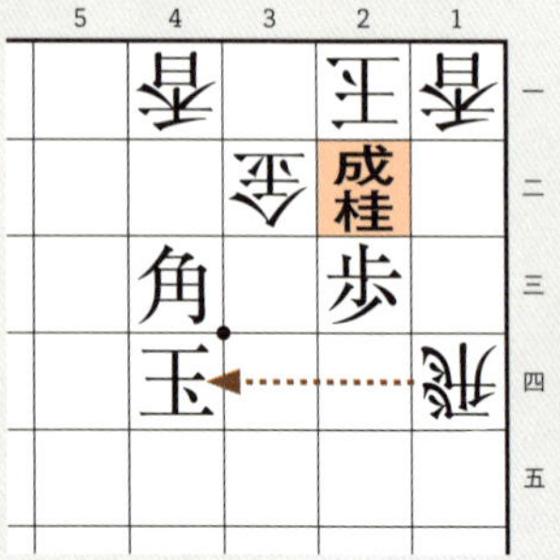

☗持駒 なし

☗2二桂成も詰んでいそうですが、その瞬間に☖4四飛と玉を取られる手があり、反則負けになってしまいます。

正解 ☗2二歩成

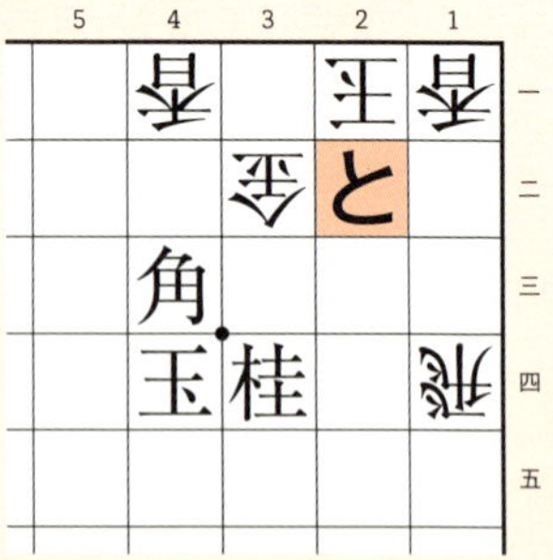

☗持駒 なし

単に歩を成って頭金をつくって詰みです。角のききがあるので、☖同金と取ることができません。

どんどん解こう！ 20

失敗 あるある うっかり

狙いはよくても…

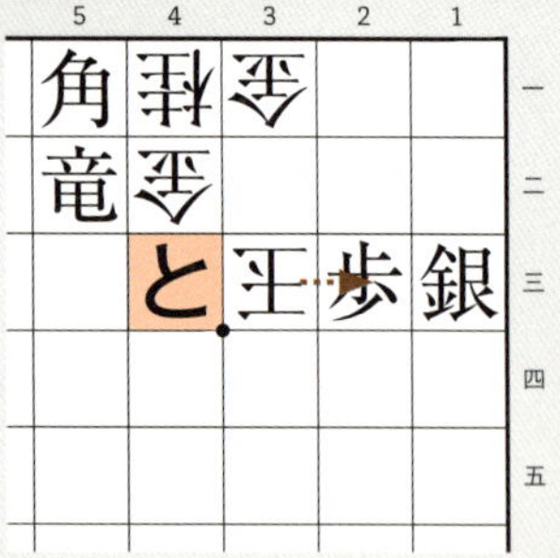

☗持駒 なし

☗4三歩成も狙いはいいですが、☖2三玉と取られて続きません。詰みを完全に読み切り、王手をかけましょう。

正解 ☗4三竜

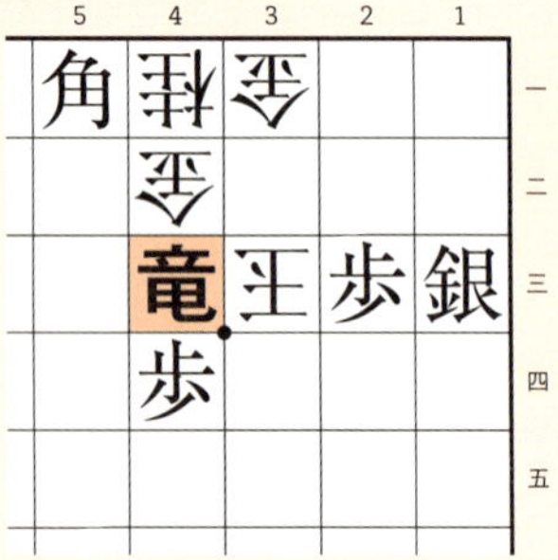

☗持駒 なし

5一に角がいるので、4二の金は動けません。取られそうな2三の歩を守る、☗4三竜の王手が正解です。

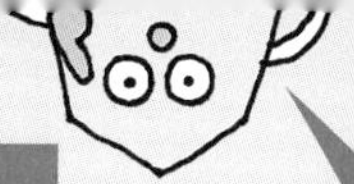

7日目 ポイント！

しっかり読み切って王手をすること！

得点　17問以上　14問以上　10問以上

実戦問題はどうだった？　手こずった？

これまで着実に解いてきた君なら、さまざまな詰みの形を知っているから、きちんと考えれば解ける問題が多かっただろう。

でも、もしかしたら…解けたはずなのに、うっかり間違えた問題もあるかもしれない。

本番の将棋でも、詰みを逃して、逆転されてしまうこともある。

落ち着いた心で指すことが、勝つために一番大切なこと。しっかり読み切って、王手をかけよう！

お疲れさま！！
ここまでがんばってきた君は、
ずっとずっと強くなっているはずだ。
自信を持って、友達と対局してみよう

監修者紹介

中村 太地（なかむら たいち）

1988年6月1日生まれ。東京都府中市出身。
2000年6級で故米長邦雄永世棋聖門。2006年四段、2017年七段に。
2007年早稲田大学政治経済学部に進学。2010年同大学の政治経済学術院奨学金（政経スカラシップ）を授与される。
2011年度、勝率0.8511（歴代2位）を記録し、第39回将棋大賞「勝率1位賞」を受賞。そのほか「名局賞」など多数。
2017年、初のタイトルとなる第65期王座を獲得。
角換わりや横歩取りを得意とする居飛車党。趣味はフットサルと映画鑑賞。

[STAFF]
執筆協力　将Give

東京・池袋を中心とした将棋コミュニティ。2015年4月に始動。初心者でも楽しめる将棋交流会を月に2回の頻度で開催、現在に至るまで50回以上の実績を誇る。将棋普及指導員（佐藤友康・砂村洋輔）による、初心者への指導・詰め将棋などの学習支援を行っている。

カバー・本文イラスト……江口 修平
ブックデザイン……………志岐デザイン事務所（萩原 睦／矢野 貴文）
編集協力……………………パケット

どんどん強くなる　こども詰め将棋　1手詰め

監修者……中村太地
発行者……池田士文
印刷所……萩原印刷株式会社
製本所……萩原印刷株式会社
発行所……株式会社池田書店
〒162-0851　東京都新宿区弁天町43番地
電話03-3267-6821（代）/ 振替00120-9-60072

ISBN978-4-262-10153-8

24039511